AKZENTE RELIGION 3

ARBEITSBUCH RELIGION – SEKUNDARSTUFE II
HERAUSGEGEBEN VON
GEORG BUBOLZ UND URSULA TIETZ

Jesus begegnen
Impulse aus dem Evangelium

PATMOS VERLAG DÜSSELDORF

Inhalt

Vorwort
1. Vorbemerkungen zum Konzept des Buches ... 5
2. »...bis zum Tode am Kreuz« – Das Christuslied des Philipperbriefes: Leitmotiv für einen Kurs zu Jesus Christus / Kirche ... 7

I. Fragen und Probleme bei der Begegnung mit Jesus – Annäherungen zur Standortbestimmung ... 10

1. *Hinführung:* Moderner »Steckbrief«: Jesus von Nazaret – Heute? ... 12
2. »Ich nahm die ganze Geschichte als Mythos...« (Henri Matisse) – Auf der Suche nach einem Verständnis der Evangelien ... 12
3. Die Mitte des Wirkens Jesu: Die Gottesherrschaft in Wort und Tat ... 14
4. »Die Erinnerung an Jesus wachhalten...« – Zur Aufgabe von Kirche ... 15
5. »Sie haben dir übel mitgespielt...« – Heinrich Heines Begegnung mit dem Gekreuzigten ... 16
6. »Sie glauben an die Wiedergeburt... Und wollen doch auch Christen bleiben!« – Zur Provokation der Auferstehungshoffnung ... 17
7. »Ihr habt unseren Jesus umgebracht!« – Zur Geschichte von Christen und Juden ... 19
8. »Einzig in der Gestalt Jesu ist die Person des Christus selber das Entscheidende.« – Was Jesus von Buddha, Mohammed und Marx unterscheidet ... 20
9. *Zusammenfassender Überblick:* »Was Jesus nicht war, lässt sich leicht sagen...« – Bleibende Fragen ... 21

II. Zugänge zu Jesus – Zum Verhältnis von Mythos und Geschichte ... 22

1. *Hinführung:* Zwei Bilder von Jesus – zwei einander widersprechende Sichtweisen? ... 24
2. Zwei Perspektiven der Betrachtung Jesu ... 24
3. *Schlüsselwissen:* Die historische Fragestellung – Vom Umgang mit den Quellen ... 26
4. Außerchristliche Quellen über Jesus von Nazaret ... 28
5. Die Evangelien als historische Quellen einer Biographie Jesu? ... 32
5.1. Ein Beispiel für die Arbeit am Evangelientext: Die Salbung Jesu (Mk 14, 3-9; Mt 26,6-13; Lk 7, 36-50) ... 32
5.2 *Schlüsselwissen:* Die Zwei-Quellen-Theorie – Zum Entstehungsprozess der Evangelien ... 33
5.3 Welchen Wert haben die Evangelien als historische Quellen? – Oder: Im Medium der Evangeliensprache Jesus begegnen? ... 34
6. Der Glaube an Jesus: mythisch oder geschichtlich begründet? ... 38
6.1 »Die urchristliche Jesus-Überlieferung (ist) randgefüllt mit Geschichte« (Günther Bornkamm) ... 38
6.2 *Schlüsselwissen:* Was ist ein Symbol? ... 39
6.3 »Wir sollten die Bibel wesentlich lesen nicht als Historienbuch, sondern als etwas, was symbolisch Kunde gibt von dem, was uns zu allen Zeiten angeht« (Eugen Drewermann) ... 40
7. *Schlüsselwissen:* Was ist ein Mythos? ... 4
8. *Zusammenfassender Überblick:* Was uns die Evangelien über den historischen Jesus sagen... ... 4

III.	**Das zentrale Anliegen Jesu: Die Gottesherrschaft in Wort und Tat**	**48**

A.	***Die Wunder Jesu als Hilfe oder Hindernis für den Glauben?***	**50**
1.	*Hinführung:* »O Gott, ich bin blind geworden!« – Ein Kind und sein Schicksal	50
2.	Die Heilung eines Blinden bei Betsaida – Der Schrifttext Mk 8, 22-26	53
3.	Ein Zugang aus historisch-kritischer Perspektive	54
4.	*Schlüsselwissen:* Methoden der Bibelauslegung – Die historisch-kritische Auslegung ... und ergänzende Methoden zum Verständnis der Bibel	57
5.	Eine tiefenpsychologische Deutung von Mk 8, 22-26	59
6.	*Zusammenfassender Überblick:* Zum Verständnis der Wunder Jesu	63

B.	***Gleichnisse – oder: Wie Jesus vom Reich Gottes spricht***	**64**
1.	*Hinführung:* Von den Gleichnissen (Franz Kafka)	64
2.	Das Gleichnis vom Sämann (Mk 4,1-34)	65
2.1	Ein erster Zugang zum Schrifttext	65
2.2	Ein tiefenpsychologischer Auslegungsversuch zu Mk 4,1-34	67
2.3	*Schlüsselwissen:* Tiefenpsychologische Auslegung	70
3.	Die Parabel vom Pharisäer und Zöllner (Lk 18,9-14a)	71
3.1	Erste Annäherungen	71
3.2	Ein altes Gleichnis – neu gelesen: Gedanken zu Lk 18,9-14a	74
3.3	*Schlüsselwissen:* Ursprungsgeschichtliche Auslegung	76
4.	Die Parabel vom gütigen Vater (Lk 15,11-32)	77
4.1	Zwei Texte im Vergleich	77
4.2	Wie man Lk 15,3-32 linguistisch deuten kann ...	80
4.3	*Schlüsselwissen:* Linguistische Auslegung	81
5.	Die Beispielerzählung vom barmherzigen Samariter (Lk 10,30-37)	82
5.1	Erste Zugänge zur Interpretation	82
5.2	Ein Auslegungsversuch von Lk 10,30-37	85
5.3	*Schlüsselwissen:* Auslegung durch Verfremdung	88
6.	*Zusammenfassender Überblick:* Die Gleichnisse Jesu	89

C.	***Das Vaterunser – oder: Vom richtigen Beten***	**90**
1.	*Hinführung:* »Wozu soll Beten gut sein?« – Dimensionen des Gebets	90
2.	Das Vaterunser – Ein synoptischer Vergleich	94
3.	Vaterunser oder Mutterunser? – Feministische Annäherungen	95
4.	*Schlüsselwissen:* Feministische Auslegung	97
5.	Das Vaterunser – aus jüdischer Sicht	98
6.	*Zusammenfassender Überblick:* Das Vaterunser – Summe der Reich-Gottes-Botschaft Jesu	99

IV.	**Gemeinschaft mit Jesus – Das letzte Abendmahl**	**100**
1.	*Hinführung:* »Tränen am gedeckten Tisch« – Ein Projektbericht	101
2.	Das letzte Abendmahl – Schrifttexte im Vergleich	103
3.	Zur Feier des jüdischen Passafestes	105
4.	Wie soll das Abendmahl verstanden werden? – Ein Schrifttext und seine Deutungen und Wirkungen in der Geschichte des Christentums	107
5.	*Schlüsselwissen:* Wirkungsgeschichtliche Auslegung	112
6.	*Zusammenfassender Überblick:* Vom letzten Mahl Jesu mit seinen Jüngern	113

V. Leiden und Sterben – Passion und Tod Jesu ... 115

1. *Hinführung:* Ein Kind erlebt den Tod eines geliebten Menschen – Aus einem Buch für Kinder ... 117
2. Der Prozess Jesu im synoptischen Vergleich ... 119
3. Der Tod Jesu im synoptischen Vergleich ... 126
4. Der Kaiserkult der römischen Religion und der Glaube an Jesus als »Sohn Gottes« im Römischen Reich – Zum Bekenntnis des römischen Hauptmanns unter dem Kreuz (Mk 15,39) und zur Entwicklung der ersten christologischen Dogmen ... 131
5. Erlösung durch den Kreuzestod Jesu? – Akzente neutestamentlicher und heutiger Erlösungstheologie ... 135
6. Jesus ganz ohne Kreuz? – Zum Jesusverständnis im Islam ... 140
7. Der Tod Jesu und Buddhas im Vergleich – Eine buddhistische Annäherung ... 141
8. *Zusammenfassender Überblick:* Die Außenseite und die Innenseite der Passion Jesu ... 144

VI. Vom Tod zum Leben – Dem Auferstandenen begegnen ... 146

1. *Hinführung:* »Und das mit der Auferstehung?« – Eine Episode ... 147
2. Die neutestamentlichen Zeugnisse von der Auferweckung/Auferstehung Jesu ... 148
2.1 Ein synoptischer Vergleich ... 148
2.2 Hindernisse auf dem Weg zum ursprünglichen Osterglauben ... 150
2.3 Eine mögliche Deutung der Auferweckungserzählungen ... 152
3. Auferstehung und Wiedergeburt? – Vorstellungen vom »Leben nach dem Tod« ... 153
3.1 Ergebnisse einer Befragung von Oberstufenschülern ... 153
3.2 Der Glaube an die Wiedergeburt – Was Buddhisten nach ihrem Tod erwarten ... 154
3.3 Ein indianischer Schamane erzählt von seinen Wiedergeburten – Der Ansatz einer Naturreligion ... 158
3.4 Der christliche Auferstehungsglaube ... 159
3.5 Ein jüdischer Theologe zum Auferstehungsglauben ... 161
3.6 Auferstehung und Gericht nach islamischer Lehre ... 164
4. *Zusammenfassender Überblick:* Die christliche Auferstehungshoffnung ... 165

VII. Zurück zu den Wurzeln – Zur Neubesinnung auf das Judentum als Ursprung des Christentums ... 166

1. *Hinführung:* »Was Christus von den Juden sagte« – Eine Geschichte aus der Zeit des Nationalsozialismus ... 167
2. Wie es zum Bruch von Kirche und Synagoge kam – Geschichtliche Anmerkungen zur frühen Zeit des Christentums ... 169
3. Die Aufgabe von Christen heute: Revision der Haltung gegenüber Juden und Judentum ... 171
4. *Zusammenfassender Überblick:* Auf dem Weg zum interreligiösen Gespräch von Christen und Juden ... 175

VIII. Zum Schluss: Kirche – die mittelbare Fortsetzung des Wirkens Jesu ... 176

Glossar ... 178
Kleine Sehschule ... 179

Vorwort

1. Vorbemerkungen zum Konzept des Buches

In einem Gedicht schreibt Dorothee Sölle im Blick auf Jesus von Nazaret:

> *Vergleiche ihn ruhig mit anderen Größen*
> *Sokrates*
> *Rosa Luxemburg*
> *Gandhi*
>
> *er hält das aus*
> *besser ist allerdings*
> *du vergleichst ihn*
> *mit dir*

Vergleiche anzustellen, wenn von Jesus geredet wird, liebe Schülerinnen und Schüler, genau dieses *Ziel* verfolgt das vorliegende Arbeitsbuch für die Sekundarstufe II »Jesus begegnen – Impulse aus dem Evangelium«. Um dieser Zielsetzung näher zu kommen, ist es wichtig, dass Sie sich zunächst darüber klar werden, welche Fragen, Probleme und Zweifel bei Ihnen angesichts der Person Jesu aufkommen. Eine Hilfestellung dabei bietet das I. Kapitel des Buches an. Es ermöglicht einen ersten eigenen Standort zu finden. Vielleicht wird auch Ihr Interesse an den weiteren Kapiteln des Arbeitsbuches geweckt. Die wissenschaftliche Beschäftigung mit der Person Jesu seit mehr als einem Jahrhundert hat die historische Fragestellung ins Zentrum des Interesses gerückt: Hat Jesus überhaupt gelebt? Können die Evangelien als Quellen ein geschichtlich korrektes Bild vermitteln? Oder sind nur außerbiblische Zeugnisse zuverlässig? Wie ist der Glaube an Jesus begründet? Reichen geschichtliche Erkenntnisse? Oder: Muss nicht vielmehr ein »historischer Jesus«, wenn man ihn fände, in der Vergangenheit bleiben, da er uns persönlich nicht weiterhilft? Brauchen wir daher nicht den »biblischen Christus«, der unseren Glauben weckt? Das Kapitel »Zugänge zu Jesus – Zum Verhältnis von Mythos und Geschichte« (Kap. II) stellt mögliche Antworten vor und regt zu deren Diskussion an.

Sodann wird »Das zentrale Anliegen Jesu: Die Gottesherrschaft in Wort und Tat« (Kap. III) in drei Zugängen thematisiert:
- Zunächst wird – in enger Verbindung mit den methodischen Fragen des II. Kapitels – nach dem Verständnis der Wunder Jesu (Abschnitt A.) gefragt.
- Sodann werden Gleichnisse Jesu (Abschnitt B.) näher in den Blick genommen: Inhaltlich wird Jesu Reden von Gott in seiner je eigenen sprachlichen Form bedacht, methodisch geht es um verschiedene Formen der Auslegung.
- Der dritte Zugang zum Inhalt der Gottesrede Jesu erfolgt über das Vaterunser (Abschnitt C.), das geradezu als Summe seiner Reich-Gottes-Botschaft verstanden werden kann.

Jesus hat seine Jünger nicht nur gelehrt, wie sie beten sollen, sondern ihnen auch den Auftrag gegeben, das Gedächtnis an ihn im gemeinsamen Mahl zu feiern. Insofern schließt sich die Thematisierung des Abendmahles Jesu (Kap. IV) an. Schwerpunkt ist hier die wirkungsgeschichtliche Auslegung der Einsetzungsworte in den verschiedenen christlichen Konfessionen. – Jesu Impuls, Gemeinschaft mit ihm und untereinander zu stiften, schließt Konsequenzen mit ein, deren Reichweite auch im Blick auf die Armen zu diskutieren ist.

Im folgenden Kapitel »Leiden und Sterben – Passion und Tod Jesu« (Kap. V) erhält neben der christlichen Deutung des Todes die Auseinandersetzung mit der Sicht des Leidens und Sterbens Jesu am Kreuz aus der Perspektive anderer Religionen (Islam, Buddhismus) Raum.

Kapitel VI beschreibt die Einheit von »Tod und Auferstehung« und akzentuiert die Auferstehungshoffnung nach den biblischen Zeugnissen. Auch hier werden christliche Vorstellungen mit denen anderer Religionen (Islam, Judentum, Buddhismus) kontrastiert. Der Glaube an die Wiedergeburt, wie er im Buddhismus und in Naturreligionen – auch bei manchen Jugendlichen – vorkommt, wird dabei eigens thematisiert und diskutiert.

Die Wirkungsgeschichte des Christentums ist schließlich in Kapitel VII am Beispiel des Verhältnisses von Christen und Juden angesprochen, um zu verdeutlichen, wie Impulse aus dem Evangelium zu einer neuen kirchlichen Praxis führen können.

Das Buch erhält thematisch eine Abrundung durch einen Text von Heinz Zahrnt, der zeigt, dass Kirche als die »mittelbare Fortsetzung des Wirkens Jesu« zu verstehen ist (Kap. VIII). Hier wird einsichtig, dass alles Reden von Jesus für Kirche Maßstäbe setzt, an denen sie ihr Wesen und ihre Aufgaben findet. Von Jesus sprechen, das heißt: das Zentrum christlicher Gemeinde zur Sprache bringen. »Als Tradentin der ›memoria Jesu‹ hat sie das Feuer seines Geistes in der Welt am Brennen zu halten« (Heinz Zahrnt).

Ein Kapitel zur Bergpredigt fehlt im vorliegenden Band, da diese ausführlich im Buch »Wegweisungen« der Reihe »Akzente« thematisiert wird.

Die Materialien jedes Kapitels sind nach drei Gesichtspunkten geordnet. Zunächst werden unter dem Stichwort »Hinführung« motivierende Materialien angeboten, die zum Weiterarbeiten anregen sollen. Danach schließt sich eine Sammlung von orientierenden Texten, Bildern oder Karikaturen an, die helfen soll sich ein eigenes Urteil in der Vielfalt unterschiedlicher Meinungen und Glaubensauffassungen zu bilden. Schließlich wird am Ende jedes Kapitels ein »Zusammenfassender Überblick« der angesprochenen Probleme in komprimierter Form angeboten, was im Hinblick auf die Ergebnissicherung des Unterrichts hilfreich sein kann.

Unter den Texten sind zumeist Leitfragen zu finden. Diese Fragen haben keinesfalls die Funktion Lehrer und Schüler bei der Diskussion zu gängeln, sondern sollen lediglich als Anregung oder als Hilfestellung dienen. Wenn Sie den Leitfragen für einen Teil des Weges durch dieses Arbeitsheft folgen wollen, können Sie möglicherweise besser in Gruppen arbeiten und brauchen nicht unbedingt ausschließlich im Plenum der Klasse zu diskutieren.

Zur Erleichterung der eigenständigen Texterarbeitung wurde ein Glossar an das Ende des Heftes gestellt. Durch die Erläuterung von Fremdwörtern und Fachbegriffen können die Texte zum großen Teil auch ohne Hilfe der Religionslehrerin/des Religionslehrers verstanden werden.

Die Materialien müssen nicht alle chronologisch erarbeitet werden, um einen Kurs zu Jesus Christus/Kirche zu gestalten. Vor allem in Kapitel III bietet es sich an, eine Auswahl zu treffen.

2. »...bis zum Tode am Kreuz« – Das Christuslied des Philipperbriefes: Leitmotiv für einen Kurs zu Jesus Christus/Kirche

Dem skizzierten thematischen Aufriss des Buches entsprechen *leitmotivisch* Worte aus dem Philipperbrief. In diesen Brief eingefügt, finden wir ein wahrscheinlich urchristliches Gemeindelied, einen in sehr schönem Versmaß gedichteten Hymnus auf Jesus Christus. Wir wissen nicht, wer ihn gedichtet hat. Möglicherweise ist Paulus selbst der Verfasser:

> [5]Jeder halte sich Christus als Beispiel vor Augen und
> gehe im Herzen seinen Weg mit, wie das Lied sagt:
> [6]Herrlich und mächtig wie Gott war er.
> Aber er behielt seine Macht nicht für sich und den Glanz seines göttlichen Wesens.
> [7]Alles legte er von sich ab, er nahm die Gestalt eines Knechtes an
> und wurde ein Mensch unter Menschen.
> [8]Die arme Gestalt eines Menschen trug er
> und beugte sich tief hinab bis zum Tod, ja bis zum Tode am Kreuz.
> [9]Darum hob ihn Gott über alles empor und setzt ihn über alles, was lebt,
> über Menschen und Mächte.
> [10]Denn den Namen Jesus sollen sie nennen und ihre Knie beugen
> im Himmel und auf der Erde und unter der Erde.
> [11]Und mit allen Stimmen sollen sie rufen: »Jesus Christus ist der Herr«
> und Gott, den Vater, rühmen und preisen!
>
> *Phil 2, 5-11 in der Übersetzung von Jörg Zink*

Der Gemeinde wird Jesus Christus als Beispiel vorgestellt. Von ihm her soll sie sich verstehen. Wenn jedes Reden von Jesus Auswirkungen auf kirchliches Selbstverständnis haben soll, dann sind die Impulse für kirchliche Praxis dem Evangelium zu entnehmen. »Jesus Christus ist der Herr!« So soll die Gemeinde ihn bekennen. Auch darin zeigt sich Aufgabe von Kirche, der Gemeinschaft der an Jesus Christus als den erhöhten Herrn Glaubenden.

Beides gehört zusammen, wie Jürgen Moltmann bemerkt: »Das Bekenntnis zu Christus und die Nachfolge Christi sind zwei Seiten derselben Sache: des Lebens in der Christusgemeinschaft. ...Jede Christologie ist darum auf Christopraxis bezogen und an ihr auf ihre Glaubwürdigkeit zu prüfen. Wir glauben an Christus mit allen unseren Sinnen und mit unserem gelebten Leben, so wie man auch an Gott nur glauben kann mit ganzem Herzen und mit allen Sinnen.«

Tod und Erhöhung Jesu sind ausdrücklich genannt. Sie bilden die Mitte eines Kurses zu Jesus Christus/Kirche. Besonders das Motiv des Kreuzes eröffnet in einem ersten Zugriff die Möglichkeit biblische Erfahrungen *korrelativ* in eine – auch kritische – Beziehung zu Erfahrungen von Zeitgenossen zu bringen. Betrachten Sie daher die folgen Darstellungen, auf denen das Kreuz zu sehen ist oder die mit Leiderfahrungen von Menschen zu tun haben!

1. Welche Erfahrungen kommen jeweils zum Ausdruck!
2. Welche Darstellung spricht Sie an? Welche nicht?
3. Überlegen Sie, wie Sie selbst das Kreuz darstellen würden!
4. Das Kreuz für Sie: vertraut – unverständlich – schrecklicher Anblick – Trost – Maßstab der Dinge – ...?

Der Kreuzweg. Riogordo, Spanien

Keith Haring

Ewald Mataré, Pietà, 1924

Günther Uecker, Chichicastenango, 1980

I. Fragen und Probleme bei der Begegnung mit Jesus – Annäherungen zur Standortbestimmung

»Mich würde einmal interessieren, welche Bedeutung Jesus für Sie persönlich hat?« Hier einige Antworten auf diese Frage: »Jesus hat nie gelebt.« »Jesus hat vor 2000 Jahren gelebt. Heute leben wir in einer ganz anderen Welt. Für mich hat Jesus keine Bedeutung.« »Jesus war nur ein Mensch, aber ein großer Mensch, der die Menschen zum Guten führen wollte. Er kann mir deshalb noch heute ein Vorbild sein.« »Gott hat Jesus, seinen Sohn, zu den Menschen gesandt, um sie zu erlösen. Jesus wurde von den Toten auferweckt und ich kann zu ihm beten.« Das ganze Spektrum möglicher Einstellungen zu Jesus ist angedeutet. Es reicht von der Leugnung seiner historischen Existenz bis hin zum vertrauensvollen Einlassen auf seine Person. Fragen und Probleme bei der Begegnung mit Jesus liegen in diesem Bezugsrahmen: Hat er wirklich gelebt? Welche Quellen stehen uns zur Verfügung? Wie sind sie zu verstehen? Was war sein zentrales Anliegen? Warum musste er sterben? Wie steht es mit der »Auferstehung«? Was bedeutet der Titel »Sohn Gottes«? Hat er die Kirche gegründet? Wie hält Kirche die Erinnerung an ihn wach? Wer war er?

Das Kapitel stellt sich diesen Fragen, um eine erste persönliche Standortbestimmung zu ermöglichen. Es setzt mit einem »modernen Steckbrief« von Jesus (1.) ein, der die Voreinstellung zu Jesus bewusst werden lässt. Es folgt eine erste Auseinandersetzung mit der Frage, ob man die Evangelien wie ein Historienbuch lesen oder eher als Mythos verstehen kann. Hier wird eine Äußerung des Malers Henri Matisse (2.) zur Diskussion gestellt. Im Weiteren wird die Mitte des Wirkens Jesu (3.) knapp skizziert, d.h. wie er die Gottesherrschaft in Wort und Tat zum Ausdruck brachte. Für Christen heute sind Überlegungen bedeutsam, wie Kirche dem Willen Jesu genügt, wie in ihr Gottesherrschaft sichtbar wird, wie sie die Erinnerung an ihn wach hält. So wird exemplarisch die Rolle, die dabei die Feier des Abendmahles (4.) spielt, angesprochen. Die Erinnerung an den Kreuzestod Jesu legt die Frage nach dem Sinn seines Leidens und Sterbens nahe. Heinrich Heines Wintermärchen (5.) bietet dazu Gesprächsimpulse. Christlicher Glaube sieht in der Auferstehung die Antwort auf den Tod, aber für immer weniger Menschen erscheint diese Hoffnung attraktiv. Manche wenden sich dem Glauben an die Wiedergeburt zu, ohne zugleich die christliche Gemeinde verlassen zu wollen. Sollen sie aus der Kirche ausgeschlossen werden? Davon handelt ein Textauszug von Hartmut Meesmann (6.). Wie Ausgrenzungen aus der Gemeinschaft früher geschahen, kann exemplarisch an der Geschichte des Verhältnisses von Christen und Juden (7.) angedeutet werden. Gibt es etwas, das für Christen in ihrem Glauben ganz einmalig und entscheidend ist, auf das sie nicht verzichten dürfen? Eugen Drewermann (8.) sieht es in der Person des Christus selber. Doch wer ist Jesus Christus? Wer war er? Bei Karl Jaspers (9.) wird erkennbar: Was Jesus nicht war, lässt sich leicht sagen. Es bleibt die Frage, was er war und wer er ist!

Die einzelnen Abschnitte dieses Kapitels können die angesprochenen Probleme nur knapp anreißen. Sie ermöglichen aber einen Meinungsaustausch darüber, wo besondere Akzente im Unterricht gesetzt werden sollen, die in den folgenden Kapiteln vertiefend angegangen werden können. In diesem Sinne sind die Hinweise zur Weiterarbeit zu verstehen.

Walter Gondolf, Schatten auf dem Kind

1. *Hinführung:* Moderner »Steckbrief«: Jesus von Nazaret – Heute?

1. *Wo* würde Jesus *heute* leben?
   Industriestaat   *oder*   Agrarstaat
   Entwicklungsland   *oder*   Modernes Europa
   Dorf   *oder*   Großstadt

2. Welchen *Beruf* könnte er heute haben?
   (höchstens zwei der angegebenen Berufe auswählen!)
   Geschäftsmann   Landwirt   Arbeiter   Entwicklungshelfer
   Sozialer Beruf   Polizeibeamter   Arzt
   Lehrer/Professor   Bischof   Politiker

3. Könnten Sie sich Jesus vorstellen:
   als Soldat?   nein   ja   weiß nicht
   als Ehemann?   nein   ja   weiß nicht

4. Welcher *Partei* würde Jesus seine Stimme geben?
   CDU/CSU   PDS   ANDERE
   FDP   BÜNDNIS 90/DIE GRÜNEN
   SPD   BÜRGERINITIATIVEN

5. Welchen *Fehler* würden Sie Jesus am ehesten zutrauen?
   Eitelkeit   Sturheit   Sozialer »Tick« (d. h. zu weiches
   Weltfremdheit   Frauenhass   Herz für Notleidende)
   Unmännlichkeit   Sentimentalität   Unbeherrschter Zorn

6. Wodurch würde sich Jesus Ihren Erfahrungen und Ihrer Meinung nach von einem heutigen *Pfarrer* unterscheiden?

2. »Ich nahm die ganze Geschichte als Mythos ...« (Henri Matisse) – Auf der Suche nach einem Verständnis der Evangelien

Henri Matisse, Maler:
»Als ich an der Kapelle arbeitete und zum Kreuzweg kam, wollte ich die Bibel noch einmal durchlesen, um mir die Einzelheiten der Passion zu merken. Ich nahm die ganze Geschichte als Mythos. Und dann ließ mich die Sache nicht mehr los. Und dann ist das, was ich in meiner Jugend verlor, langsam wieder erwacht an der Beschäftigung mit dem
5 Kreuzweg. Sie wissen ja, wie das ist: religiöse Erziehung, [...] und dann versandet das Ganze. Das große Leben kommt und drängt das Religiöse ab. Da also, wie ich am Kreuzweg zu meiner Kapelle arbeitete, ist das Verschüttete aus meiner Jugend langsam wieder erwacht. Aber sagen Sie das erst, wenn ich gestorben bin ...«

1. Die Evangelien als Mythen lesen? – Was halten Sie davon?
2. »Einzelnes mag man korrigieren wollen. Aber als Ganzes ergibt die Geschichte nur Sinn, wenn man sie als historischen Bericht liest ...« – Überlegen Sie, ob diese Äußerung den Evangelien gerecht wird!

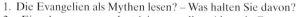

Henri Matisse in der Kapelle von Vence

Hinweis: Zur Weiterarbeit finden Sie Materialien im Kapitel
II. Zugänge zu Jesus – zum Verhältnis von Mythos und Geschichte

3. Die Mitte des Wirkens Jesu: Die Gottesherrschaft in Wort und Tat

»Die Zeit ist erfüllt und das Reich Gottes ist herbeigekommen« (Mk 1,15). Die Verkündigung vom Reiche Gottes ist Haupt- und Grundwort der Predigt Jesu. [...]
Geschichtlich gesehen fällt die Wirksamkeit Jesu in eine Periode mannigfacher glühender Erwartungen: die universal-apokalyptische Erwartung einerseits, die national-diesseitige Erwartung andererseits [...]. Mitten hinein in diese Erwartungen sagt Jesus: die Zeit ist erfüllt und das Reich Gottes ist herbeigekommen. [...] Auch für ihn steht das endgültige Kommen des Reiches Gottes noch aus. Es wird in der Zukunft von Gott her in diese Welt einbrechen. [...]
Jesus lehrt seine Jünger im Vaterunser, um das Kommen dieses Reiches zu beten. Noch ist das Kommen des Reiches Zukunft. Und doch unterscheidet sich Jesus in charakteristischer Weise von den Apokalyptikern: Im Unterschied zur jüdischen Apokalyptik malt Jesus das Gericht und seine Folgen nicht aus, weder die Schrecken noch die Freuden. Während dort das Ende der Welt herbeigesehnt und auch immer wieder berechnet wird, verbietet Jesus die Berechnung (Mt 24,36).
Warum?
Weil jetzt, angesichts der Botschaft Jesu, die Frage nach dem Wann überholt ist. Jetzt ist gar keine Zeit mehr für solche Spekulationen. War es bei Johannes dem Täufer noch 5 vor 12 Uhr, so erklingt bei Jesus der erste Glockenschlag von 12 Uhr. Das Reich Gottes wird Gegenwart. [...]
Wenn Jesus auf die Frage des Johannes »Bist du es, der da kommen soll, oder sollen wir auf einen anderen warten?« (Mt 11,3) mit dem Wort aus Jes 35,5 antwortet »Geht hin und sagt Johannes wieder, was ihr hört und seht: Blinde sehen und Lahme gehen, Aussätzige werden rein und Taube hören, Tote stehen auf und Armen wird das Evangelium gepredigt« (Mt 11,4f.), dann wird damit deutlich, dass er gerade seine Wunder als Zeichen für das mit ihm anbrechende Reich Gottes versteht. In ihnen wird bereits jetzt sichtbar, was dann einst, in der Vollendung vor allen Augen sein wird (vgl. Offb 1,7). [...]
Obwohl das Reich Gottes bereits angebrochen ist, ist es in dieser Welt noch verborgen. Noch kann Gott widersprochen werden, noch ist seine Herrschaft eine verborgene, eine geglaubte. – Es ist nicht zufällig, dass Jesus sehr oft in Gleichnissen vom Reich Gottes spricht.

Evangelischer Erwachsenenkatechismus

1. Gleichnisse, Wunder, Vaterunser – inwiefern geht es immer um die »Gottesherrschaft«?
2. Die Wunder Jesu – Hilfe für den Zweifler?
3. Statt Vaterunser »Mutterunser« – Was halten Sie davon?

Hinweis: Zur Weiterarbeit finden Sie Materialien im Kapitel
  III. Das zentrale Anliegen Jesu: Die Gottesherrschaft in Wort und Tat

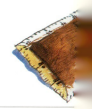

4. »Die Erinnerung an Jesus wachhalten …« – Zur Aufgabe von Kirche

Tagesschau: Der französische Staatspräsident beim Bundeskanzler. Man isst gepflegt. Tischreden werden gehalten. Ein Toast bei einem Glas Sekt. Essen – selbst ein politisches Arbeitsessen – entspannt, eröffnet Gesprächsbereitschaft, schafft Gemeinschaft.
Wegen seines gemeinschaftsbildenden Charakters hat das Mahl-Halten auch besondere Bedeutung in der biblischen Überlieferung. Juden feiern das Pascha-Mahl zur Erinnerung an die Befreiung aus Ägypten, Jesus hat gerade mit den Randgruppen Israels Mahl gehalten als Zeichen seiner Zuwendung, schließlich hat er vor seinem Gang zum Kreuz mit seinen Jüngern das Abschiedsmahl als Zeichen seiner über den Tod hinausgehenden Verbundenheit mit den Jüngern gefeiert. Davon berichten die Evangelisten Markus, Matthäus und Lukas sowie Paulus (Mt 26,26-29; Mk 14,22-25; Lk 22,19-20.18; 1Kor 11,23-25). Die Texte sind in Einzelheiten sehr unterschiedlich; sie verfolgen nicht die Absicht den historischen Ablauf des Abendmahls zu protokollieren, sondern sollen die Erinnerung an Jesus wach halten, der seinen Jüngern seine bleibende Gegenwart zugesagt hat. Gemeinsam sind den Texten Brotbrechen mit *Brotwort* (»Das ist mein Leib«) sowie das *Becherwort* (»Das ist mein Blut«), die Jesus jeweils auf seine Person und eigene Hingabe deutet. Die Überlieferung vom letzten Mahl ist Grundlage auch für die heutige Eucharistiefeier der katholischen Kirche und die Feier des Abendmahls in den Kirchen der Reformation.

Rudolf Hoppe

1. »Mahlgemeinschaft ist für jeden Juden die engste Form der Gemeinschaft« (Günther Bornkamm). Was bedeutet dies im Blick auf das letzte Mahl Jesu?
2. Das letzte Abendmahl als Abschluss der Mahlgemeinschaft Jesu mit »Zöllnern und Sündern«?
3. »Bleibende Gegenwart« Jesu bei der Feier des Abendmahls/der Eucharistie – Wie soll man das verstehen?

Hinweis: Zur Weiterarbeit finden Sie u.a. Materialien in den Kapiteln
       IV. Gemeinschaft mit Jesus – das letzte Abendmahl
       VIII. Zum Schluss: Kirche – Die mittelbare Fortsetzung des Wirkens Jesu

Borislav Sajtinac,
Das Maß der Dinge

5. »Sie haben dir übel mitgespielt« – Heinrich Heines Begegnung mit dem Gekreuzigten

Die Sonne ging auf bei Paderborn
Mit sehr verdrossner Gebärde.
Sie treibt in der Tat ein verdrießlich Geschäft
Beleuchten die dumme Erde!

Hat sie die eine Seite erhellt,
Und bringt sie mit strahlender Eile
Der andern ihr Licht, so verdunkelt schon
Sich jene mittlerweile.

Der Stein entrollt dem Sisyphus,
Der Danaiden Tonne
Wird nie gefüllt, und den Erdenball
Beleuchtet vergeblich die Sonne! –

Und als der Morgennebel zerrann,
Da sah ich am Wege ragen,
Im Frührotschein, das Bild des Manns,
Der an das Kreuz geschlagen.

Mit Wehmut erfüllt mich jedes Mal
Dein Anblick, mein armer Vetter,
Der du die Welt erlösen gewollt,
Du Narr, du Menschheitsretter!

Sie haben dir übel mitgespielt,
Die Herren vom hohen Rate.
Wer hieß dich auch reden so rücksichtslos
Von der Kirche und vom Staate!

Zu deinem Malheur war die Buchdruckerei
Noch nicht in jenen Tagen
Erfunden; du hättest geschrieben ein Buch
Über die Himmelsfragen.

Der Zensor hätte gestrichen darin,
Was etwa anzüglich auf Erden,
Und liebend bewahrte dich die Zensur
Vor dem Gekreuzigtwerden.

Ach! hättest du nur einen anderen Text
Zu deiner Bergpredigt genommen,
Besäßest ja Geist und Talent genug,
Und konntest schonen die Frommen!

Geldwechsler, Bankiers, hast du sogar
Mit der Peitsche gejagt aus dem Tempel –
Unglücklicher Schwärmer, jetzt hängst du am Kreuz
Als warnendes Exempel!

Heinrich Heine

1. Interpretieren Sie das Gedicht Heinrich Heines! Legen Sie den Akzent auf die Deutung des Kreuzes!
2. Können Sie Heines Deutung folgen?

Hinweis: Zur Weiterarbeit finden Sie Materialien im Kapitel
V. Leiden und Sterben – Passion und Tod Jesu

6. »Sie glauben an die Wiedergeburt ... Und wollen doch auch Christen bleiben!« – Zur Provokation der Auferstehungshoffnung

»Sie sind als Mitglieder des Kirchenvorstandes nicht mehr tragbar!« So entschied kürzlich eine Kopenhagener Kirchengemeinde der Dänischen Evangelisch-Lutherischen Volkskirche über zwei Gemeindemitglieder, darunter den Küster, und schloss sie aus der Kirchengemeinschaft aus. Das Vergehen der beiden: Sie glauben an die Wiedergeburt, an
5 die Reinkarnation. Und wollen doch auch Christen bleiben. Eine Provokation augenscheinlich für viele Christen, jedenfalls für die Andreasgemeinde in Kopenhagen. »Wegen falscher Lehre mussten wir so handeln«, begründet der Pfarrer der Gemeinde den Schritt in der Öffentlichkeit.
Dass nicht wenige Christen im Westen – wie Umfragen belegen – den Glauben an die
10 Wiedergeburt ohne größere Probleme mit ihrem christlichen Glauben in Einklang bringen, ist eine überraschende Entwicklung. Der Reinkarnationsglaube hat an Faszination gewonnen, der Auferstehungsglaube an Überzeugungskraft verloren. Wie steht es um die Provokation des Auferstehungsglaubens? Warum ist sein Stachel stumpf geworden?
Der Glaube an die Auferstehung besagt: Jeder Mensch stirbt nach einem einmaligen
15 Leben den unwiderruflichen irdischen Tod und wird von Gott auferweckt und verwan-

17

*Kasimir Malewitsch,
Schwarzer Kreis*

delt zu einem neuen, ewigen Leben bei Gott – möglicherweise nach einem individuell unterschiedlichen Prozess der Läuterung von Schuld, die ein Mensch in seinem Leben auf sich geladen hat.

Doch für immer weniger Menschen im von seinen Wurzeln her christlichen Westen scheint dies eine frohe, eine zur Bewältigung ihres Lebens hilfreiche Botschaft zu sein. Warum? Warum wendet sich Untersuchungen zufolge in Europa und in den USA gut jede(r) Vierte dem Glauben an die Wiederverkörperung der Seele in mehreren Leben zu? Was lockt am Reinkarnationsglauben in seiner westlichen Variante?

Dieser [...] Glaube besagt: In einer zyklischen Reihe von Wiedergeburten pilgert die Seele von Körper zu Körper und erhält so die Chance, zu einem immer höheren Bewusstsein ihrer selbst zu gelangen, sich immer mehr zu vervollkommnen. Dabei ist die Art der Wiedergeburt jeweils abhängig von den Taten des betreffenden Menschen. Dies ist das Gesetz des Karma. Es besagt: »Wie man handelt, wie man wandelt, so wird man. Handelt man gut, wird man gut, tut man Schlechtes, so wird man schlecht.« Es besagt weiter, dass jede Tat und jede Unterlassung äußere und innere Wirkungen hinterlässt, die die künftigen Leben prägen. Das Karma-Gesetz erhält eine positive Deutung. Der Mensch trägt Verantwortung für den Prozess der zyklischen Wiedergeburten, der eine Aufwärtsbewegung darstellt.

Aufschlussreich ist, dass dem Reinkarnationsglauben in seiner östlichen Ausprägung eine gegenteilige Intention zugrunde liegt. Im Hinduismus und Buddhismus geht es um das sehnsüchtige Verlangen aus dem ewigen Kreislauf der Wiedergeburten aussteigen zu können. Das immer gleiche Neue wird als Alptraum erlebt. Das ständige Werden und

*Schwarzes Kreuz,
um 1923*

Vergehen wird als kosmisches Gesetz wahrgenommen, in das der Mensch, genauer: der unsterbliche Teil seiner Natur, eingebettet ist. Sein Ziel ist es, das Gesetz des Karma zu tilgen. Wobei sich die ursprüngliche Angst vor der ewigen Wiederkehr des Todes und des Sterbens, die den Reinkarnationsglauben prägte, in die nur scheinbar »optimistische« Version von der Wiederkehr des Lebens verwandelt hat. Das Aufgehen des Menschen im Nirwana, in der endgültigen Befreiung von den Fesseln des beständigen Werdens und Vergebens, bleibt allemal das Ziel für den östlichen Menschen.

Hartmut Meesmann

1. Wie stehen Sie selbst zur Vorstellung der Wiedergeburt?
2. Was halten Sie vom Glauben an die Auferstehung? Wie interpretieren Sie »Auferstehung«?
3. Wie hätten Sie als Pfarrer/Pfarrerin der Andreasgemeinde in Kopenhagen im Blick auf die beiden »abtrünnigen« Gemeindemitglieder reagiert? Ist der Streitfall so wichtig, dass man mit Ausschluss drohen muss?

Hinweis: Zur Weiterarbeit finden Sie Materialien im Kapitel
  VI. Vom Tod zum Leben – Dem Auferstandenen begegnen

7. »Ihr habt unseren Jesus umgebracht!« – Zur Geschichte von Christen und Juden

Ehe die SA marschierte, die Fenster jüdischer Geschäfte zerklirrten und Flammen züngelten aus Synagogen, hat sich eine Szene ereignet. Einmal. Hundertmal. Tausendmal. Christliche Kinder umstehen einen jüdischen Mitschüler. Sie schauen böse oder mitleidig. Der Junge versteht nicht, wie ihm geschieht. Was wollen sie von ihm? Plötzlich knallen ihm die Worte um die Ohren: »Ihr habt unseren Jesus umgebracht.« Vielleicht schreit einer noch das bitterböse Wort »Gottesmörder«, das wie dumpfes Echo durch die Geschichte hallt.
Ungezählte Stationen haben Christen dem Leiden des Juden Jesus hinzugefügt.
Wundert es uns, wenn das zionistische Organ »La Terre Retrouvée« 1947 erklärt, von der These der jüdischen Schuld an Jesu Tode »führe eine Linie bis hin zu den Gaskammern von Auschwitz«?

Kurt A. Speidel

1. Wer hat Ihrer Meinung nach »Schuld« am Tod Jesu?
2. Welche Rolle spielen Ihrer Auffassung nach religiöse Vorurteile bei der Haltung gegenüber Juden?
3. Sehen Sie Möglichkeiten der Begegnung von Christen mit Juden? Welchen Beitrag sollten dabei die Kirchen leisten?

Hinweis: Zur Weiterarbeit finden Materialien in den Kapiteln
  V. Leiden und Sterben – Passion und Tod Jesu
  VII. Zurück zu den Wurzeln – Zur Neubesinnung auf das Judentum als Ursprung des Christentums

Judenstern an einer Tür in Berlin

8. »Einzig in der Gestalt Jesu ist die Person des Christus selber das Entscheidende.« – Was Jesus von Buddha, Mohammed und Marx unterscheidet

Einzelne Hindus betrachten auch Jesus als Verkörperlichung des Göttlichen. Ein Kalenderblatt aus Indien zeigt eine ganze Reihe solcher Verkörperungen: Krischna, Christus, Buddha, Ghandi.

Wer dem Buddha folgen will, braucht nicht den Buddha. »Ihr selber seid euere Leuchte«, sprach der Erleuchtete in Kusinara sterbend zu seinem Lieblingsschüler Ananda. Wer Mohammed folgen will, beleidigt den Propheten, wenn er sich einen Mohammedaner nennen wollte. Wer Karl Marx für die entscheidende Person in der gegenwärtigen Epoche der menschlichen Geschichte hält, mag sich zu Recht als Marxisten bezeichnen, aber wichtig für ihn ist nicht die Person von Karl Marx, sondern seine Theorie über den »Mehrwert« und die Kenntnis der Gesetze der Geld-Waren-Zirkulation im Kapitalismus. Einzig in der Gestalt Jesu ist die Person des Christus selber das Entscheidende.

Eugen Drewermann

1. Worin sieht Eugen Drewermann das Einzigartige in der Gestalt Jesu?
2. Was ist Ihrer Meinung nach das Unverwechselbare an Jesus?

Hinweis: Zur Weiterarbeit finden Sie u. a. Materialien in den Kapiteln
    V. Leiden und Sterben – Passion und Tod Jesu
    VI. Vom Tod zum Leben – Dem Auferstandenen begegnen

9. Zusammenfassender Überblick:
»Was Jesus nicht war, lässt sich leicht sagen ...« –
Bleibende Fragen

Was Jesus nicht war, lässt sich leicht sagen. Er war kein Philosoph, der methodisch nachdenkt und seine Gedanken systematisch konstruiert. Er war kein Sozialreformer, der Pläne macht; denn er ließ die Welt, wie sie war, sie ist ja ohnehin am Ende. Er war kein Politiker, der umwälzend und staatsgründend handeln will; nie sagte er ein Wort über die Zeitereignisse. Er hat keinen Kult gestiftet, denn er nahm am jüdischen Kultus in der jüdischen Gemeinschaft teil wie noch die Urgemeinde; er taufte nicht; er hat keine Organisation geschaffen, keine Gemeinde, keine Kirche begründet. Was war er denn?

Karl Jaspers

1. Hat Jesus wirklich keine Kirche gegründet? Vergleichen Sie die Auffassung von Karl Jaspers mit der von Hans Schwarz:
»Seit Hermann Samuel Reimarus (1694-1768) haben liberale Theologen immer wieder behauptet, Jesus habe niemals die christliche Kirche gründen wollen. Das ist sicherlich historisch korrekt, da Jesus als Glied der jüdischen Gemeinschaft fest im jüdischen Glauben verwurzelt war. Aber die Behauptung ist theologisch unrichtig, denn ohne Jesus und seine Botschaft würde es keine christliche Kirche geben.«
2. Diskutieren Sie, ob die anderen Aussagen über das, was Jesus nicht war, zutreffen!
3. Welche Antwort haben Sie auf die Frage: »Was war er denn?«

II. Zugänge zu Jesus – Zum Verhältnis von Mythos und Geschichte

Jesus begegnen – das kann auf unterschiedliche Art und Weise geschehen. Aus der Perspektive der Geschichtsschreibung kann der Versuch unternommen werden, durch die Beschäftigung mit den Dokumenten, die von ihm erzählen, den zeitlichen Abstand zu überwinden. Auffallend ist die Eigenart der christlichen Jesus-Zeugnisse. Sie weisen eine große Nähe zu ihm auf. Mit ihren Sprach- und Erzählformen stehen sie ganz unter der Absicht ihrer Verfasser Glauben an ihn zu verkündigen und zu wecken. Der historischen Neugier, dem Wunsch nach einer lückenlosen Biographie kommt die Jesus-Überlieferung nicht entgegen. Ob außerbiblische Quellen hier weiterhelfen können, ist zu prüfen.

Ein anderer denkbarer Zugang zur Person Jesu ist der, die vorliegenden Quellen nicht mit den Augen eine Historikers zu sehen, sondern sie als Mythos zu begreifen. Der Mythos ist ein Deutungsversuch von Welt und Mensch in bildhaft-symbolischer Sprache. Die »Ereignisse« des Mythos geben keine tatsächlichen Geschehnisse im objektiv-historischen Sinne wieder, vielmehr werden Erfahrungen von Menschen in bildhaft-erzählerischen Ausdrucksformen gedeutet, die überzeitliche Gültigkeit beanspruchen.

Angesichts dieser beiden Wege zu Jesus stellen sich Fragen. Auf der einen Seite: Können Ergebnisse der Geschichtswissenschaft wirklich einen persönlichen Zugang zu Jesus herstellen, oder bleibt Jesus dort nicht eher eine Person ferner Vergangenheit, ohne einen lebendigen Bezug zum heutigen Menschen? Auf der anderen Seite: Ist es überhaupt möglich, die Geschichtlichkeit Jesu zu leugnen, ohne damit auch die tiefere Begründung des Christentums preiszugeben?

Die Materialien dieses Kapitels stellen sich diesen Fragen. Zunächst werden in der Hinführung »Zwei Bilder von Jesus« vorgestellt, die zwei unterschiedliche Sichtweisen repräsentieren (1.). Textauszüge von Heinz Zahrnt vertiefen das Problem des perspektivischen Zugangs zu Jesus (2.) Die historische Perspektive wird daraufhin näher untersucht (3.), um Methodenbewusstsein für den angemessenen Umgang mit den Quellen zu wecken. Dieser ist erforderlich, um außerchristliche Dokumente über Jesus von Nazaret (4.) adäquat beurteilen zu können und auch zu erfassen, inwiefern die Evangelien als historische Quellen einer Biographie Jesu (5.) untauglich sind. Das Kapitel schließt mit der Diskussion um eine mythische oder geschichtliche Begründung des Glaubens an Jesus (6.). Hier steht die Position von Günther Bornkamm der von Eugen Drewermann gegenüber. Die Klärung dessen, was unter einem Mythos zu verstehen ist (7.), schließt sich zur Vertiefung an. Der zusammenfassende Überblick von Hans Küng »Was uns die Evangelien über den historischen Jesus sagen . . .« (8.) rundet das Kapitel ab.

Arnulf Rainer, Übermalung, 1985

1. *Hinführung:* Zwei Bilder von Jesus – zwei einander widersprechende Sichtweisen?

Christus als Pantokrator, Herrscher über das All, Mosaik um 1100, Daphni, Griechenland

Rembrandt, Christuskopf, 17. Jh.

1. Interpretieren Sie die Bilder, indem Sie die Vorstellung von Jesus herausarbeiten!
2. Vergleichen Sie die in den Bildern zum Ausdruck kommenden Vorstellungen von Jesus miteinander!

2. Zwei Perspektiven der Betrachtung Jesu

Die beiden folgenden Textausschnitte stammen von ein und demselben Autor, dem evangelischen Theologen Heinz Zahrnt. Und doch unterscheidet sich die Art und Weise, wie Jesus betrachtet wird, ganz erheblich voneinander.

    a. Im Himmel von Ewigkeit her beschlossen, auf Erden von Propheten vorausgesagt und durch seltsame Zeichen angekündigt, wird der Christus von einer Jungfrau auf wunderbare Weise geboren. Engel sind von Anfang an um Ihn und werden Ihn Sein Leben lang begleiten. Gleich bei Seiner Geburt stürzen sie aus dem offenen Himmel
5   hernieder und kündigen Ihn als den Retter der Welt an. Darauf eilen aus der Nähe Hirten herbei, um den künftigen Heiland anzubeten, und aus fernem Land kommen, von einem Stern geleitet, Magier gezogen, um vor dem neugeborenen Königskind ihre kostbaren Schätze auszubreiten. Lange Erwartetes geht mit alledem endlich in

Erfüllung, wie sich auch später in jedem einzelnen Ereignis Schriftwort um Schriftwort erfüllen wird. Ein Engel weist die Eltern mit ihrem neugeborenen Kind auf die Flucht, um es vor dem Anschlag des bösen Königs, der um seinen Thron fürchtet, zu bewahren, und auch die Rückkehr geschieht auf göttlichen Befehl. Schon in Seiner Kindheit zeichnet Er sich durch besondere Gaben aus und weist damit auf Seine künftige Bedeutung hin. Als Er zwölf Jahre alt ist, disputiert Er mit Theologen im Tempel, so dass diese sich über Seinen göttlichen Verstand wundern. Bei Seiner Taufe öffnet sich der Himmel über Ihm, und während der Heilige Geist auf Ihn herabschwebt, bekennt sich Gott selbst laut zu Ihm als zu Seinem Sohn. Er widersteht der Versuchung durch den Teufel, der Ihn von Seiner göttlichen Sendung abbringen will; stattdessen dienen Ihm die Engel. Darauf zieht Er predigend durch das Land. Seine Predigt wird begleitet von lauter Wundertaten. Er heilt Kranke aller Art: Aussätzige, Besessene, Gichtbrüchige, Lahme, Blinde, Taube, Stumme. Man braucht nur den Saum Seines Gewandes zu berühren und schon ist man gesund. Er verwandelt Wasser in Wein und speist Tausende von Menschen nur mit ein paar Broten und Fischen, wobei am Ende noch mehr übrig bleibt, als vorher da war. Sogar Wind und Wellen sind Ihm gehorsam. Er stillt einen Sturm und wandelt auf dem Wasser. Selbst Tote vermag Er wieder zum Leben zu erwecken. Mit allen diesen Worten und Taten erweist Er sich als der erwartete Messias und als Gottes Sohn. Die bösen Geister rufen es hinter Ihm her, einer von Seinen Jüngern spricht es im Namen der übrigen offen aus und zuletzt gibt Er es auf Befragen selbst zu. Am Ende Seines Weges geht Er an das Kreuz, auch darin nur den Willen Gottes erfüllend, wie er in der Schrift aufgezeichnet war. Dreimal sagt Er selbst voraus, dass Er leiden und sterben müsse, doch auch, dass Er am dritten Tage auferstehen und am Ende der Zeiten wiederkommen werde, um durch Totenauferstehung und Gericht hindurch das Reich Gottes endgültig heraufzuführen. Sein Tod geschieht zur Erlösung der Menschheit von ihren Sünden. Und so stirbt Er mit den Worten: »Es ist vollbracht.« Das Grab, in das man Ihn legt, wird versiegelt und mit einem schweren Stein verschlossen. Dennoch erweist es sich hinterher als leer. Leibhaftig erscheint Er Seinen Jüngern, geht zu ihnen durch verschlossene Türen, wandert, isst und trinkt mit ihnen. Am Ende versammelt Er sie noch einmal auf einem Berge und sendet sie von dort aus mit dem Befehl Seine Botschaft allen Völkern zu bringen und sie im Namen des dreieinigen Gottes zu taufen. Dann trägt Ihn eine Wolke empor, himmelwärts. So endet Seine Geschichte wieder dort, wo sie angefangen hat: in der Ewigkeit bei Gott im Himmel.

b. Da wird einer in einer Notunterkunft geboren, in der Ecke auf einer Strohschütte, und die ersten, die sich für ihn interessieren, sind Landarbeiter, die Proletarier der Zeit. Dann muss er mit seiner Familie sofort in die Emigration. Seine Kindheit ist ohne jeden Glanz. Bevor er mit seiner öffentlichen Wirksamkeit beginnt, verzichtet er ausdrücklich auf alle jene Mittel und Attribute, die einem politischen Führer oder sozialen Revolutionär Erfolg versprechen: auf Macht, Brot und Spiele. Als sie ihn später dann noch einmal zu ihrem Führer machen wollen, entzieht er sich ihnen. Ohne einen Titel oder ein Amt für sich in Anspruch zu nehmen, will er nur die Sache Gottes in der Welt durchsetzen – dafür erscheint es ihm jetzt »höchste Zeit«. Aber mit dem Anfang ist im Grunde schon entschieden, dass seine Sache schiefgehen muss. Gleich sein erstes Auftreten in seiner Heimstadt endet mit einem Fiasko: Man treibt ihn aus der Stadt hinaus und will ihn umbringen. Darauf zieht er als Wanderprediger durch das Land, ohne Pass und ohne festen Wohnsitz. Er predigt denen, die es mit Gott schwer und von Theologie keine Ahnung haben. Er ist frei von allen Vorurteilen. Er hält sich zu denen, die die Gesellschaft ausgeschlossen hat, zu den moralisch Verdächtigen und den politisch Unzuverlässigen, und setzt sich mit ihnen zusammen an einen Tisch. Aber er geht genauso in die Häuser der guten Bürger, der Theologen und der Frommen. Ihm ist allein an den Menschen gelegen. Darum sind ihm die geltenden kirchlichen Vorschriften im Grunde gleichgültig; manchmal erfüllt er sie, manchmal setzt er sich über sie hinweg. Er hält sich an die Kinder, nicht an die Juristen. Seine eigene, sehr fromme Familie erklärt ihn für verrückt und das heißt für sie vom Teufel besessen. Mit den kirchlichen und politischen Behörden gerät er in Konflikt, sie suchen ihn in bewährter Zusammenarbeit zu liquidieren. Für eine Zeit lang setzt er sich noch einmal ins Ausland ab. Dann aber sucht er bewusst die Entscheidung in der Hauptstadt. Im ersten Augenblick scheint es sogar zu gelingen, die Menge fällt ihm begeistert zu – aber dann erfüllt sich an ihm doch das Todesverhängnis, das von Anfang an über ihm geschwebt hat. Einer aus seinem engsten Umkreis denunziert ihn, die Stimmung der Masse schlägt im Nu gegen ihn um und auch seine letzten Anhänger setzen sich von ihm ab. Von allen im Stich gelassen hat er Angst vor dem Sterben. Mit den üblichen Methoden geistlich-politischer Justiz wird der Prozess gegen ihn durchgepeitscht. Die Anklage lautet auf Gotteslästerung und Hochverrat, das Urteil auf Tod. Völlig verlassen geht er den Weg an den Galgen, sehr still, sehr gehorsam, aber eben doch an den Galgen. Er wird gehenkt zusammen mit zwei Verbrechern und stirbt mit den Worten: »Mein Gott, warum hast du mich verlassen?«

1. Stellen Sie die Unterschiede der Textauszüge bei der Betrachtung der Person Jesu heraus! Bei der Erarbeitung der inhaltlichen Differenzen können Sie sich an den Vergleichskriterien
   – »Ursprung?«, – »Kindheit und Jugend?«, – »Taten und Worte?«, – »Todesgrund?«,
   – »letzte Worte?«, – »Ende?« orientieren!
2. Sind die verschiedenen Darstellungen miteinander vereinbar? Bedenken Sie in diesem Zusammenhang die Äußerung von Heinz Zahrnt: »Zwischen dem historischen Jesus und dem kerygmatischen Christus besteht ... eine erkennbare Kontinuität. Die neutestamentliche Christusbotschaft hängt nicht in der Luft – der Glaube an Jesus Christus hat Anhalt an Jesus selbst.«
3. Wie stellt sich dieses Problem bei der Betrachtung der Bilder von Stephan Lochner und Max Ernst dar?

3. *Schlüsselwissen:* Die historische Fragestellung – Vom Umgang mit den Quellen

Einer der denkwürdigen Aussprüche des Rechtsgelehrten und Philosophen Francis Bacon lautet: Der Naturwissenschaftler müsse »der Natur durch die Folter die Antwort auf seine Fragen erpressen« (»put Nature to the question«). Dieser Ausspruch enthält die negative These, dass der Naturwissenschaftlicher sich nicht damit begnügen dürfe die Natur in respektvoller Aufmerksamkeit zu beobachten; er dürfe nicht auf ihre Offenbarungen warten und seine Theorien auf dem aufbauen, was sie ihm mitzuteilen gewillt sei. Außerdem enthält Bacons Satz zwei positive Feststellungen. Erstens: Der Naturwissenschaftler muss die Initiative ergreifen, er muss selbst entscheiden, was er wissen will, und seine Wünsche in Form einer Frage in seinem Geist formulieren. Zweitens: Er muss Mittel finden, die Natur zu einer Antwort zu zwingen, indem er sozusagen Foltermaßnahmen

Stephan Lochner (um 1410-1451), Anbetung des Kindes

Max Ernst, Die Jungfrau züchtigt das Jesuskind vor drei Zeugen: André Breton, Paul Elouard und dem Maler, 1926

anwendet, die ihr die Antwort mit Gewalt entreißen. So hat Bacon hier in einem einzigen kurzen Ausspruch die richtige Methode der experimentellen Naturwissenschaft ein für allemal formuliert.

Dieser Ausspruch enthält zugleich – ohne daß Bacon sich dessen bewusst war – die rich-
5 tige Theorie der historischen Methode. Die historische Schere-und-Kleister-Methode ist die Einstellung, die man vor Bacon hatte. Damals nahm der Historiker seinen Quellen, seinen »Autoritäten« gegenüber eine ehrfurchtsvoll abwartende Haltung ein (– das zeigt bereits das Wort: Autorität, authority –). Er wartet ab, was seine quellenmäßigen Autoritäten ihm zu berichten geruhen, und lässt sie erzählen, wie und wann es ihnen beliebt.
10 Diese Haltung wurde im Grunde auch dann noch beibehalten, als die Methode der historischen Kritik Einfluss zu gewinnen begann und die Autoritäten nur noch als Quellen im eigentlichen Sinne fungierten. Eine Wandlung bedeutete das allerdings, aber sie war nur oberflächlich. Sie bestand lediglich darin, dass man eine Technik gefunden hatte, nach der man die Gewährsmänner in Schafe und Böcke trennen konnte. Die letzteren schieden als

Quelle aus, die ersteren aber wurden genauso behandelt wie die Quellen zu der Zeit, da sie noch die Bedeutung von Autoritäten hatten. Aber in der wissenschaftlichen oder eigentlichen Geschichtsforschung ist der Baconsche Umwandlungsprozess endgültig vollzogen worden. Auch der auf dieser neuen naturwissenschaftlichen Methode fußende Geschichtsschreiber befasst sich noch ziemlich viel mit den gleichen Werken, die schon der Historiker der kompilatorischen Methode gelesen hatte – mit Herodot, Thukydides, Livius, Tacitus usw. –, aber er liest sie nun in einer ganz anderen geistigen Einstellung, nämlich im Geiste Bacons. Der Historiker der Schere-und-Kleister-Methode hatte solche Bücher in einer rein rezeptiven Haltung in sich aufgenommen. Er wollte lediglich ihren Inhalt feststellen. Der im Baconschen Sinn auf wissenschaftlicher Grundlage fußende Historiker hingegen tritt an die Lektüre bereits mit einer Frage heran; er nimmt von vornherein eine aktive Haltung ein, indem er sich vor der Lektüre die Fragen zurechtlegt, die er an die Werke zu stellen hat. Ferner: Der Schere-und-Kleister-Historiker liest in der Überzeugung, dass er von seiner Quelle über eine Frage, zu der sie nicht ausdrücklich und ausführlich Stellung nimmt, überhaupt keinen Aufschluss bekommen kann. Der auf die neue wissenschaftliche Methode gestützte Historiker aber unterzieht die betreffenden Werke einer gewaltsamen Befragung: Er presst aus einem Abschnitt, der offensichtlich von einem ganz anderen Thema handelt, als dem von ihm untersuchten, eine Antwort auf seine Frage heraus. Wenn der Schere-und-Kleister-Historiker in voller Überzeugung sagt: »Der und der Autor hat über das und das Thema nichts geschrieben«, dann wird der wissenschaftlich fundierte Historiker ihm entgegenhalten: »So? Siehst du nicht, dass man diesem Abschnitt, obgleich er von einem völlig anderen Gegenstand handelt, entnehmen kann, wie der Autor über das Thema dachte, von dem du behauptest, es werde nicht von ihm behandelt?«

Robin George Collingwood

1. Worin unterscheidet sich der Umgang des Historikers mit seinen Quellen nach der »Schere-und-Kleister-Methode« und nach der »wissenschaftlichen Methode«?
2. Untersuchen Sie die im folgenden Abschnitt zusammengestellten außerbiblischen Quellen von Jesus mit Hilfe »wissenschaftlicher Methoden« von Geschichtsforschung!

4. Außerchristliche Quellen über Jesus von Nazaret

Für die Frage des heutigen Historikers nach der geschichtlichen Gestalt Jesus von Nazaret ist die Quellenlage nicht besonders günstig. Fast unser gesamtes Wissen über Jesus entnehmen wir den vier kanonischen Evangelien, deren Eigenart darin besteht, nicht nüchtern-distanzierte historische Schriften im neuzeitlichen Sinne, sondern engagierte, also »parteiische« Glaubens- und Bekenntnisschriften zu sein und sein zu wollen. Umso bedeutsamer ist es, dass uns wenigstens einige knappe Äußerungen nichtchristlicher Autoren über Jesus tradiert sind. Sie zeigen, dass Jesus kein Produkt der christlichen Phantasie darstellt und dass es keinem der überwiegend ablehnend eingestellten Verfasser eingefallen ist, die historische Existenz Jesu zu leugnen.

In den »Jüdischen Altertümern« des von Kaiser Vespasian geförderten jüdischen Historikers **Flavius Josephus** *(37-97) finden sich zwei Stellen, die auf Jesus verweisen.* Ananos (der Hohepriester) berief eine Versammlung der Richter und ließ vorführen den

Bruder Jesu, des sogenannten Christus, Jakobus mit Namen, und einige andere, erhob gegen sie als Gesetzesübertreter eine Anklage und überantwortete sie zur Steinigung.

Jüdische Altertümer, 20,200

Um diese Zeit (= während der Zeit des Aufstandes gegen Pilatus, der mit Hilfe der Tempelgelder eine Wasserleitung nach Jerusalem bauen lassen wollte) lebte Jesus, ein weiser Mann, wenn man ihn überhaupt einen Menschen nennen darf. Er war nämlich der Vollbringer ganz unglaublicher Taten und der Lehrer aller jener Menschen, die mit Freuden bereit sind die Wahrheit zu empfangen. So zog er viele Juden und auch viele Griechen an sich. Er war der Messias. Und obgleich ihn Pilatus auf Betreiben der Vornehmsten unseres Volkes zum Kreuzestod verurteilte, wurden doch diejenigen, die ihn von Anfang an geliebt hatten, ihm nicht untreu, wie gottgesandte Propheten dies und tausend andere wunderbare Dinge von ihm vorher verkündet hatten. Und noch bis auf den heutigen Tag besteht der Stamm der Christen, wie sie sich nach ihm nannten, fort.

Jüdische Altertümer, 18,63f.

*Der **Talmud**, das große Sammelwerk der rabbinischen Toraauslegung (2. bis 6. Jahrhundert), enthält einen Text, der – wenn auch in dunkler, schwer interpretierbarer Weise – auf den Prozess Jesu und seine Kreuzigung Bezug nimmt:*
Vorher ruft ein Herold aus. Also nur (unmittelbar) vorher, früher aber nicht. Dagegen wird ja gelehrt: »Am Vorabend des Pessachfestes hängte man Jesus«. 40 Tage vorher hatte der Herold ausgerufen: »Er wird zur Steinigung hinausgeführt, weil er Zauberei getrieben und Israel verführt und abtrünnig gemacht hat. Wer etwas zu seiner Verteidigung zu sagen hat, der komme und sage es.« Da aber nichts zu seiner Verteidigung vorgebracht wurde, hängte man ihn am Vorabend des Pessachfestes. Ula (ein Rabbi, Ende des 3. Jahrhunderts n. Chr.) erwiderte: »Glaubst du denn, dass man für ihn überhaupt eine Verteidigung zu suchen brauchte? Er war ja ein Verführer und der Allbarmherzige sagt: Du sollst seiner nicht schonen noch seine Schuld verheimlichen.« Vielmehr war es bei Jesus anders, da er der Regierung nahestand.

Traktat Sanhedrin 43a

*In den »Annalen« des römischen Historikers **Cornelius Tacitus** (55-120) ist folgende Erklärung für die Herkunft des Namens »Christen« zu lesen:*
Dieser Name stammt von Christus, den der Prokurator Pontius Pilatus unter der Herrschaft des Tiberius zum Tod verurteilt hatte. Dieser abscheuliche Aberglaube, der eine Weile verdrängt worden war, verbreitete sich von neuem nicht nur in Judäa, wo das Übel begonnen hatte, sondern auch in Rom, wo alles, was es auf der Welt Schreckliches und Schändliches gibt, zusammenströmt und zahlreiche Anhänger findet.

Annalen 15,4

*Der römische Kaiserbiograph **Sueton** (etwa 70-150) erwähnt in seiner Lebensbeschreibung des Kaisers Claudius dessen Judenedikt des Jahres 49, das auch in Apg 18,2 bezeugt ist. Dabei verwechselt er aber nicht nur »Christus« mit dem verbreiteten Sklavennamen »Chrestos« (= der Brauchbare, Nützliche), sondern hat überdies Auseinandersetzungen in der römischen Judenschaft um die Messianität Jesu als von »Chrestos« selbst angestiftete Unruhen missverstanden:*
Claudius verjagte die Juden aus Rom, die auf Anstiften des Chrestos nicht aufhörten, Unruhen zu stiften.

Leben des Claudius, 25

Aus den Jahren 112/113 stammt eine schriftliche Anfrage von **Plinius,** *dem Statthalter von Bithynien in Kleinasien, an Kaiser Trajan. Plinius will wissen, ob das von ihm bisher geübte Vorgehen gegen die Christen seiner Provinz das Wohlwollen des Kaisers findet, was ihm Trajan in einem Antwortschreiben bestätigt:*

Man legte mir ein anonymes Schreiben *(libellus sine auctore)* vor, das die Namen zahlreicher Personen enthielt. Doch diese leugneten zum Teil überhaupt jemals Christen gewesen zu sein, riefen nach der Formel, die ich ihnen vorsprach, die Götter an, opferten deiner Büste, die ich zu diesem Zwecke mit den Bildnissen der Götter hatte herbeibringen lassen, mit Wein und Weihrauch und lästerten außerdem Christus: alles Dinge, zu denen sich, wie
5 es heißt, wahre Christen nicht zwingen lassen; diese glaubte ich freilassen zu können.

Andere, die von dem Angeber mitgenannt waren, gestanden anfangs zu Christen zu sein, leugneten es jedoch dann wieder und behaupteten, sie seien es allerdings gewesen, aber wieder abgefallen, und zwar einige vor drei, andere vor noch mehr und manche sogar vor zwanzig Jahren. Alle diese haben ebenfalls deine Büste und die Bildnisse der Götter
10 angebetet und Christus gelästert.

Dabei versicherten sie jedoch, ihre Hauptschuld oder vielmehr ihr Hauptfehltritt habe darin bestanden, dass sie immer an einem bestimmten Tage vor Sonnenaufgang zusam-

*Rogier van der Weyden,
Der Evangelist Lukas die
Madonna zeichnend*

mengekommen seien, auf Christus wie auf einen Gott *(Christo quasi deo)* abwechselnd ein Lied gesungen und sich durch einen feierlichen Eid *(sacramento)* nicht etwa zu einem Verbrechen verpflichtet hätten, sondern dazu, dass sie keinen Diebstahl, keinen Raub, keinen Ehebruch begehen, kein Wort brechen und kein anvertrautes Gut unterschlagen
5 wollten. Danach seien sie auseinander gegangen und hätten sich wiederum versammelt, um eine – jedoch gewöhnliche und unschuldige – Speise zusammen zu genießen. Aber auch das hätten sie nach meinem Edikt unterlassen, worin ich, deinen Befehlen entsprechend, alle geschlossenen Vereinigungen verboten hatte.

96. Brief an Trajan

1. Überlegen Sie, wie nach den vorliegenden außerbiblischen Quellen ein wissenschaftlich zu verantwortender Artikel für ein Geschichtslexikon aussehen müsste?
2. Wodurch unterscheidet sich die Art des Redens von Jesus, wie wir sie in den Evangelien finden, von der außerbiblischer Geschichtsschreiber?
3. Interpretieren Sie das Bild »Der Evangelist Lukas die Madonna zeichnend« von Rogier van der Weyden (1399-1464), indem Sie herausarbeiten, wie der Maler die Arbeit des Evangelisten bewertet. Vergleichen Sie das Bild mit dem Selbstbildnis von Chagall!
4. Wie beurteilen Sie selbst die historische Zuverlässigkeit der Evangelien?

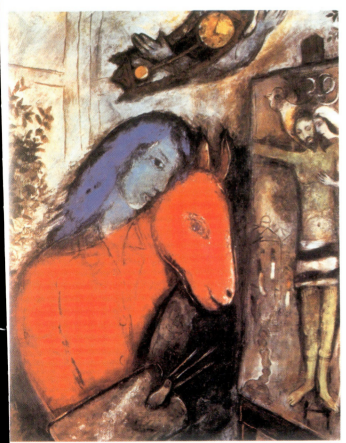

Marc Chagall,
Selbstbildnis mit
Wanduhr, 1946

5. Die Evangelien als historische Quellen einer Biographie Jesu?

5.1 Ein Beispiel für die Arbeit am Evangelientext: Die Salbung Jesu (Mk 14,3-9; Mt 26,6-13; Lk 7,36-50)

Mk 14, 3-9	*Mt 26, 6-13*	*Lk 7, 36-50*
³Und als er in Bethanien im Hause Simons des Aussätzigen war, kam, während er bei Tische saß, eine Frau mit einer Alabasterflasche voll echter, teurer Nardensalbe; sie zerbrach die Alabasterflasche und goss sie ihm über das Haupt.	⁶Als aber Jesus in Bethanien im Hause Simons des Aussätzigen war, ⁷trat eine Frau zu ihm mit einer Alabasterflasche voll kostbarer Salbe und goss sie ihm über das Haupt, während er bei Tische saß.	³⁶Es bat ihn aber einer der Pharisäer, mit ihm zu essen. Und er ging in das Haus des Pharisäers und setzte sich zu Tische. ³⁷Und siehe, eine Frau in der Stadt, die eine Sünderin war, hatte vernommen, dass er im Hause des Pharisäers zu Tische war, brachte eine Alabasterflasche voll Salbe ³⁸und trat hinten zu seinen Füßen, weinte und fing an seine Füße mit ihren Tränen zu benetzen, und trocknete sie mit den Haaren ihres Hauptes, küsste seine Füße und salbte sie mit der Salbe. ³⁹Als der Pharisäer, der ihn eingeladen hatte, das sah, sagte er bei sich selbst: Wenn dieser ein Prophet wäre, wüsste er, wer es ist und was für eine Frau, die ihn anrührt, dass sie [nämlich] eine Sünderin ist. ⁴⁰Und Jesus begann und sprach zu ihm: Simon, ich habe dir etwas zu sagen. Er erwiderte: Meister, sprich! ⁴¹Ein Geldverleiher hatte zwei Schuldner. Der eine war fünfhundert Denare schuldig, der andre fünfzig. ⁴²Da sie nicht bezahlen konnten, schenkte er es beiden. Welcher von ihnen wird ihn nun am meisten lieben? ⁴³Simon antwortete und sagte: Ich denke, der, dem er das meiste geschenkt hat. Da sprach er zu ihm: Du hast recht geurteilt. ⁴⁴Und indem er sich zu der Frau hinwandte, sprach er zu Simon: Siehst du diese Frau? Ich bin in dein Haus gekommen: Wasser für die Füße hast du mir nicht gegeben; sie aber hat meine Füße mir ihren Tränen benetzt und mit ihren Haaren getrocknet. ⁴⁵Einen Kuss hast du mir nicht gegeben; sie aber hat, seit sie hereingekommen ist, nicht aufgehört meine Füße zu küssen. ⁴⁶Mit Öl hast du mein Haupt nicht gesalbt; sie aber hat mit Salbe meine Füße gesalbt. ⁴⁷Deshalb sage ich dir: Ihre vielen Sünden sind ihr vergeben, denn sie hat viel geliebt; wem aber weniger vergeben wird, der liebt wenig. ⁴⁸Er sprach aber zu ihr: Deine Sünden sind dir vergeben. ⁴⁹Da fingen die Tischgenossen an, bei sich selbst zu sagen: Wer ist dieser, der sogar Sünden vergibt? ⁵⁰Er sprach aber zu der Frau: Dein Glaube hat dich gerettet, geh hin in Frieden!
⁴Da murrten etliche bei sich selbst: Wozu ist diese Vergeudung der Salbe geschehen? ⁵Man hätte diese Salbe ja für mehr als dreihundert Denare verkaufen und [den Erlös] den Armen geben können. Und sie fuhren sie an.	⁸Als die Jünger das sahen, wurden sie unwillig und sagten: Wozu diese Verschwendung? ⁹Das hätte man ja teuer verkaufen und [den Erlös] den Armen geben können.	
⁶Jesus aber sprach: Lasset sie! Was betrübt ihr sie? Sie hat eine schöne Tat an mir getan. ⁷Die Armen habt ihr ja allezeit bei euch, und sooft ihr wollt, könnt ihr ihnen wohltun; mich aber habt ihr nicht allzeit. ⁸Was sie vermochte, hat sie getan; sie hat im voraus meinen Leib zum Begräbnis gesalbt. ⁹Und wahrlich, ich sage euch: Wo immer in der ganzen Welt das Evangelium gepredigt wird, da wird auch das, was sie getan hat, zu ihrem Gedächtnis erzählt werden.	¹⁰Als es aber Jesus merkte, sprach er zu ihnen: Was betrübt ihr die Frau? Sie hat doch eine schöne Tat an mir getan. ¹¹Die Armen habt ihr ja allezeit bei euch, mich aber habt ihr nicht allzeit. ¹²Denn, dass sie diese Salbe auf meinen Leib goss, das hat sie getan für mein Begräbnis. ¹³Wahrlich, ich sage euch: Wo immer in der ganzen Welt dieses Evangelium gepredigt wird, da wird auch das, was sie getan hat, zu ihrem Gedächtnis erzählt werden.	

1. Vergleichen Sie die Texte miteinander, indem Sie Unterschiede und Gemeinsamkeiten herausstellen!
2. Arbeiten Sie heraus, inwiefern die jeweiligen Fassungen eigene theologische Akzente der jeweiligen Evangelisten erkennen lassen!
3. Die Evangelien als historische Protokolle? Beziehen Sie Stellung aufgrund des synoptischen Vergleichs!

5.2 *Schlüsselwissen:* **Die Zwei-Quellen-Theorie – zum Entstehungsprozess der Evangelien**

Grundsätzlich gilt, dass es sich bei allen Evangelien um Glaubenszeugnisse der Gemeinde handelt, also um kerygmatische Texte, geschrieben aus der nachösterlichen Perspektive, und nicht primär um historische Dokumente. Die Texte sind häufig aus vielen Einzelstücken zusammengesetzt, deren Entstehen und Überlieferungsprozess meistens sehr genau rekonstruiert werden können. [...]
Im Sinne der Möglichkeit historischer Rekonstruktion kommen praktisch nur die synoptischen Evangelien (also Matthäus, Markus, Lukas = Mt, Mk, Lk) in Betracht (zum Johannesevangelium s. u.). Diese bilden gegenüber dem vierten Evangelium eine in Aufbau, Charakter und Traditionsgut z. T. bis in wörtliche Übereinstimmungen hinein zusammenhängende Gruppe.
Seit dem Ende des 18. Jahrhunderts hat man sich in der theologischen Forschung mit dem literarischen Zusammenhang dieser drei Evangelien untereinander befasst. Nach mancherlei im Laufe der Zeit geäußerten Hypothesen erklärt diesen am einleuchtendsten die heute allgemein anerkannte *Zweiquellentheorie*:
– Das *Markus-Evangelium* wurde von Mt und Lk als Quelle benutzt; fast sein gesamter Stoff findet sich bei ihnen wieder.
– Die Tatsache, dass Mt und Lk dort, wo sie über Mk hinausgehen, ebenfalls häufig in Sachfolge und Wortlaut übereinstimmen – und dies ist vor allem bei der Überlieferung der Worte Jesu der Fall –, lässt den Schluss zu, dass beiden eine weitere gemeinsame Quelle vorgelegen haben muss, die wegen ihres Inhalts die *Spruch-* oder *Logienquelle (Q)* genannt wird. Bei dieser Vorlage, die hauptsächlich Redenstoff aus Jesu Verkündung enthalten haben muss und daher auch den Wandlungsprozessen der mündlichen Tradition stärker ausgesetzt war, handelt es sich vermutlich um eine schriftliche, in griechischer Sprache verfasste Quelle, die allerdings als literarisches Werk nicht erhalten ist.
– Darüber hinaus besaßen Mt und Lk unabhängig voneinander eine eigene Überlieferung, das sog. *Sondergut*.
Als Schaubild lässt sich die Zweiquellentheorie folgendermaßen darstellen:

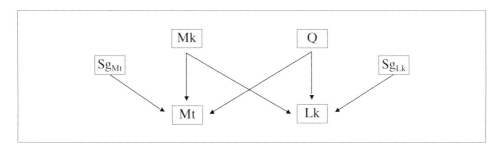

Auch das älteste Evangelium ist, abgesehen von seinem kerygmatischen Charakter, nur bedingt als historische Quelle zu betrachten, da sein zeitlicher und geographischer Aufbau nicht aus alter Überlieferung stammt, sondern einen später eingearbeiteten literarischen Rahmen darstellt.

Wenn auch schon die einzelnen Überlieferungsstücke – und nicht erst die Evangelien als ganze – als Glaubenszeugnisse angesehen werden müssen, so lassen sich doch bei allen Synoptikern bestimmte Merkmale historischer Echtheit erkennen:
– Dazu gehört, neben anderen Geschehnissen, die Passionsgeschichte, die schon sehr früh in fest umrissener Form überliefert wurde.
– Mit Sicherheit kann aus Jesu Lehre solches als echt gelten, was sich in das soziale und kulturelle Umfeld am wenigsten einfügen lässt, also das, was weder mit dem jüdischen Denken noch mit dem Glauben der späteren Gemeinde vereinbart werden kann. Dabei ist vor allem an solche Aussprüche Jesu zu denken, die unmittelbar aus einer bestimmten Situation heraus erwachsen sind.
– Auch der Grundbestand der Gleichnisse Jesu darf als historisch echt angesehen werden. Sie heben sich inhaltlich und stilistisch (erzählerische Form, Bildmaterial) deutlich ab von vergleichbaren jüdischen Texten. Auch zeigen sie das aus der Einheit von Wort und Tat (Wunder) resultierende unverwechselbare Selbstbewusstsein Jesu. [...]

Gegenüber den Synoptikern ist das Johannesevangelium ein vom theologischen Verständnis und von seiner sprachlich-begrifflichen Konzeption her völlig eigenständiges Werk. Zwar kannte sein Verfasser die synoptischen Evangelien und natürlich hat auch er die geschichtliche Überlieferung verarbeitet, doch ist sein Evangelium im ganzen eher ein literarisches Kunstgebilde, bestimmt von Ostern her, von der Schau des auferstandenen und verherrlichten Christus, und kommt daher als historische Quelle kaum in Betracht.

Aus den manchmal in die Diskussion gebrachten *außerkanonischen Evangelien* (z. B. Petrusevangelium, entstanden um 150), die schon aus zeitlichen und inhaltlichen Gründen (sie haben oft einen erbaulichen bzw. theologisch unorthodoxen Charakter) unberücksichtigt bleiben müssen, gewinnen wir für das Verständnis der Person und der Lehre Jesu nichts Wesentliches.

Uwe Stamer

5.3 Welchen Wert haben die Evangelien als historische Quellen? Oder: Im Medium der Evangeliensprache Jesus begegnen?

Die Antwort auf die Frage, wer Jesus von Nazaret war, scheint für denjenigen, der sich dieser Frage zum ersten Mal gegenübersieht, einfach zu sein. Zwar berichten, außer Tacitus (Annalen 15, 44; nach 100 nach Chr.), außerchristliche Quellen nichts Verlässliches über Jesus von Nazaret. Aber haben wir nicht das Neue Testament? Es macht außerhalb der Evangelien zwar nur kurze Angaben über Jesu Leben: Gott sandte ihn; er starb von den Römern hingerichtet; er wurde erweckt, er erstand nach dem Tode, er fuhr in die Himmelswelt. Diesen die Himmelswelt einbegreifenden Rahmen füllen die Evangelien dann ja aber mit Details aus. Man muss sich nur klar machen: mit diesem Rahmen haben wir ein Glaubensbekenntnis der Christen vor uns, die zu Jesus ja sagen. Wir können dieses Ja zu Jesus teilen. Aber es fällt uns schwer, die Form dieses Ja zu teilen, die auf antiken weltanschaulichen Voraussetzungen beruht. [...]

Hier aber bedeutet diese Einsicht in die bekennende Form der Evangelien: wir haben

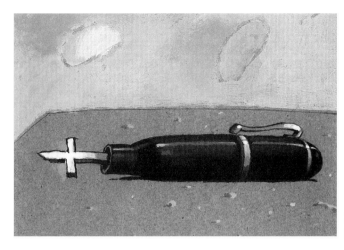

Borislav Sajtinac

Quellen über das, was Jesus von Nazaret war, nicht als uninteressierte, objektive Berichte [...]. Die Quellen berichten über Jesus vielmehr in der Form, dass sie von vornherein seine Bedeutung aussagen, dass sie in christlichem Sinne belehren und missionieren wollen. Das ist ein Vorteil, denn Liebe sieht scharf. Es ist aber auch ein Nachteil, denn Liebe akzentuiert eigentlich bis zur Verzeichnung. Zudem ergeht dies Bekenntnis in einem Rahmen, der damals weltanschaulich üblich war, heute aber nicht übernommen werden kann. Kurz, die Evangelien werden von uns kritisch gelesen werden müssen, wenn überhaupt die Hoffnung bestehen soll, dass wir durch das Jesus*bild* der ersten Christen zu dem wirklichen Menschen Jesus auch nur einigermaßen verlässlich vordringen können. Welcher Art wird diese unsere Kritik sein müssen?

Für eine Rückfrage nach dem historischen Jesus entfällt das vierte, das Johannes-Evangelium, völlig. Denn dort spricht Jesus in lang ausgesponnenen monologischen Reden. Die Form dieser Reden ist unjüdisch, sie gehört in einen uns bekannten Redetyp nicht palästinischer, sondern hellenistisch-orientalischer Religion. Diese Redeweise steht zudem, schon der Form nach, in einem klaren Gegensatz zu der Art, wie die drei ersten Evangelien, die sogenannten Synoptiker, Jesus reden lassen. In den Synoptikern finden sich einzelne Sprüche Jesu; auch die langen Redekompositionen besonders des Matthäus und Lukas erweisen sich als eine Nebeneinanderstellung einzelner kleiner Sprucheinheiten. Der Mensch Jesus *kann* nicht gleichzeitig so gesprochen haben wie der synoptische *und* der johanneische Jesus; er sprach nicht wie der johanneische Jesus. Das wird bekräftigt durch den Inhalt der Reden. In den drei ersten Evangelien redet Jesus nur ausnahmsweise von sich selbst. Meist behandelt er Einzelheiten jüdischen Glaubens vor konkreten Einzelgruppen frommer Juden. Der johanneische Jesus dagegen predigt monologisch ohne Bezug zu den konkreten jüdischen Problemen: Das von ihm gebrachte Heil und die Gestaltwerdung dieses Heils eben in seiner Person, die Licht und Leben ist und gibt. Sofern die Welt ihn und das wahre Heil ablehnt, konzentriert sich diese Ablehnung in dem Nein der en bloc als feindlich gezeichneten »Juden«. Dies »Lebensbild« ist an einer menschlichen Konkretion Jesus souverän uninteressiert: in rückblickhafter Weise lässt der Evangelist Jesus den Glauben so predigen, wie nach der Überzeugung der christlich-johanneischen Kreise recht an Jesus geglaubt werden soll. Das vierte Evangelium entfällt als Quelle für die Beantwortung der Frage, wer der geschichtliche Jesus von Nazaret war.

So bleiben also die Synoptiker. Aber auch sie enthalten nicht eine von der Geburt und dem Auftreten Jesu bis zu seiner Auferstehung reichenden historisch getreue Beschreibung des Lebens Jesu. Seit Jahrzehnten wissen wir dank der Arbeit der sogenannten Formgeschichte, dass auch hier der Ablauf des Lebens Jesu, im Großen wie im Detail der einzelnen Szenen – wir sagen in der Fachsprache: der Rahmen des Lebens Jesu –, keine konkrete Erinnerung an Begebnisse und Abläufe in dem wirklichen Leben Jesu darstellt. Dieser Rahmen ist vielmehr eine Arbeit der Tradition und in seiner Endfassung ein Werk des einzelnen Evangelisten. Jeder auch nicht vom Fach herkommende Leser kann sich das anhand einer deutschen Synopse, welche die Texte der drei ersten Evangelien nebeneinander druckt, klarmachen. Die einzelnen Szenen und das in ihnen enthaltene Spruchgut werden von den jeweiligen Evangelisten in verschiedenem Zusammenhang und zum Teil in erheblicher inhaltlicher Variation gebracht; vgl. nur die Salbung Jesu bei Markus (14, 3-9) und Matthäus (26, 6-13) mit der bei Lukas (7, 36-50). Und diese Traditionsgeschichte hat nicht tendenzlos gearbeitet: auch die einzelnen Evangelisten haben deutlich umrissene theologische Absichten und Zielsetzungen, die sie dem mündlich oder schriftlich ihnen überlieferten Stoff aufprägen; das heißt, sie lassen Jesus in einer ihrer theologischen Überzeugung gemäßen Weise reden. Grundsätzlich sind sie darin also von dem vierten Evangelium nicht unterschieden: auch die Synoptiker bringen nicht einen geschichtsgetreuen Ablauf des Lebens Jesu. Auch sie zeichnen ihr *Bild* des Lebens Jesu.

Daraus ergibt sich eine doppelte Feststellung. Zunächst: die drei ersten Evangelien setzen uns nicht in den Stand, den Verlauf des Lebens Jesu im einzelnen zu kennen und darzustellen. Natürlich war Jesus palästinischer Jude; und sicher wurde er in frühem Mannesalter von der römischen Justiz hingerichtet. Aber sehr viele andere Einzelheiten gehen auf die darstellende Arbeit der Tradition und der Evangelisten zurück und liefern uns daher kein verlässliches Material, um ein in einzelnen Geschehnissen nacheinander ablaufendes Leben Jesu so darzustellen, wie es sich tatsächlich ereignet hat [...].

Neben den Schilderungen des Lebens Jesu stehen in den Synoptikern die Worte Jesu. Hier sind kompliziertere Erwägungen notwendig, weil die Sachlage komplizierter ist als in den erzählenden Partien der synoptischen Texte. Das ist die zweite Feststellung, die wir zu treffen haben. Die christliche Gemeinde war, bis in den Anfang des zweiten Jahrhunderts hinein, von der Überzeugung getragen vom heiligen Geist spezielle Sprüche und Worte als Weisungen zu empfangen. Der Geist wird aber nicht nur von Paulus (2. Kor 3,17) mit dem erhöhten Jesus gleichgesetzt; auch die nachpaulinischen Texte berichten von Weisungen des erhöhten Herrn (Apg 9,10) und daneben ohne Unterschied von Weisungen des Geistes (Apg 21,4; 21,11). Der urchristliche, im Geist redende Prophet sagt also Worte des erhöhten Herrn. Da es den ersten Christen aber auf den Inhalt der Worte ankam, machten sie keinen Unterschied zwischen Worten, die wirklich von dem geschichtlichen Jesus gesprochen wurden, und zwischen solchen Worten, die ein christlicher Prophet in einer konkreten Lage als Sprüche Jesu zu Gehör brachte. So werden wir uns nicht wundern, dass von dieser urchristlichen Grundeinstellung her in der Tradition in beträchtlichem Umfang Worte als Jesusworte überliefert werden, die auf diese zweite Quelle, den im Geiste sprechenden urchristlichen Propheten, zurückgehen. Die so von einem christlichen Propheten vorgebrachten »Worte Jesu« mögen die Grundeinstellung Jesu angemessen wiedergeben. Für uns aber, die wir hier nach dem fragen, was der geschichtliche Jesus wirklich gesagt hat, müssen sie als »unecht« gelten. Das ist kein Werturteil; es ist eine historische Feststellung.

Herbert Braun

1. Charakterisieren Sie den Wert der Evangelien als historische Quellen!
2. Welche Probleme historischen Forschens sieht Herbert Braun bezüglich der in den Evangelien anzutreffenden »Worte Jesu«?
3. Ist es nach Ihrer Auffassung wichtig zwischen »echten« und »unechten« Jesusworten« zu unterscheiden?
4. Vergleichen Sie den Zugang Herbert Brauns zur Person Jesu mit dem folgenden von Fridolin Stier aus seinem Tagebuch und diskutieren Sie, welcher Zugang Ihnen mehr zusagt!

Die Wirklichkeit Jesu ist für mich die Gegenwart eines Lebenden – nicht so, dass ich ihn mir »ver-gegen-wärtigen«, die Phantasie einspannen müsste, um ihn mir über die historische Distanz hinweg lebendig vor Augen zu stellen. Jesus begegnet mir, lebend und gegenwärtig, im Medium der Sprache der Evangelien – vermittelt also, gewiss, gespiegelt in den Augen, gehört von den Ohren der ursprünglichen Zeugen, der späteren Tradenten und Redaktoren – dessen bin ich mir im Augenblick, wo ich dies hinschreibe, voll bewusst. Ich weiß, dass ich nicht dem historischen Jesus, sondern seiner »Erscheinung« begegne, die in den Evangelien lebt und leuchtet. Dieses kritische Bewusstsein fällt nicht in Ohnmacht, nur dass es verstummt, wenn mir Jesus aus den Evangelien entgegentritt. Dann höre und sehe ich ihn. Ich höre seine Botschaft, die mich aufschreckt aus meinem Sein in mir und für mich selbst, mich auf den Weg mit ihm, »hinter ihm her« ruft, den Weg der Lossage, der schweren, schmerzhaften Freiheit von mir selbst und den Sachen, an denen ich hänge, als wären sie das Leben. Und ich ahne die Herrlichkeit dieser Freiheit, die er mir, wie er sie fordert, auch ermöglicht. Ich sehe ihn im Umgang mit Menschen, Blinde und Aussätzige heilend, ich höre ihn im Gespräch mit Jüngern, im Disput mit Gegnern, ich sehe ihn am Ölberg, ich höre ihn stöhnen, ich sehe ihn am Kreuz, ich höre den Todesschrei. Sehen, hören – kein bloßes Zuschauen und Zuhören mehr, bei dem ich, wie aufmerksam auch immer, abseits stehe – unbetroffen, beobachtend, vielleicht zweifelnd an dem unerhörten Autoritäts- und Vollmachtsanspruch, »ich aber sage euch«. Diskutieren darüber? Es vergeht mir, eine Macht des Überzeugens geht von ihm aus, überwältigt mich, öffnet mir die Augen und ich sehe die Wahrheit des Unwahrscheinlichen, ich fühle die Aura des Numinosen um ihn, das Heilige; das Geheimnis des Göttlichen steht leibhaftig vor mir. »Mein Herr und mein Gott.« Es geschieht mir, ich weiß nicht wie ...
Die Evangelien – Berichte über einen, der vor 2000 Jahren gelebt hat, aber in der Sprache dieser Berichte erscheint er mir lebend.
Ob ich ihn liebe? Ob ich mich von ihm geliebt glaube? »Fürchte dich nicht, ich bin's!« Ja, du bist es, Herr. Aber – bei aller Liebe – eben darum fürchte ich dich ... Die Bibel »ist weit mehr als ein Buch, für mich ist sie eine Stimme und eine Person« (Julien Green).

Fridolin Stier

Wolfgang und Anna-Maria Kubach-Wilmsen, Steinbuchplastik, 1981

6. Der Glaube an Jesus: mythisch oder geschichtlich begründet?

6.1 »Die urchristliche Jesus-Überlieferung (ist) randgefüllt von Geschichte« (Günther Bornkamm)

Wie aber steht es mit der [...] von der Wissenschaft gestellten Frage, ob denn eine Darstellung der Geschichte und Botschaft Jesu in Anbetracht unserer Quellen noch sinnvoll und durchführbar sei? Sollen wir rückfällig werden und doch wieder den Ablauf seines Lebens im Einzelnen biographisch und psychologisch zu beschreiben versuchen? Gewiss
5 nicht. Alle solche Versuche, so oft sie unternommen werden, sind zum Scheitern verurteilt und nur mit dem Kapital einer alles historisierenden Kritiklosigkeit zu bestreiten und mit dem Aufwand einer nicht minder kritiklosen Phantasie, die willkürlich Lücken stopft und Verbindungen herstellt, wo die Evangelien gerade sich versagen. Sie täuschen nur darüber hinweg, wie brüchig und lückenhaft unser Wissen im Einzelnen ist, und vernebeln
10 die Grenze zwischen historisch Gesichertem und Ungesichertem. Es kann darum auch nicht unsere vordringlichste Aufgabe sein die historische Möglichkeit oder Wahrscheinlichkeit dieser oder jener Wundergeschichte wieder zu behaupten, die die Kritik als Legende bezeichnet, und dieses oder jenes Wort für den historischen Jesus zu retten, das mit guten Gründen erst aus dem Glauben der späteren Gemeinde erklärt wird. Solche
15 Manöver, selbst wenn sie hier und da geboten sind, können auch an der Lage im Ganzen nichts ändern.
Und doch geben uns die Evangelien kein Recht zu Resignation und Skepsis. Vielmehr lassen sie, wenn auch in völlig anderer Art als Chroniken und Geschichtsdarstellungen sonst, die geschichtliche Gestalt Jesu in unmittelbarer Mächtigkeit vor uns sichtbar wer-
20 den. Zu deutlich ist, was die Evangelien über Jesu Botschaft, seine Taten und seine Geschichte berichten, noch immer gekennzeichnet durch eine Echtheit, eine Frische und eine auch vom Osterglauben der Gemeinde nicht bewältigte Besonderheit, die unmittelbar auf die irdische Gestalt Jesu zurückweisen.
Recht verstanden hat gerade die historische Kritik uns den Weg zu dieser Geschichte neu
25 erschlossen, indem sie alle jene Versuche sich ihrer biographisch-psychologisch zu bemächtigen, zerschlug. Wir sehen jetzt deutlich: reden die Evangelien von der Geschichte Jesu auch nicht im Sinne eines nachzuzeichnenden Lebensablaufes mit seinen Schicksalen und Stadien, seiner äußeren und inneren Entwicklung, so reden sie doch von Geschichte als Geschehen und Ereignis. Von ihr geben die Evangelien überreichlich Kunde.
30 Dieses Urteil darf kühnlich gewagt werden trotz der historischen Anfechtbarkeit noch so vieler Erzählungen und Worte im Einzelnen, trotz der Tendenzen, die unverkennbar in der Überlieferung wirksam sind, und trotz der Unmöglichkeit aus einem Mehr oder Weniger gesicherter Einzelheiten am Ende ein mehr oder weniger gesichertes Ganzes, das wir Leben Jesu nennen könnten, zu gewinnen.
35 Die Evangelisten erzählen, wie jeder weiß, Jesu Geschichte in »Perikopen«, kurzen anekdotischen Szenen, die nicht erst zusammengefügt seine Geschichte ergeben, sondern jede für sich Jesu Gestalt und Geschichte gleichsam im Ganzen enthalten. Keine bedarf einer Erklärung aus Geschehnissen, die vorangehen, keine zielt auf spätere Ereignisse, in denen sich früheres erst entfaltet. Immer werden wir in dem Lichtkegel dieser und nur
40 dieser Szene festgehalten. Immer ist der Lichtkreis scharf umgrenzt, die Charakteristik der Gestalten, die in ihm erscheinen, auf das Nötigste beschränkt und die Begegnung Jesu mit bestimmten Menschen, die durch sein Wort und seine Tat zu einem Geschehen von höchster Spannung und Bedeutung wird, hell und scharf beleuchtet. Diese Art seine Geschichte zu erzählen hat ihre genaue Entsprechung auch in der Überlieferung seiner

Worte. Wieder steht auch hier jedes Wort auf sich selbst, erschöpfend in sich, nicht erst durch einen Zusammenhang sinnvoll und eines Kommentars bedürftig, den erst ein anderes ihm geben müsste. Auch die sogenannten Reden der Evangelien – die Bergpredigt, die Aussendungsrede, die Gleichnisreden usw. – sind in Wahrheit ja keine »Reden«, sondern nur Sammlungen solcher Sprüche.

Was spricht sich in diesem Stil der Jesus-Überlieferung aus? Sind das alles nicht Merkmale volkstümlicher, unhistorischer Tradition und Spuren und Zeichen dafür, dass die Evangelien-Überlieferung nach ihrem Ursprung und Zweck auf den praktischen Gebrauch der glaubenden Gemeinde angelegt ist, der die bloße Historie als solche herzlich wenig bedeutet? Nötigen sie nicht gerade den Historiker zur Kritik dieser Überlieferung, die oft genug schweigt, wo er Antwort sucht, naiv typisiert, so er nach dem Jeweilig-Individuellen fragt, und nicht selten die Grenze zwischen Geschichte und Deutung verwischt? Diese Fragen bestehen zu Recht. Und doch darf man sich den Blick nicht dafür trüben lassen, dass in, mit und unter gerade dieser Art zu überliefern und zu erzählen Jesu Gestalt und Wirken in ihrer unverwechselbaren Einmaligkeit und Besonderheit hier in einer Ursprünglichkeit sichtbar werden, die auch alles gläubige Verstehen und Deuten immer wieder weit überholt und entwaffnet. So verstanden ist die urchristliche Jesus-Überlieferung randgefüllt von Geschichte.

Günther Bornkamm

1. Wie steht Günther Bornkamm zur Geschichtlichkeit der Jesus-Tradition?
2. Diskutieren Sie seinen Standpunkt und kommen Sie zu einer eigenen Meinung!

6.2 *Schlüsselwissen:* Was ist ein Symbol?

Zwei Freunde im alten Griechenland nehmen Abschied voneinander. Sie ritzen ihre Namen auf eine Tonscherbe und brechen sie in zwei Stücke. Jeder nimmt eine Hälfte mit; jeder weiß, dass er den Freund lange nicht sehen wird. Das Brechen von Ton und Namen drückt den Schmerz des Abschieds aus. Das sorgfältige Bewahren bringt Treue zum Ausdruck. Jede Hälfte verweist auf die Freundschaft, die gestern erlebt wurde, und ist zugleich ein Zeichen der Hoffnung auf die Freundschaft, die morgen neu erfahren werden kann. Der zerbrochene Teil der Tonscherbe (des Ringes oder der Schale) ist zwar selbst nicht Freundschaft, aber er ist ein sinnliches Erkennungszeichen, das abwesende Freundschaft vergegenwärtigen, in die Gegenwart hineinziehen kann. Nach langer Zeit treffen sich die Freunde wieder: Bei einer Schale Wein setzen sie die Tonstücke wieder zusammen. Ton und Namen ergänzen sich wieder. Sie feiern das Glück der Wiedervereinigung der Getrennten.

Das griechische Verb »symballein« heißt »zusammenwerfen, zusammenfallen, zusammenpassen oder vereinigen«; das entsprechende Substantiv »symbolon« heißt das »Zusammengefügte«.

Symbolisieren bedeutet etwas zusammenfügen, das zusammengehört, aber vorher getrennt war. Das wird an dem Ritual des Scherbenbrechens und -zusammenfügens anschaulich. War das Symbol ursprünglich ein hinweisendes Zeichen, dann könnte man im Blick auf die Etymologie *vorläufig* definieren: Ein Symbol ist ein »Zusammengeworfenes« aus einem sinnlichen Zeichen und dem Bezeichneten oder dem, was symbolisiert wird.

Wir können an dieser Szene zwei wichtige Kennzeichen verdeutlichen. Symbole haben (1) einen *Hinweis-Charakter*. Die Tonscherbe weist über sich hinaus auf eine Wirklichkeit, nämlich die Freundschaft, die nicht unmittelbar zugänglich ist. Symbole enthalten ein sinnliches Zeichen, einen »symbolischen Stoff« (die Hälfte der Tonscherbe) und als zweites Element das »eigentlich Gemeinte«, das Symbolisierte (die Freundschaft), das nur indirekt durch den symbolischen Stoff ausgedrückt werden kann. Symbole haben dadurch die Möglichkeit, auf eine verborgene, tiefere Wirklichkeit zu *verweisen*.
Das Symbol verweist nicht nur auf eine andere Wirklichkeit, sondern lässt sie (2) gegenwärtig sein; *es repräsentiert sie*. Repräsentation meint in seiner ursprünglichen Bedeutung nicht, dass etwas uneigentlich oder indirekt da ist, als ob es ein Ersatz wäre. »Das Repräsentierte ist vielmehr selber da und so, wie es überhaupt da sein kann.« Wenn es sich um Symbole der Kunst oder der Religion handelt, geht es nicht nur um ein bloßes Erinnerungszeichen, wie unser Beispiel nahelegen könnte, sondern um »*Realpräsenz*«. Es wird also nicht nur auf etwas verwiesen; sondern das, worauf verwiesen wird, wird zugleich *verkörpert* und *verbürgt*. In der symbolischen Repräsentation geht es nicht um Nachahmung von etwas schon Vorbekanntem, sondern es wird im Kunstwerk Ungesagtes oder in der Religion Unsagbares zur Darstellung gebracht, so dass es auf diese Weise in gebrochener, aber sinnlicher Gestalt gegenwärtig ist. In dieser Szene vollzieht sich die Vergegenwärtigung im Modus der *Erinnerung*; die Tonscherbe mit den beiden Namen vergegenwärtigt zurückliegende Freundschaft. Das Symbol kann jedoch auch Kommendes, Neues im Modus der *Antizipation* vergegenwärtigen. Symbole können also nicht mehr und noch nicht Anwesendes repräsentieren. [...]
Weitere Kennzeichen [...]: Symbole werden (3) erst zu Symbolen, wenn sie *von einer Gemeinschaft anerkannt* werden und damit *sozial eingebettet* sind. Dann können sie Kommunikation stiften, die Gemeinschaft integrieren und orientieren. [...]
Symbole sind auf die Erfahrungen einer Gemeinschaft bezogen, verdichten und bündeln sie. So kann man sich – besonders in Situationen der Gefahr und Verfolgung – schnell über gemeinsame Erfahrungen verständigen. [...]
Symbole haben also (4) ihre Zeit, sind geschichtlich und gesellschaftlich bedingt. Schwindet die soziale Anerkennung, sterben sie ab. [...]
Symbole erschließen (5) tiefere Dimensionen der inneren Wirklichkeit und eröffnen damit zugleich neue Möglichkeiten des Umgangs mit äußerer Wirklichkeit. [...]
Symbole haben schließlich (6) eine ambivalente Wirkung; sie können lebendig machen und sie können die Lebendigkeit blockieren; sie können ermutigen und Angst erzeugen.

Peter Biehl

6.3 »Wir sollten die Bibel wesentlich lesen nicht als Historienbuch, sondern als etwas, was symbolisch Kunde gibt von dem, was uns zu allen Zeiten angeht« (Eugen Drewermann)

Die Bibel im Alten wie im Neuen Testament hat den Versuch unternommen sich vom heidnischen Mythos loszusagen und größten Wert darauf gelegt, dass, wenn Gott mit den Menschen in Verbindung tritt, das vornehmlich im Raum der Geschichte der Selbstauslegung des Menschen, in seinem Handeln und in seinem Dasein stattfinde. Von daher war es für die frühe Kirche sehr wichtig die Bibel als ein Buch zu lesen, das auch von Historie

René Magritte, Der falsche Spiegel, 1935

Kunde gibt im Unterschied zu frei erfundenen Geschichten. Quer durch die Jahrhunderte der Kirchengeschichte ist dieser Anspruch weitervermittelt worden. Wir gründen uns mit unserer Botschaft auf historische Wirklichkeit. Es ist vom 16. Jahrhundert an, seit der Renaissancezeit, bei Spinoza zum ersten Mal zu greifen, in Konsequenz dieses Ansatzes notgedrungen zu einer erheblichen Kritik an der theologischen Behauptung von der Historizität ihrer Urkunden gekommen. Und spätestens, als zu Beginn des 19. Jahrhunderts auch die kirchlichen Theologen, damals fast noch fromm-gläubig, dem Anspruch der Historizität in den profanen Geschichtswissenschaften nachzukommen suchten und die Bibel mit vergleichbaren Methoden zu lesen versuchten, konnten sie noch hoffen, in der Tat historische Wirklichkeit zu entdecken ...

... *die es darin auch gibt?*

Die es *zweifellos* darin gibt. Die Frage wird nur sein, in welcher Weise. Am erschütterndsten ist für diese Frage vielleicht die Gestalt Albert Schweitzers gewesen, eines Mannes, der sich schon als Junge gefragt hat: Wie ist es denn möglich, dass man von der »Heiligen Familie« berichtet, sie sei arm gewesen in Nazaret, wenn doch Könige gekommen sind, die Gold gebracht haben? Oder wie war es möglich, dass man weiß, wie Jesus am Ölberg gebetet hat, wenn doch die Jünger schliefen? So etwas konnte sich ein Junge mit acht Jahren fragen und er hat darunter als Kind gelitten. Der Versuch seiner Leben-Jesu-Forschung beruhte auf dem Unterfangen, die Person Jesu von Nazaret in gewissem Sinn historisch dingfest zu machen. Und das Fiasko, das dabei herauskam, hat Albert Schweitzer so verzweifelt sein lassen, dass er sich schließlich sagte: Ich kann allenfalls als Arzt den ethischen Impuls des Christus *für mich selber* realisieren. Aber wer er selbst wirklich *war*, werde ich aus der Bibel kaum herauslesen können.

Nach Albert Schweitzer ist die Forschung noch viel weiter gegangen, zum Teil durch Bultmann viel radikaler geworden. Wir müssen heute sagen, dass sich die Suche nach dem historischen Jesus und den Fakten einzelner Worte und einzelner Taten gewissermaßen ständig in einem Nebel verliert, und das nicht durch Zufall. Ich möchte einmal so sagen: Je relevanter ein bestimmtes Ereignis in religiöser Hinsicht ist, desto unhistorischer im Sinn der modernen Kritik wird es überliefert. Das Problem für viele unserer Hörer wird sein, dass, wenn wir sagen: »unhistorisch« oder »womöglich nicht im äußeren Sinn dingfest zu machen«, dies sich anhört wie »nur noch phantasiert«, »nur noch frei erfunden«. Was wir brauchten – das ist der zweite Punkt, auf den ich nach dem offenen Fiasko der historischen Forschung Wert legen möchte –, ist, dass wir den Wirklichkeitsbegriff ändern müssen, dem wir in der Neuzeit unterliegen. Wir sind bis in die Gewohnheit des Denkens und des Fühlens dahin erzogen worden, unter Wirklichkeit *die* Dinge zu verstehen, die wir in Raum und Zeit objektiv beobachten und nach rationalen Gesetzen erklären können...

...*messen und wiegen*...

...möglichst physikalisch-chemisch. Wenn das geht, sind wir richtig zufrieden. Die Wahrheit ist, dass es Wirklichkeiten gibt, die so niemals unterzubringen sind – und *das* gerade sind die religiösen Wahrheiten. [...]

Das Erstaunliche ist ja, dass wir nur die Augen zu schließen brauchen, und wir werden merken: Das, was sich *wirklich* in uns abspielt, sind nicht einfach die Geschehnisse, die sich unter den nüchternen Augen einer Kamera objektiv feststellen ließen. Das, was sich abspielt, ist viel verschlungener, ist Teil unserer seelischen Vorgänge. Und darum geht es

Umbo, Träumende, 1928
Ein Gegenbild zum Verständnis des Träumens bei Drewermann

jetzt, glaube ich: dass wir zur Kenntnis nehmen müssen, dass die Wirklichkeit innen, die psychische Realität, sich kundtut in Form von Symbolen. Wenn wir des Nachts die *Bedeutung* dessen, was wir am Tag erlebt haben, uns vergegenwärtigen, verfügt ein jeder von uns über die wunderbare Fähigkeit sein Leben zu verdichten. Erzählt er das am anderen Morgen, so würde ein Dichter kaum besser sagen können, was sich *wirklich* abgespielt hat, wie er es erlebt hat, wie es seine Gesundheit beeinflusst, wie es seine Reaktionsweisen formt, wie es seinen Charakter zum Ausdruck bringt, wie er selbst als Kind schon groß geworden ist – kurz: seine ganze Person. Diese Wirklichkeit, die sich in Symbolen ausdrückt, ist diejenige, die uns Menschen wirklich und unmittelbar betrifft. Und nun wird man sich sagen müssen: Die Bibel tut eigentlich nichts anderes. Sie unternimmt es, die wesentlichen Bedeutungs*inhalte* historischer Erlebnisse so zu überliefern, dass sie für alle Zeiten und an allen Orten Menschen zum Erlebnis werden können. Und ich schlage deshalb einfach vor, dass wir Texte, gerade die religiös wichtigen Texte, so lesen, wie wenn wir sie selber in der letzten Nacht geträumt hätten, wie wenn wir selber darinstünden und dieselbe Geschichte so erzählen könnten, dass sie zu uns spricht als etwas Ureigenstes. In diesem Sinne etwas kreativ verdichten, Existenz so formen, dass sie poetisch wird, bedeutet ja gerade nicht: willkürlich etwas dahinsetzen. Die Träume etwa der Nacht sind vollkommen geprägt nach inneren Gesetzen. Bis zum Alptraum hin erfinden wir sie ja nicht frei; sie zwingen sich uns auf. *Deshalb* kann die Bibel selber noch einmal hinstellen, davon sprechen, dass Träume Gottesbotschaften sind. Berührungen mit heiligen Mächten, Engeloffenbarungen. Träume sind der Weg in eine Tiefe vorzudringen, wo wir eine andere, für uns Menschen oft *wahrere* Form der Wirklichkeit entdecken. Um es abgekürzt zu sagen: Die äußere Realität können wir beherrschen, glauben wir. Cholera und Pest haben wir vollkommen im Griff, aber Hungersnot, Kriege, Ungerechtigkeit – kurz: was in uns selber liegt, überfällt uns viel schlimmer als alles, was wir in der äußeren Natur dingfest machen. Die Religion müsste uns heilen in den Tiefen unserer Angst und deshalb müssen wir ihre Symbole verstehen. Und wir sollten die Bibel *wesentlich* lesen nicht als ein Historienbuch, sondern als etwas, was symbolisch Kunde gibt von dem, was uns zu allen Zeiten angeht.

Eugen Drewermann

1. Welche Kritik übt Drewermann an historisch-kritischer Forschung?
2. Wie sieht sein eigener Zugang zur Bibel aus?
3. Können Sie seiner Position zustimmen? Berücksichtigen Sie bei Ihrer Meinungsbildung auch die Gedanken von Rudolf Schnackenburg:

Die tiefste Kluft zwischen biblischer Exegese und tiefenpsychologischer Auslegung wird sichtbar, wenn man auf das jeweilige Offenbarungsverständnis und den darin implizierten Gottesgedanken achtet. [...]
Die tiefenpsychologischen Einsichten Drewermanns können für die Überwindung menschlicher Ängste und für ein neues Vertrauen-Gewinnen befruchtend und hilfreich sein; aber er baut mit seinem Verständnis einen anderen Offenbarungsgedanken auf: Gott ist ohne die geschichtliche biblische Offenbarung in den Archetypen der Seele wirksam. Aber wir sahen, dass die biblischen Geschichten, die Worte der Propheten, die Aussprüche und Gleichnisse Jesu keineswegs »einmalig historisch« fixiert sind, sondern je und je ihre religiöse Sinnfülle entbergen. Sie sind aber nicht nur »Bilder einer inneren Wirklichkeit«, sondern vom geschichtlichen Offenbarungshandeln Gottes geprägt und davon nicht lösbar. Für Drewermann spricht Gott »in den ewigen Träumen unserer Seele, in denen er sich selbst träumt als Mensch, damit wir ihn schauen können als den einzigen

Grund unserer Menschlichkeit«. Damit wird der Gott der biblischen Offenbarung seiner Einzigkeit und Besonderheit beraubt und aus der Welt und ihrer Geschichte in das Innere der Seele verwiesen. Das biblische »Gedenken«, das die vergangenen Geschehnisse in den gegenwärtigen Horizont hereinholt und ihre religiöse Sinnfülle erschließt, ist bei Drewermann anscheinend außer Sicht geblieben. Die ganze Heilsgeschichte bleibt für ihn belanglos, im Grunde überflüssig, weil sich Gott ubiquitär allen Menschen in allen Religionen gleichermaßen enthüllt, nämlich in den von ihm der Seele eingesenkten Archetypen.

Diese Reduktion göttlicher Offenbarung auf die Archetypen der Seele ist äußerst folgenschwer ...

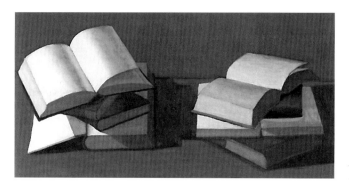

Salvo,
Acht Bücher,
1983

7. *Schlüsselwissen:* Was ist ein Mythos?

In unserer rationalen Geisteswelt mit dem Gegenstandspaar Physik und Metaphysik versuchen wir religiöse Phänomene durch logisches Kausaldenken zu erkennen, und unsere Theologie, der darin beheimatete Wissenschaftszweig der Gotteslehre, ist eine Auseinandersetzung *über* Gott. Mythisches Verstehen aber entspringt der allgemeinen Erfahrung Gottes selbst und wird aus der Vorstellung gestaltet zu Bild und Ereignis. Wie aber alles, was von den Göttern kommt, wenn es gebunden wird an irdisch-feste Form, sich der Zeit verhaftet, während es doch im Zeitlosen ruht und ohne Bewegung, schwebend, in sich seiend, ohne Geschehen und also ohne Historie, so auch wird das vom Mythos Umschriebene eine Geschichte mit Handlungscharakter und Zeitformen. Aber die mythische Zeit bleibt transparent für das Zeitlose und ist nicht eine wissenschaftliche Zeit. An ihrem Verhältnis zur Zeit unterscheiden sich der mythisch Verstehende und der geschichtlich Denkende, und hier auch entscheidet sich das Verständnis für die Evangelien. Wer misst und rechnet, hat keinen Zugang zu dem, was sich dem physikalischen Raum-Zeit-Begriff entzieht. Denn das mythische Wissen zielt nicht auf ein vorgegebenes, sondern auf jenen Gegenstand, der sich in Frage und Antwort selbst erschafft und bekundet.

Während die rationale Erkenntnis den Menschen braucht, der dem Gegenstand die Bedingung stellt, verkehren im Mythos die Gegenstände unter sich; sie begegnen sich in ihrer eigenen Welt, leben dort eingehüllt und den Fragenden außer Acht lassend stimmen sie miteinander und sind also wahr im Sinne des Unbedingten. So sehr sie einander begehren, so sehr sind Mythos und logische Erkenntnis einander feind. Aber der Mythos wohnt näher bei den Göttern.

Alle Gestalten und Geschichten entsprechen bestimmten Vorstellungen mythischen Denkens und lösen beim rechten Hörer die gemeinte Vorstellung untrüglich aus. Wir nennen diese Gestalten und Geschichten »Muster« und dürfen sie dem vergleichen, was in der rationalen Geisteswelt mit »Begriff« bezeichnet wird. Es gibt also in der mythischen Aussage eine Art Nomenklatur, wenn es auch zum Wesen des Mythos gehört, dass er spielt, immer wieder neue Formen findet und die gewohnten wandelt. Mit dieser seiner unvergleichlichen Wandelbarkeit und Spiellust gelingt es ihm, sich neuen Gegebenheiten lebendig anzupassen. Wie beim Begriff kann auch beim Muster die reale Verwirklichung die Grenze des Verkehrten erreichen. Viele Muster stehen nebeneinander und wollen nicht im Blick des Beschauers aufeinander bezogen sein; sie verhaften sich durch Gedankengesellung, aber sie ordnen sich nicht untereinander, so dass der Logiker darin Widersprüche erkennt. [...]

Für die Alten kann das Unsagbare gesagt werden, ohne dass es missverstanden wird. Aber schon wo sich das Misstrauen einschleicht und ein Verhülltes sich erklären soll, da ist die Keuschheit gefährdet, umso mehr, wenn das Geheimnis in dogmatische Form gebracht wird. Es wird in das Licht kritischen Prüfens und Zweifelns gestellt und in ihm erscheint es unwahr. Mythos ist nicht Definition und ist nicht Beweis, Mythos ist evident. Er ist voller Hoheit und Würde, machtvollkommen und gültig für das, was man nur im Glauben und durch Einwirkung auf die irdische Welt begreift, angemessene Sprache. Auch in uns ist er nicht überlebt. Allenfalls überschrien durch den Lärm der Tatsachen-Wissenschaft. Denn der Mythos, eine Art von Symbolsprache, teilt mit dem Zeichen die Schweigsamkeit. Das erkenntnismäßig nicht Erfassbare tendiert auf Vergegenwärtigung im Symbol, dem mythenmächtigen Zeichen, und dem Mythos.

Nun ist nicht erst *unser* Verhältnis zum Mythos gebrochen, auch zur Zeit der Evangelien steht der Mythos bereits im Zwielicht. Denn die Evangelisten leben am Umbruch der Zeiten und im Kreuzfeuer geistiger Kombattanten. Die Botschaft, die von uns aus gesehen am Anfang der Zeiten steht, bedient sich einer Sprache, deren Alter wir, wie gesagt, als 2000- bis 3000-jährig kennen.

Emma Brunner-Traut

8. *Zusammenfassender Überblick*: Was uns die Evangelien über den historischen Jesus sagen ...

Der christliche Glaube redet von Jesus, aber auch die Geschichtsschreibung redet von ihm. Der christliche Glaube ist an Jesus als dem »Christus« der Christen interessiert. Die Geschichtsschreibung an Jesus als geschichtlicher Figur. Aufgrund des neuzeitlichen wissenschaftlichen Denkens und der Entwicklung des historischen Bewusstseins ist der moderne Mensch mehr als der des Mittelalters oder der Antike daran interessiert, die menschliche Person Jesu, wie sie wirklich war, kennen zu lernen. Inwiefern aber ist Jesus von Nazaret der Fragestellung und Forschung des Historikers zugänglich? Kommt der Historiker überhaupt an ihn heran?

Eine Einsicht hat sich – trotz zahlloser romanhafter Jesus-Bücher – durchgesetzt: ... Eine Biographie Jesu von Nazaret lässt sich nicht schreiben! Warum? Es fehlen dafür einfach die Voraussetzungen.

Da sind die frühen römischen und jüdischen Quellen, die aber, wie wir sahen, über die Tatsache der historischen Existenz hinaus von Jesus kaum etwas Brauchbares berichten. Und da sind neben den in der Kirche von alters her offiziell akzeptierten Evangelien auch die erheblich später, mit allerlei seltsamen Legenden und fragwürdigen Nachbildungen von Jesus-Worten ausgeschmückten, öffentlich nicht benützten, »apokryphen« (= verborgenen) Evangelien, die abgesehen von ganz wenigen Jesus-Worten ebenfalls nicht historisch Gesichertes über Jesus beibringen.

So bleiben denn jene vier Evangelien, die nach dem »Kanon« (= Richtschnur, Maßstab, Liste) der alten Kirche als ursprüngliches Zeugnis des christlichen Glaubens für den öffentlichen Gebrauch in die Schriftensammlung des »Neuen Testaments« (analog zu den Schriften des »Alten Testaments«) aufgenommen wurden: eine Auswahl, die sich – wie der neutestamentliche Kanon überhaupt – in einer Geschichte von 2000 Jahren aufs Ganze gesehen, durchaus bewährt hat. Doch diese vier »kanonischen« Evangelien liefern nicht den Ablauf des Lebens Jesu in seinen verschiedenen Stadien und Ereignissen. Über die Kindheit wissen wir wenig Gesichertes. Über die Zeit dann bis zum dreißigsten Lebensjahr gar nichts. Und das Wichtigste: In den vielleicht nur wenigen Monaten oder bestenfalls drei Jahren der öffentlichen Tätigkeit lässt sich gerade das nicht feststellen, was Voraussetzung für jede Biographie wäre: eine Entwicklung. [...]

Auch für die Nichttheologen ist wichtig und nicht uninteressant zu wissen, wie die Evangelien in einem Prozess von ungefähr 50 – 60 Jahren entstanden sind. Lukas berichtet in den ersten Sätzen seines Evangeliums davon. Erstaunlich genug: Jesus selber hatte ja kein einziges schriftliches Wort hinterlassen und hatte auch nichts für die treue Weitergabe seiner Worte getan. Die Jünger gaben seine Worte und Taten zunächst mündlich weiter. Wobei sie selber, wie jeder Erzähler, je nach Charakter und Zuhörerkreis verschiedene Akzente setzten, auswählten, interpretierten, verdeutlichten, erweiterten. Von Anfang an dürfte es ein schlichtes Erzählen vom Wirken, Lehren und Schicksal Jesu gegeben haben. Die Evangelisten – wohl alles nicht direkte Jünger Jesu, aber Zeugen der ursprünglichen apostolischen Überlieferung – sammelten alles sehr viel später: die mündlich überlieferten und nun zum Teil bereits schriftlich fixierten Jesus-Geschichten und Jesus-Worte, wie sie nicht etwa in Gemeindearchiven Jerusalems oder Galiläas aufbewahrt worden sind, sondern wie sie im gläubigen Leben der Gemeinden, in Predigt, Katechese, Gottesdienst verwendet wurden. Alle diese Texte hatten einen bestimmten »Sitz im Leben«, hatten bereits eine Geschichte hinter sich, die sie mitgeformt hatte, wurden bereits als Botschaft Jesu weitergegeben. Die Evangelisten – zweifellos nicht nur Sammler und Tradenten, wie man eine Zeit lang meinte, sondern durchaus originelle Theologen mit eigener Konzeption – ordneten die Jesus-Erzählungen und Jesus-Worte nach eigenem Plan und Gutdünken: Sie stellten einen bestimmten Rahmen her, so dass sich eine fortlaufende Erzählung ergab. Die Passionsgeschichte, auffällig übereinstimmend von allen vier Evangelisten überliefert, scheint schon verhältnismäßig früh eine Erzählungseinheit gebildet zu haben. Zugleich richten die Evangelisten, wohl auch selber in der missionarischen und katechetischen Praxis stehend, die überlieferten Texte auf die Bedürfnisse ihrer Gemeinden aus: Sie deuteten sie von Ostern her, erweiterten und passten sie an, wo es ihnen notwendig erschien. So erhielten die verschiedenen Evangelien von dem einen Jesus bei aller Gemeinsamkeit ein sehr verschiedenes theologisches Profil. [...]

Aus all dem wird klar: wer die Evangelien als stenografische Protokolle liest, versteht sie falsch. Die Evangelien wollen von Jesus nicht historisch berichten, wollen nicht seine »Entwicklung« beschreiben.

Von Anfang bis Ende wollen sie ihn im Licht seiner Auferweckung als den Messias, Christus, Herrn, Gottessohn verkünden. »Evangelium« meint ja ursprünglich nicht eine Evangeliumsschrift, sondern, wie bereits in den Paulusbriefen deutlich, eine mündlich proklamierte Botschaft: eine gute, erfreuliche Botschaft (euangelion). Und das zuerst von Markus geschriebene »Evangelium Jesu Christi, des Sohnes Gottes«, will dieselbe Glaubensbotschaft nun in schriftlicher Form weitergeben.

Die Evangelien wollen also gar keine uninteressierten objektiven Dokumentarberichte und erst recht keine neutrale wissenschaftliche Geschichtsschreibung sein. Das hat man damals auch gar nicht erwartet, da mit der Schilderung geschichtlicher Ereignisse immer auch ihre Bedeutung und Auswirkung beschrieben wurde: Berichte also, die in irgendeiner Form auch ein Zeugnis darstellten, stark eingefärbt durch die Haltung des Verfassers, die dahinterstand. [...]

Die Evangelien nun sind noch in einem sehr viel tieferen Sinne echte Zeugnisse. Sie sind, wie dies nach dem ersten Weltkrieg die »formgeschichtliche Schule« durch Untersuchung der einzelnen Jesus-Worte und Jesus-Geschichten bis ins kleinste Detail hinein sichtbar gemacht hat, bestimmt und geprägt von den verschiedenartigen Glaubenserfahrungen der Gemeinden. Sie sehen Jesus mit den Augen des Glaubens. Sie sind also *engagierte und engagierende Glaubenszeugnisse:* Dokumente nicht von Unbeteiligten, sondern von überzeugten Glaubenden, die zum Glauben an Jesus Christus aufrufen wollen und deshalb eine interpretierende, ja bekennende Form haben. [...]

Wenn die Evangelien primär Quellen des nachösterlichen Christusglaubens der christlichen Gemeinden sind: können dann die Evangelien unter dieser Voraussetzung überhaupt noch Quellen für das sein, was der vorösterliche, geschichtliche Jesus selber gesagt und getan hat?

Heute zeichnet sich eine weitgehende Übereinstimmung der Forschung ab: Die Evangelien sind zwar Glaubenszeugnisse, Urkunden des Glaubens für den Glauben. Aber sie enthalten ebenso zweifellos auch historische Informationen. Jedenfalls kann man von ihnen aus auf den Jesus der Geschichte zurückfragen.

Hans Küng

III. Das zentrale Anliegen Jesu: Die Gottesherrschaft in Wort und Tat

Rembrandt, Die Heilung der Schwiegermutter des Petrus (Lk 4,38), um 1650

Jesu Botschaft von Gott übt eine eigentümliche Faszination auf Menschen aus – aber sie irritiert auch. Die Geister scheiden sich an ihm. Wie Jesus von Gott redet, das löst Fragen, Zweifel, Unverständnis aus. Eben deshalb ist genau hinzusehen; nur so sind auch mögliche Missverständnisse zu vermeiden.

Die »Verkündigung der Gottesherrschaft« meint Jesu Leben in Wort und Tat, beschränkt sich also nicht auf seine Predigt. Das Tätigkeitswort, das Jesus am häufigsten verwendet, heißt »tun« und das bei ihm am häufigsten vorkommende Hauptwort heißt »Reich Gottes«. Das »Reich Gottes« ist keine jenseitige Größe, in die der Mensch durch Beachtung von Geboten und Verboten nach seinem Leben hineingelangen kann, vielmehr ist es hier und jetzt bedeutsam und beginnt hier und heute. Das »Reich Gottes« steckt den Rahmen seiner Ethik ab, die uns bei Matthäus in der Bergpredigt vorliegt (vgl. Band »Wegweisungen«). Hier geht es Jesus um den Inbegriff von Friede, Glück, Versöhnung, gelingendem Leben: humane Verhältnisse, die den Unterschied von »Himmel« und »Erde« aufheben würden.

Jesu Leben ist geprägt vom unbedingten Vertrauen in den entgegenkommenden Gott bedingungsloser Liebe. Er setzte seine Hoffnung nicht auf religiöse, politische, gesellschaftliche Instanzen, sondern auf den Gott seines Volkes. In seinem Lebensschicksal geht es um einen Konflikt darüber, wer und wie Gott ist. Der Gott, den Jesus erfahren hat, ist ein menschenfreundlicher, menschlicher Gott. Jesus ist ihm mit seiner Gottesbotschaft unlösbar verbunden. Dies lässt die Frage aufkommen, ob in der Unbedingtheit, mit der Jesus für das Reich Gottes gelebt hat, Gott selbst in einmaliger, unüberholbarer Weise Menschen nahegekommen ist.

In den Evangelien erfährt der Leser von herausragenden Taten Jesu in zahlreichen Wundererzählungen. Welche Zugänge gibt es zu den Texten? Wie kann eine verengte Fragestellung, ob es denn »wirklich« so gewesen sei, aufgebrochen werden? Welche Möglichkeiten der Auslegung gibt es, die Texte in ihrer religiösen Tiefe zur Sprache zu bringen, über eine auf das vordergründig Faktische verkürzte Perspektive hinaus? Oder anders gefragt: Verändern sich tatsächlich die Verhältnisse, wenn Gottes Herrschaft zum Zuge kommt? Werden »Blinde« sehend? Suchen »böse Geister« das Weite...?

Von Gott und seiner Herrschaft spricht Jesus in den Evangelien in Gleichnissen. Diese Gleichnisse sind Geschichten, die auf das Reich Gottes aufmerksam machen. Meisterhaft erzählt, bringen sie das Unsagbare zur Sprache, verhüllen und enthüllen zugleich. Die Hörer sollen das Erzählte auf ihr Leben beziehen, sie sind aufgerufen, ihr Handeln zu verändern, es soll sich etwas in ihnen ereignen...

Die religiöse Wurzel für Jesu Taten und Worte liegt in seiner Erfahrung als Jude. Er ist ein »religiöser« Mensch, über Gott meditierend, mit Gott im Dialog. Spricht er in besonderer Weise zu Gott, seinem Vater? Steht er mit seinem Beten und Vertrauen auf Gott im Einklang mit der Gottesvorstellung Israels zu seiner Zeit?

Das »Reich Gottes« wird erbetet, in kleinen Schritten und von kleinen Leuten verwirklicht, nie ohne den Blick auf andere bedacht, in seiner Vollendung durch Gott erhofft – eine Antwort auf die Sinnfrage, eine Ermutigung zu wahrem Menschsein?

Das »Reich Gottes« wird in diesem Kapitel von drei Seiten aus in den Blick genommen: von den Taten Jesu, von seiner Predigt, von seinem Beten her.

A. Zu den Wundern Jesu wird über die Erfahrung eines blinden Jungen hingeführt, die in einer Geschichte von Jaap ter Haar (1.) zum Ausdruck kommt. Sodann wird die Heilung eines Blinden bei Betsaida nach Mk 8, 22-26 (2.) aus historisch-kritischer Perspektive (3.) und in einer tiefenpsychologischen Deutung (5.) vorgelegt. Hilfen zum Verständnis der Wunder (6.) beenden das Kapitel, das grundlegende »Methoden der Bibelauslegung«, die historisch-kritische Auslegung sowie ergänzende Methoden zum Verständnis der Bibel (4.) thematisiert.

B. »Von den Gleichnissen« spricht Franz Kafka (1.) in der »Hinführung« zum Verständnis metaphorischen Redens. Das Prinzip allegorischer Schriftauslegung wird beim Gleichnis vom Sämann (Mk 4, 1-34) (2.) deutlich, das inhaltlich in einem Textauszug von Eugen Drewermann tiefenpsychologisch gedeutet wird. Die Geschichte vom Pharisäer und Zöllner (Lk 18,9-14a) (3.) steht exemplarisch für eine Parabel, Edward Schillebeeckx legt seine aktualisierende Interpretation dar. Die Exegese der Parabel vom gütigen Vater (Lk 15,3-32) (4.) zeigt, wie eine linguistische Auslegung aussehen kann, hier die von Hans Weder. Bei der Beispielerzählung vom barmherzigen Samariter (Lk 10,30-37) (5.) soll erkennbar werden, wie ein Schrifttext durch Verfremdung besser verstanden werden kann. Der zusammenfassende Überblick legt nochmals den Akzent auf Inhalt und Form der Gleichnisse Jesu (6.).

C. Bevor im Einzelnen vom Vaterunser geredet werden kann, ist von den Schwierigkeiten und Möglichkeiten des Betens zu sprechen. So stehen am Anfang dieses Abschnittes Überlegungen von Horst Klaus Berg (1.) zu »Dimensionen des Gebets«. Es folgt das Vaterunser im synoptischen Vergleich (2.). Ein Exkurs zur Fragestellung »Vaterunser oder Mutterunser?« (3.) macht mit der Methode feministischer Auslegung (4.) vertraut. Soll Jesus aus seiner Zeit und Welt heraus verstanden werden, ist es hilfreich, nach zeitgenössischen jüdischen Parallelen zum Vaterunser zu suchen. Eine Vaterunser-Fassung aus jüdischen Quellen – zusammengestellt von Pinchas Lapide – (5.) führt hier weiter. Der zusammenfassende Überblick versucht im Vaterunser die Summe der Reich-Gottes-Botschaft Jesu aufzuzeigen.

Die Fülle der in diesem Kapitel aufgeführten Materialien erlaubt es in besonderer Weise, exemplarisch vorzugehen und eigene Akzente zu setzen.

A. Die Wunder Jesu als Hilfe oder Hindernis für den Glauben?

1. *Hinführung:* »O Gott, ich bin blind geworden!« – Ein Kind und sein Schicksal

Es gibt Dinge, die Kinder manchmal ganz plötzlich mit großer Bestimmtheit wissen: Gedanken, die aus dem Nichts auftauchen und deren Richtigkeit mit absoluter Gewissheit gefühlt wird. Wenn sie auch keinen einzigen Beweis liefern können, so erkennen sie doch die Wahrheit – mit einer Art Hellsichtigkeit, die den meisten Erwachsenen verloren
5 gegangen ist.
Solch ein Moment der Sicherheit, solch ein Augenblick der Wahrheit, war für Berend Ligthart gekommen. Er erinnerte sich auf einmal, dass er in seinen Schmerzen und Traumbildern etwas gerufen hatte. Er hörte wieder seine ängstliche Stimme: »Meine Augen! Wo sind meine Augen!«
10 Und plötzlich begriff er mit unerbittlicher Klarheit, dass er die blonde Schwester Wil nie wirklich sehen würde. Dass er auch seine Eltern, Annemiek, die Schule und seine Freunde nie mehr sehen würde. Nie mehr würde er sich an einem Fußballspiel, am Fernsehe

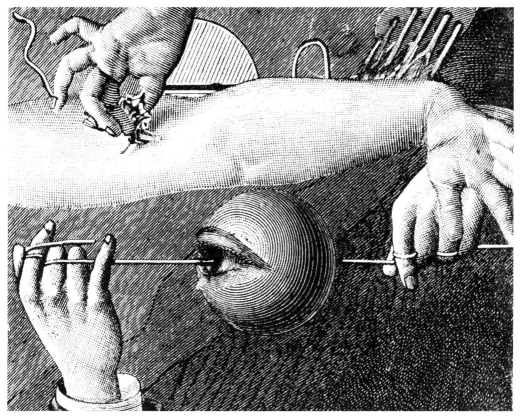

Max Ernst, Zerstörtes Auge, 1922

oder an einem Strauch in sanftgrüner Frühlingspracht erfreuen können. Die Sonne würde für ihn nie mehr aufgehen. Darüber gab es keinen Zweifel mehr, nur noch Sicherheit.

»O Gott, ich bin blind geworden«, flüsterte Beer entsetzt und er wusste nicht, wie er
5 damit fertig werden sollte.

Es dauerte eine geraume Zeit, ehe die Schwester zurückkam. So hatte Beer Gelegenheit in Ruhe zu verarbeiten, was er sich eben klargemacht hatte. Einfach war das nicht. In der dunklen Welt unter dem Verband flatterten alle möglichen Gedanken und Bilder wie ein Schwarm unruhiger Zugvögel durcheinander.

10 *Blind!* Er erinnerte sich des Mannes mit der dunklen Brille und dem Stock, der sich in einer engen Ladenstraße so hilflos vorwärts getastet hatte. Genauso würde er von nun an seinen Weg suchen müssen, zu Hause, in der Schule und wo auch immer. Für den Rest seines Lebens würde er von anderen abhängig sein. Beer ballte zornig die Fäuste, besann sich jedoch: War nicht jeder von anderen Menschen abhängig?

15 *Blind!* Plötzlich packte ihn Angst. Würden sie ihn in eine Blindenanstalt schicken? Nein, das konnte nicht sein. Beer dachte an Vater und Mutter und an ihre Streitereien, bei denen er manchmal zwischen ihnen gestanden hatte. War es nicht denkbar, dass sie für immer auseinander gingen, wenn er nicht mehr bei ihnen war? Dieser Gedanke war un-

erträglich. Und dann wurde ihm bewusst, wie schrecklich es für seine Eltern sein musste, dass er blind geworden war. Wussten sie es schon?
Blind! Verdammt, nein, er wollte nicht weinen. Er würde damit fertig werden. Er erinnerte sich eines Satzes, den er vor längerer Zeit einmal zu seiner Mutter gesagt hatte: »Wenn man das traurigste Kind der Welt ist, braucht man mit niemandem Mitleid zu haben!« Er war damals tief betroffen gewesen vom Anblick im Krieg verstümmelter Kinder. Oder von kleinen Knirpsen, die an Lepra litten. Vielleicht auch hatte er den Satz ausgesprochen, nachdem er die apathischen Opfer einer Hungersnot im Fernsehen gesehen hatte.
Blind! Das war schlimm, aber es gab noch schlimmere Dinge auf der Welt. Er hatte noch immer eine Zukunft. Er würde die Blindenschrift lernen müssen. Er würde sein Leben auf eine vollkommen neue Art leben müssen. Während er alles überdachte, wunderte sich Beer, dass er über seine Blindheit mit ziemlicher Ruhe nachzudenken vermochte.
Schritte auf dem Korridor. Das leise Öffnen der Tür. Die Stimme von Schwester Wil: »Da bin ich wieder, Berend!«
Irgendetwas wurde auf das Tischchen – oder war es ein Schränkchen – neben seinem Bett gestellt.
»Schwester?«
»Ja?«
»Ich bin doch blind, nicht? Für immer!«
Einen Augenblick lang blieb es still. Beer hörte, wie die Schwester Luft holte. Er hoffte inständig, sie würde ihm eine ehrliche Antwort geben. Die Wahrheit war besser zu ertragen als Ungewissheit und falsche Hoffnung.
Glücklicherweise war Schwester Wil klug genug, um zu wissen, dass die meisten Kinder sehr tapfer sind und allerhand Umstände auf sich nehmen, solange sie nicht von Erwachsenen verwirrt werden.
»Ja«, sagte sie und Beer fühlte wieder ihre kühle Hand auf seinem Arm. »Deine beiden Augen sind so schwer verletzt, dass du wahrscheinlich nie mehr wirst sehen können.«
»Ich danke ihnen«, sagte Beer. Er war wirklich dankbar, dass sie keine Ausflucht versucht und ihn nicht mit einer halben Antwort im Ungewissen gelassen hatte. War es nicht merkwürdig, dass Schwester Wil in seinen Augen ein phantastischer Kerl war, obwohl er sie noch nie gesehen hatte? »Ich hab' hier dein Frühstück. Ein Ei, Butterbrot und einen Zwieback mit Marmelade. Wollen wir mal versuchen, ob wir zusammen etwas runterkriegen?«
»Ja«, antwortete Beer. Es war gut zu wissen, dass das Leben – wenn man auch blind war – normal weiterging. Bald würden Vater und Mutter kommen. Er würde ihnen gleich die Wahrheit sagen. Ganz einfach, so, wie Schwester Wil es getan hatte. Vielleicht würde es sie dann nicht so schockieren.
Als die Tür aufging, war es wie das Geräusch eines leichten Windstoßes, an das sich Beer schon ein bisschen gewöhnt hatte. Die Stimme von Schwester Wil, noch immer hell und freundlich, noch immer ganz natürlich: »Berend, hier sind deine Eltern.«
Jetzt war es an Beer tief Luft zu holen. [...]
»Wollt ihr mir jetzt erzählen, was mit mir passiert ist?«, fragte Beer. In seiner Erinnerung gab es noch viele weiße Flecke.
Jetzt war es Mutter, die ihm gegenüber mit gewohnter, ruhiger Stimme antwortete. Und so erfuhr Beer, dass er nach der Schule ohne nach links und rechts zu sehen vom Bürgersteig auf die Straße gerannt war, um einen Ball zu kriegen; er war gestolpert und in die spitzen Zinken einer Mistgabel gefallen, mit der ein Gärtner auf einem Mofa vorbeifuhr der Gärtner hatte nicht mehr ausweichen können.

»Der Gärtner konnte nichts dafür«, setzte Vater hinzu. »Er war schon zweimal bei uns, um zu fragen, wie es dir geht. Ein sehr netter Mann.«
Die Bewusstlosigkeit nach dem Unfall. Der Transport ins Krankenhaus. Auf der Trage in die Klinik. Das endlose, quälende Warten der Eltern auf die Auskunft des Arztes. »Dann kamst du ziemlich bald zu Bewusstsein.«
»Ja, das weiß ich noch.«
Beer erinnerte sich dunkel eines kurzen Augenblicks, der von der Angst erfüllt war sterben zu müssen. Gleich darauf war er wieder bewusstlos geworden.
Mutter erzählte kurz von der Operation und den Fieberanfällen, die der Operation folgten. In ein paar Minuten war der entfallene Zeitraum von zwei Tagen und drei Nächten durch Worte überbrückt.
Glücklicherweise kam dann Schwester Wil und sagte, der Besuch hätte nun lange genug gedauert. Beer fühlte sich todmüde und das Dröhnen und der Schmerz in seinem Kopf waren beinahe nicht mehr auszuhalten. [...]

Jaap ter Haar

1. Welche Erfahrungen macht der zehnjährige Beer mit seiner Blindheit?
2. Wie versucht er mit seinem Schicksal fertig zu werden?
3. Blindheit – nur ein medizinisches Problem?

2. Die Heilung eines Blinden bei Betsaida – Der Schrifttext Mk 8,22-26

²²Und sie kamen nach Betsaida. Und sie brachten zu ihm einen Blinden und baten ihn, dass er ihn anrühre.
²³Und er nahm den Blinden bei der Hand und führte ihn hinaus vor das Dorf, tat Speichel auf seine Augen, legte seine Hände auf ihn und fragte ihn: Siehst du etwas?
²⁴Und er sah auf und sprach: Ich sehe die Menschen, als sähe ich Bäume umhergehen.
²⁵Danach legte er abermals die Hände auf seine Augen. Da sah er deutlich und wurde wieder zurechtgebracht, so dass er alles scharf sehen konnte.
²⁶Und er schickte ihn heim und sprach: Geh nicht hinein in das Dorf!

Mk 8,22-26

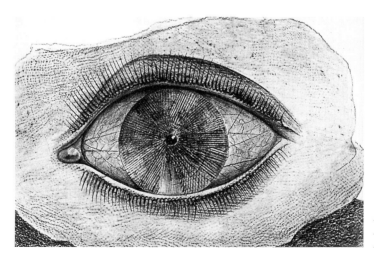

Max Ernst, Das Lichtrad, 1925/26

3. Ein Zugang aus historisch-kritischer Perspektive

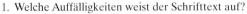

1. Welche Auffälligkeiten weist der Schrifttext auf?
2. Analysieren Sie den Text, indem Sie herausarbeiten, welche der auf der folgenden »Motivtafel der Wundergeschichten« angegebenen Elemente hier wiederzufinden sind!

Einleitung Situationsschilderung *(Ausgangslage)*	Auftreten der beteiligten Personen	1. des Wundertäters 2. der Menge 3. von Hilfsbedürftigen 4. von Stellvertretern 5. von Gesandtschaften 6. von Gegnern 7. Motivation des Auftretens von Gegenspielern
Exposition Spannung Vorbereitung des Wunders *(Notlage)*	Annäherung an den Wundertäter	8. Charakterisierung der Not 9. Erschwernis 10. Niederfallen 11. Hilferufe 12. Bitten und Vertrauensäußerung
	Verhalten der Zwischen- und Gegenspieler	13. Missverständnis 14. Skepsis und Spott 15. Kritik 16. Gegenwehr des Dämons
	Verhalten des Wundertäters	17. Pneumatische Erregung 18. Zuspruch 19. Argumentation 20. Sich-Entziehen
Zentraler Teil Lösung Wunder *(Eingriff des Wundertäters)*	Wunderhandlung	21. Szenische Vorbereitung 22. Berührung (Heilgeste) 23. Heilende 24. Wunderwirkendes Wort (Heilwort) 25. Ausfahrbefehl an Dämonen 26. Gebet 27. Feststellung des Wunders
Schluss *(Auswirkung/ Reaktion auf das Wunder)*	Gegenspieler	28. Demonstration
	Wundertäter	29. Entlassung 30. Geheimhaltungsgebot (Schweigegebot)
	Zwischenspieler	31. Staunen 32. Beifall (Chorschluss) 33. Ablehnende Reaktion 34. Ausbreitung des Rufes

Anton Steiner/Volker Weymann

3. Überlegen Sie, welchen Sinn es haben könnte nach allgemeinen Zügen von Wundergeschichten zu suchen!

4. Versuchen Sie eine eigene Interpretation der Heilungsgeschichte und vergleichen Sie diese mit der historisch-kritischen Deutung von Julius Schniewind!

Züge aller Wundergeschichten treffen wir wieder. Das Messiasgeheimnis ist es, das die Isolierung des Kranken, die Verborgenheit des Erfolges verlangt. [...] Auffällig ist es [...], dass Jesus den Geheilten nachträglich bedroht [...]; er verbietet ihm, von dem Erlebten zu berichten. [...] Dieser Zug gehört zum »Messiasgeheimnis Jesu«: Jesus ist schon
5 auf Erden der Messias, der Gotteskönig, aber im Geheimen, Verborgenen. – [...] Außen vor dem Dorf wird der Kranke geheilt und er soll sofort ins eigene Haus gehen, nicht erst im Dorf das Erlebte erzählen. Heilung durch Anrühren kennen wir seit 5,25 f; die nähere Parallele ist 6,56. Die langsame Heilung, die wir 7,31 ff beobachteten, wird in dieser Schwestergeschichte noch eingehender beschrieben; zur Heilung durch Speichel gibt es
10 hier noch genauere außerbiblische Parallelen als dort, auch kennt man ähnliche Erzählungen von langsam geheilten Blinden. Hier ist offenbar vorausgesetzt, dass der Geheilte früher schon gesehen hat; denn er weiß, wie Bäume aussehen. [...]
Wir beobachten also wieder, was uns seit 1,40 ff, zuletzt noch 7,31 ff, begegnete: Jesus tut seine Wunder nicht nach der Art eines Zauberers. Das Wunder fordert Jesu ganze Person,
15 ja (Mt 8,17), es ist schon eine Spiegelung seiner Passion. In unserer Geschichte wird von Jesus kein wunderwirkendes Wort berichtet, kein Wort vom Glauben; nur die zweimalige Handauflegung, das betonte Geheimnis (s.o.). Man möchte es das Handeln eines Arztes nennen, ähnlich wie die Jünger 6,13 (Öl!) geschildert wurden. Was Handauflegung war, wussten die ersten Christen ja aus lebendiger Anschauung (Apg 9,12.17; 28,8; auch
20 Mk 16,18; Apg 3,7; 9,41): sie geschah immer im Namen Christi, in der Kraft und Anrufung des erhöhten Herrn. Sie wird also auch hier nicht als sinnlose Kraft gedacht, sondern es ist die Kraft des »Herrn« (Lk 5,17), die in Jesu Wundern wirkt; s. zu 5,30; 6,56. So stellt sich unsere Geschichte in die lebendige Erfahrung der Urgemeinde, die gleichartige Heilungen im Namen des erhöhten Herrn vollbrachte: in der Reihe dessen, was damals medizi-
25 nisch üblich war (Speichel, Handauflegung), aber in einem »Namen«, im Namen »Jesu«. – Diese Auffassung der Geschichte wird durch zwei weitere Beobachtungen unterstützt. Unsere Erzählung war das Gegenstück zur Heilung des Tauben 7,31 ff; sie wird unter dem gleichen Gesichtspunkt stehen, der dort V.37 ins Auge gefasst wurde: hier sind die Jes 35 aufgezeigten Zeichen der messianischen Zeit. »Die Blinden sehen« steht dort (wie
30 Mt 11,5) voran; es steht hier ebenso nachdrücklich am Schluss. Die drei Typen von Heilungen, Blinde, Taube, Gelähmte, für die Jes 35 galt, kehren wiederholt in den Evangelien wieder (Mk 10,46 ff; Mt 9,27 f; Joh 9,9 ff; Mt 12,22; Mk 9,17.25; Mt 4,24; 15,30). Wenn endlich eine unserer Erzählung ähnliche Geschichte vom Kaiser Vespasian berichtet wird (der Kaiser heilt in Alexandria einen Blinden durch Speichel), so ist das wieder eine Be-
35 stätigung dafür, dass unsere Geschichte das Höchste besagen wollte. Vom Kaiser wurden solche Wunder erzählt, weil er die auf Erden »gegenwärtige« Gottheit sein sollte; er soll das goldene Zeitalter heraufführen, in dem alles gut wird und alle Schäden geheilt werden. Die Christen wissen, dass Jesus der Erfüller aller Welthoffnung ist; er ist aber der äußerste Gegensatz des Kaisers: der geheime Messias, der das Wunder verbirgt.

1. Inwiefern helfen die historisch-kritischen Überlegungen von Julius Schniewind beim Verständnis der Heilungsgeschichte?
2. Informieren Sie sich anhand des Textauszuges von Alfons Weiser darüber, was Menschen in biblischen Zeiten unter einem »Wunder« verstanden, und überlegen Sie, inwiefern die Kenntnis der Geschichte hilfreich ist, um heute eine biblische Heilungsgeschichte besser zu verstehen!

Der große Unterschied zwischen dem, was Menschen unserer Zeit als Wunder bezeichnen, zu dem, was man in der Antike Wunder nannte, besteht vor allem darin, dass die zwei Komponenten Erfahrung der Außerordentlichkeit und Erfahrung des Göttlichen in ihrer Bedeutung für das Wunder genau umgekehrt eingeschätzt werden: Bei uns steht die Außerordentlichkeit so beherrschend im Vordergrund, dass die Erfahrung des Göttlichen kaum eine Rolle spielt; in der Antike dagegen galt die Erfahrung der sich als wirkmächtig erweisenden Gottheit, ihr Erscheinen, ihre »Epiphanie« als das, was ein Wunder ausmacht, und die Frage der Außerordentlichkeit spielte dabei die geringere Rolle.

Diese verschiedenen Auffassungen haben ihre Wurzel in einer verschiedenen Betrachtung der Welt: im antiken und mittelalterlichen Weltbild gelten Gott, sowie gute und böse Geister als Mächte, die ständig und unmittelbar in das Weltgeschehen eingreifen – mindestens eingreifen können. Von ihrer Einwirkung, und nicht von berechenbaren Naturgesetzen sind die Ereignisfolgen abhängig.

Diese Betrachtungsweise wurde zu Beginn der Neuzeit durch ein grundlegend anderes Weltbild abgelöst. Es begann mit den Erkenntnissen der Forscher, welche die moderne Physik und damit die neuzeitliche Naturwissenschaft begründeten: Kopernikus, Kepler, Galilei und Newton. Sie wiesen nach, dass die Erde nicht Mittelpunkt der Welt, sondern selbst nur Teil des Sonnensystems ist, und sie erwiesen in je verschiedenen Bereichen der Natur die Gültigkeit des Kausalitätsprinzips, »wonach nichts, was geschieht, ohne einen zureichenden Grund dafür geschieht, dass es gerade so und nicht anders geschehen ist«. Die Ergebnisse der klassischen Physik sind durch die Erkenntnisfortschritte der Mikrophysik, auch durch die Heisenbergsche Quantentheorie nicht etwa überholt, sondern nur präzisiert worden.

Zu einem bedauerlichen Kampf zwischen Kirche und Naturwissenschaft, zwischen christlichem Wunderglauben und naturwissenschaftlichem Weltverständnis konnte es nur kommen, weil man zwei grundverschiedene Ebenen der Erfahrung, des Denkens und Sprechens nicht sorgfältig auseinander hielt. Man beurteilte vom naturwissenschaftlichen Standpunkt aus Texte der Antike, die überhaupt nicht unter naturwissenschaftlichem Gesichtspunkt geschrieben sind, und man erhob aus den antiken Texten Aussagen, die dem naturwissenschaftlichen Weltbild zu widersprechen schienen. Beides geschah zu unrecht. [...]

Wenn die Menschen der Antike die göttliche Wirkmacht in einem Ereignis deutlicher spürten als sonst, sprachen sie von einem Wunder. Das war auch bei den biblischen Schriftstellern nicht anders. [...]

Die Frage, ob »Naturgesetze durchbrochen« werden, stellt die Bibel ebenso wenig wie ihre Umwelt. Sie kann diese Frage gar nicht stellen, weil sie den Begriff neuzeitlicher Naturgesetzlichkeit nicht kennt. Andererseits sieht sie *alles* Geschehen im Zusammenhang mit Gottes Wirksamkeit und fürsorgender Nähe. Freilich gibt es mehr oder weniger deutliche Zeichen für die Wirksamkeit Gottes. Der biblische Wunderglaube besteht nicht schon in der Überzeugung, dass »bei Gott kein Ding unmöglich« sei. Er bekennt vielmehr, dass Gott das Heil der Menschen will, es bewirken kann und zu endgültiger Vollendung führen wird. Dafür sind die Wunder Zeichen.

Zwischen der Bedeutung des Wortes »Wunder« im heutigen Sprachgebrauch und dem, was in der Antike und in der Bibel als Wunder bezeichnet wird, besteht eine große Kluft. [...] Wir haben gesehen, dass diese Kluft vor allem durch die Wandlung des Weltbildes entstanden ist. Diesen geschichtlichen Entwicklungsprozess kann niemand rückgängig machen und man sollte sich auch nicht über ihn hinwegtäuschen. Heißt das aber, dass wir den Wundern der Antike und der Bibel vollkommen verständnislos gegenüberstehen oder sie gar als »erledigt« abtun müssen? Keineswegs! [...]

Gary Taxali,
Creative Doubt

Drei Brücken führen über die Kluft, die zwischen unserem »modernen« Wunderverständnis und den Wundern, wie sie die Bibel bezeugt, besteht:
1. Die Einsicht, dass wir nicht den Wundern selbst, sondern immer nur Texten begegnen, die von den Wundern sprechen.
2. Die Einsicht, dass die Wundererzählungen der Bibel nicht in erster Linie ein historisches Erzählinteresse haben, sondern vor allem aufgrund des in der Vergangenheit Geschehenen den Blick für Gottes Heilshandeln in Gegenwart und Zukunft öffnen und somit zu persönlichem Engagement führen wollen.
3. Die Einsicht, dass sie nicht an naturwissenschaftlichen Aussagen interessiert sind, sondern bezeugen, dass und wie Gott Heil schafft.

Alfons Weiser

4. *Schlüsselwissen:* Methoden der Bibelauslegung – Die historisch-kritische Auslegung ...

Allgemeine Charakteristik

Die historisch-kritische Auslegung ist die älteste Auslegungsart der biblischen Überlieferung. – In ihren Anfängen geht sie bis in die Zeit der Aufklärung zurück und wurde in ihren Methoden immer stärker differenziert und verfeinert. Sie ist die Basis jeder wissenschaftlichen Interpretation biblischer Texte.
Ihr Ziel ist es, die Entstehung eines Textes als historischen Prozess aufzuhellen und seine Bedeutung zur Zeit seiner Entstehung zu klären (»Historische Sinnbestimmung«).

Methoden

1. *Textkritik*
   Wie läßt sich eine Fassung des (hebräischen bzw. griechischen) Textes feststellen, die dem Ur-Text möglichst nahe kommt?
2. *Entstehungsgeschichte des Textes*
   a. Literarkritik
   Sind sprachliche und sachliche Unstimmigkeiten im Text zu erkennen, die auf verschiedene Entwicklungsstufen (Bearbeiter) schließen lassen?
   b. Überlieferungskritik
   Ist ein *vor-schriftliches* Stadium des Textes wahrscheinlich? Lässt sich eine vor-schriftliche Version (in Umrissen) rekonstruieren?
   c. Quellen und Redaktionskritik
   Lässt sich eine Entwicklung des Textes *nach seiner Verschriftlichung* erkennen? Wie ist die Komposition des Zusammenhangs zu verstehen, in dem er steht?
3. *Formales und inhaltliches Vorgaben-Repertoire des Textes*
   a. Form- und Gattungskritik
   Welche geprägten sprachlichen Formen verwendet der Text?
   b. Traditionskritik
   Auf welche geprägten inhaltlichen Elemente (Motive, Bilder, Themen . . .) greift der Text zurück?
4. *Bestimmung des historischen Orts*
   Lässt sich die Entstehung des Textes (einzelne Wachstums-Stufen) einer bestimmten historischen Situation zuordnen?
5. *Klärung von Einzelaspekten*
   a. Begriffe: Welche wichtigen Begriffe sind erkennbar? Wie lassen sie sich philologisch und sachlich erklären?
   b. Sachfragen: Welche Sachen (Personen; Handlungen; Orte; Namen . . .) müssen zum besseren Verständnis des Textes geklärt werden?
6. *Historische Sinnbestimmung*
   a. Bestimmung der grundlegenden inhaltlichen Aussagen
   b. Bestimmung der Intention des Textes zur Zeit seiner Entstehung.

Horst Klaus Berg

. . . und ergänzende Methoden zum Verständnis der Bibel

Grundsätzlich gibt es zahlreiche und völlig verschiedene Methoden das Verständnis eines Textes zu erarbeiten. Vergleichen wir die Bibel mit einem Berggipfel, wo ganz verschiedene Wege zum gleichen Ziel führen können, obwohl sich auf jedem dieser Wege der Berg von einer ganz anderen Seite zeigen kann. Zu beachten ist, dass jeder Weg, jede Methode, einerseits sinnvoll, andererseits auch beschränkt ist. In diesem Sinn ist die Überschrift unseres Abschnittes gemeint. So wurde gerade auch den nachdenklichen Meistern der historisch-kritischen Bibel-Exegese zunehmend deutlich, wo die Grenzen ihrer Forschung liegen. »Wenn ich recht sehe, liegt ein Hauptproblem historisch-kritischer Exegese heute darin, dass sie einen Text in seiner eigenen Ursprungssituation isoliert und ihn so daran hindert zur Gegenwart etwas zu sagen. Man versteht (noch nicht), was die Sache eines Textes bedeutet, wenn man versteht, was sie bedeutet *hat*.«

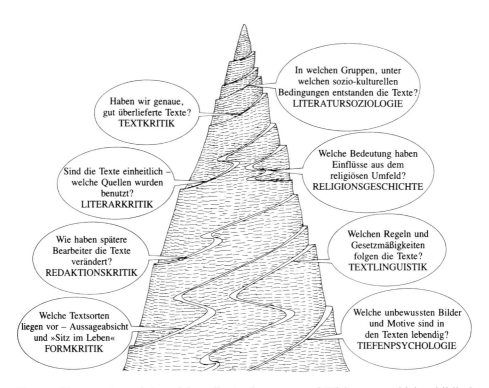

Neuere Kommentare ziehen daher die Auslegungs- und Wirkungsgeschichte biblischer Texte heran, um von daher Wege zum Verstehen zu erschließen. Sinnvolle Ergänzung, nicht Ersatz der historisch-kritischen Methode stellen u. E. die Literatursoziologie und vor allem die Tiefenpsychologie dar.

Helmut Kurz

5. Eine tiefenpsychologische Deutung von Mk 8,22-26

Tiefenpsychologische Schrifterklärung oder -auslegung soll gerade *nicht* wieder ein neues Geschäft für Spezialisten sein. Ich möchte vielmehr daran appellieren, dass Märchen, Träume, Sagen, Mythen, auch Geschichten der Bibel, religiöse Überlieferungen zu verstehen eine Fähigkeit ist, die jeder in sich trägt. Und was er dazu tun sollte, sind zwei Dinge, die er im privaten Bereich ständig üben könnte und nach meinem Eindruck oft vielmehr müsste. Zu einem: Er sollte die Bibel so lesen, wie wenn die Texte, die sie enthält, von ihm in der vergangenen Nacht selber geträumt worden wären. Ich will nicht sagen, es ist alles in der Bibel Traum – ganz im Gegenteil. Wohl aber will ich zum Einstieg des Verständnisses sagen: Betrachte einen Bibeltext so, wie wenn er ganz persönlich zu dir spräche und wie wenn er die Vorgänge aus seinem eigenen Leben symbolisch adressiert an *dich* verdichtete und erzählte. Um zum anderen: Wir müssten im Umgang mit uns selbst und miteinander und dann auch im Umgang mit der Bibel dem Raum des Gefühls einen viel größeren Wert zumessen. Die Interpretationsvoraussetzung sollte sein: Achte

nicht auf das, was äußerlich erzählt, was an Fakten berichtet wird, sondern was *in* Menschen vor sich geht, von denen die Bibel spricht. [...]
In historisch-kritischer Absicht würde man zunächst den Text Mk 8,22-26 als Einheit bestimmen, also sagen, wo er anfängt, wo er aufhört. Dann würde man ihn formal analysieren und feststellen, dass diese Wundergeschichte besonders geformt ist, eine *zentralbetonte* Komposition darstellt, wobei der Handlungsvorgang zum Zwecke der Heilung besondere Wichtigkeit besitzt. Man würde den Text vergleichen mit anderen Erzählungen, die typischerweise ähnlich angeordnet sind; im nächsten Schritt müsste man dann Zweifel anmelden, ob dieser Text überhaupt aus dem Leben Jesu berichtet, *weil* er so stark typisch ist; und man würde sich dann fragen, was die Gemeinde, die ihn überliefert oder selber erzählt, produktiv erfunden hat und was sie damit hat sagen wollen. Sie wollte offensichtlich sagen: Jesus ist ein Wundertäter, größer als im Heidenland von vergleichbaren anderen Wundermännern berichtet wird.

Und Ihre Deutung, die tiefenpsychologische?

... beginnt damit, dass sie feststellt, dass uns diese Erklärungen überhaupt nichts nützen. Denn unser Problem ist *so* nicht gestellt. Wir möchten wissen, was *heute* Blindheit ist und wie wir *davon* geheilt werden und warum denn typischerweise solche Wunder in dieser Weise berichtet werden *müssen*. Es wird als erstes sicher den Hörern aufgefallen sein, wie merkwürdig Jesus hier vorgeht.

Man würde sich heute bei einem Augenarzt schlecht behandelt fühlen, der einen mit Speichel berührt. Dennoch ist dieses Moment wichtig. In historisch-kritischer Absicht wird darauf verwiesen, dass der Speichel von Wundertätern besondere Heilkraft hat. Aber wieder muss man sich fragen: Warum? Und eben keine dieser Fragen lässt sich mit den Mitteln der historisch-kritischen Methode beantworten.

Tiefenpsychologisch ist vor allem bereits der Anfang von Bedeutung: Dass Jesus den Mann aus dem Dorf hinausführt, abseits von der Menge also. Mir scheint, dass die Krankheit, die hier geheilt wird, seelischer Ursache ist. Und wie das kommen kann, kennt jeder von uns mehr oder minder selbst. Es gibt Dinge in unserem Leben, die wir nicht sehen *möchten*, und es kann dann sein, dass unsere Sehkraft bis ins Physische hinein getrübt wird: Wir bekommen Kopfschmerzen, es werden uns die Augen bleischwer oder schwindelig, wir ziehen uns zurück, verdunkeln die Zimmer – und es kann ein solches Gefühl das ganze Leben dauern. Menschen, die schwer depressiv sind, tragen vielleicht wirklich eine Brille, die tief getönt ist, weil einfach die Helligkeit des Lichtes von draußen sie beleidigt und stört. Wieviele Selbstmorde werden gerade im Frühling begangen, weil der Kontrast zwischen der Freundlichkeit der Welt, die uns umgibt, und der eigenen Seelenumdüsterung unerträglich wird. Blindheit – mit einem Wort – ist eine Seelenumhüllung der Perspektivlosigkeit. Wenn wir nicht mehr ein noch aus wissen, dann können wir sagen: Wir sind blind – zunächst seelisch, dann aber oft genug auch körperlich ...

Also müsste der Hörer dieses Gleichnisses oder dieser Wundergeschichte zunächst einmal fragen: Wo bin ich blind, wo habe ich in meinem Leben Blindheit erfahren? – und müsste dabei sozusagen die Augen schließen und sich das Dunkel vorstellen?

Er müsste selber anknüpfen am Anfang, um die *Krankheit* zu verstehen. Was für Nöte in ihm selber liegen können, die bewirken, dass er nicht mehr ein noch aus weiß, dass er sich vorkommt wie im Tunnel, hineingestellt in eine Welt ohne Licht, ohne Aussicht und fremd gegenüber dem eigenen Leben. Das ist sehr deutlich verschieden von der historisch-kritischen Methode: In der Tiefenpsychologie gewinnt die Krankheit *selber* einen *Sinn*; es ist nicht beliebig, *wovon* geredet wird, sondern die Not damals ist dieselbe, spürbar die gleiche, die auch wir haben. Und dann ist es jetzt entscheidend und sogar zum Verständnis dieser Symptomatik, der Blindheit, *wichtig* zu hören, dass Jesus den Mann abseits nimmt

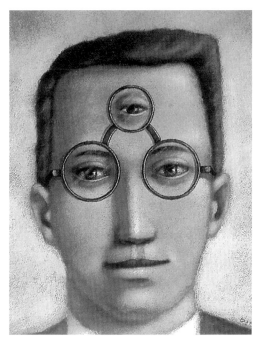

Steve Dinnino,
Insight

von den anderen. Wir müssten ein Leben voraussetzen, in dem alle ringsum gewusst haben, worauf es ankommt: wie man die Welt betrachten muss, wie man sie richtig sieht. Und lange Jahre in der psychoanalytischen Behandlung können damit zugehen, dass man einen Menschen, abseits von der Menge, bei der Hand nimmt und wegführt, dass die Entfernung von der Fremdbestimmung wächst und er nach und nach in einen Raum tritt, in dem es darauf ankommt *selber* sehen zu dürfen und zu lernen. Die ersten Fragen, mit denen Leute in die Therapie kommen, werden immer sein: Was müssen wir jetzt tun? Wie machen wir es richtig. Ein ganzer Haufen von Anweisungen herrscht in ihren Köpfen, die abgeleitet sind aus den Redensarten von Vater und Mutter, von der Umgebung, von dem Milieu, in dem sie großgeworden sind ... Es kostet oft ein Unendliches, Menschen so weit von den anderen zu entfernen, dass überhaupt die Chance besteht zu erreichen, dass sie die eigenen Augen aufschlagen ...

Sie müssen wieder träumen lernen?

Zum Beispiel, Sie müssen, statt logisch zu denken, wie *man* muss, langsam eine Sensibilität dafür gewinnen, was in ihnen selber vor sich geht. Sonst wird es keine Einsicht geben. Es müssen Träume erlaubt sein, die im Raster der fremden Bewertung, der Moral, wie ich eingangs sagte, oft genug verboten sind; aber sie *gehören* zur menschlichen Seele und müssen also akzeptiert werden. Wir müßten uns auch vorstellen, dass es Menschen gibt, die unter den Augen des anderen ständig die eigenen Augen niederschlagen mussten. Ein so großer Philosoph wie Jean-Paul Sartre hat dies ausführlich beschrieben: Wenn ein Mensch den anderen anblickt, mag es zugehen wie im Wolfsrudel. Man nimmt mit den Augen Maß, wer die Macht hat, den anderen in die Knie oder zu Boden zu zwingen. Menschen, die den Blick der anderen immer wieder fürchten müssen, weil sie sich schämen, weil sie sich unansehnlich vorkommen – solche Menschen werden am Ende blind, um niemanden mehr zu sehen, in der Hoffnung, *dann* in ihrer Hilflosigkeit ein gewisses Ansehen zu bekommen.

Das ist vielleicht ein erster Ansatz, wie man diese Wundergeschichte tiefenpsychologisch deuten kann. Fassen wir es noch einmal in einer Art Leitsatz zusammen – ich weiß nicht, ob ich es richtig mache, ergänzen Sie! Aber ich würde von mir aus sagen: Wichtig ist es in Ihrer Deutung, dass das einzelne Herz sensibilisiert wird ...

... und zwar für die konkrete Not, die sich ausdrückt in seelischem und körperlichem Leid. Ich sehe überhaupt nicht, wie man Texte dieses Gewichts und dieser Art verstehen kann, ohne die Psychotherapie und Psychoanalyse mit hinzuzuziehen. Da ist das, was historisch-kritisch gesagt wird, ein hilfloses Gestammel. Nehmen Sie vor allem jenen Vers, in dem Jesus die Augen des Blinden mit Speichel berührt. In den Kommentaren finden Sie wirklich nichts weiter, als dass das ein magisches Rezept sei. Die Wahrheit ist, dass jede Frau im Grunde weiß, wovon die Rede ist. Nur spricht man sie darauf für gewöhnlich nicht an: Ihr Kind kommt von der Straße zu ihr gelaufen, es ist irgendwo hingefallen; und die Mutter wird es vermutlich auf den Arm nehmen und die Stelle mit Speichel bestreichen und sagen: Jetzt ist alles wieder gut. Was das Kind möchte, ist im Grunde zu spüren, dass es in seinem Schmerz nicht allein ist.

Zuwendung ...?

... dass es Geborgenheit gibt, ja. Und das vermittelt die Mutter durch die Wärme körpereigenen Speichels.

Dahinter liegen – tiefenpsychologisch betrachtet – sehr tiefe Formen sich zurückzusehnen bis zum Mutterschoß, wo es warm war, dunkel war, ganz geborgen war. Und jetzt kommen wir auf etwas Interessantes: Wir verstehen die Blindheit mit einem Mal als eine tiefe Sehnsucht im Grunde gar nicht auf der Welt zu sein. Und Jesus antwortet auf diese Symptomkrise des Lebens, indem er ihr auf weite Strecken erst einmal Recht gibt. Er schafft einen Ort von Geborgenheit, von Wärme, von Akzeptation, in dem das, was sich in der Symptomatik als Lebensgefühl *berechtigterweise* ausdrückt, realisiert wird. Jesus ist wie eine Mutter zu diesem Mann. Und *nur* in einer Welt, die *so* warm ist, *so* vertraut ist, kann dieser Mann beginnen die Augen aufzuschlagen.

Eugen Drewermann

1. Wie beurteilt Eugen Drewermann die historisch-kritische Methode der Bibelauslegung? Hat er mit seiner Beurteilung Recht?
2. Worin sehen Sie Vorteile, worin Nachteile bei der tiefenpsychologischen Auslegung der Bibel?
3. Tiefenpsychologische Schriftauslegung – ein gangbarer Weg? Sammeln sie vor einem Urteil Erfahrungen mit möglichen Spontanmethoden!

Assoziieren/Amplifizieren:
Einfälle, Eindrücke, Gefühle sammeln; Assoziationen zu Stichworten, einzelnen Sätzen, Redensarten; vergleichbare Motive in Märchen, Mythen, Kunst, Liedern, Gedichten.
Identifizieren:
Welche Person ist mir am nächsten? Geschichte an markanten oder »offenen« Stellen ausgestalten bzw. Fortsetzung ausdenken (auch in Form von Brief, Tagebuch, Zeitungsartikel ...); Einfühlen durch Körperübungen.
Interagieren:
Rollengespräch/Streitgespräch; szenisches Spiel
Eigene Bildschöpfungen:
Malen; Modellieren (Ton); Körpersprache/Standbilder (Skulpturen).

6. *Zusammenfassender Überblick:* Zum Verständnis der Wunder Jesu

Die Wunder Jesu werden oft *Zeichen* genannt. Sie sind also nicht in sich bedeutsam, sondern sie sollen darauf hinweisen, dass Gott Sieger über Krankheit und Leid, über den Tod und das Böse ist. Jesu Wunder sind ebenso wie seine Worte Verkündigung des anbrechenden Reiches Gottes: »Wenn ich aber durch Gottes Finger die bösen Geister austreibe, so ist ja das Reich Gottes zu euch gekommen« (Lk 11,20).
Jesus hat es stets abgelehnt, durch Wunder seine Macht zu beweisen und damit den Menschen das Glauben abzunehmen. Das Wunder als solches ist zweideutig, man kann es immer auch anders erklären, es kann darum kein Beweis für göttliches Wirken sein. Jesu Gegner haben Jesu Wunder nie geleugnet, sie sprachen davon, dass Jesus »die Teufel durch Beelzebub, ihren Obersten« (Mt 12,24) austreibe. Wo Menschen ein Zeichen forderten, um auf diesen Beweis hin zu glauben, hat Jesus kein Wunder getan. Er sah in dieser Wundersucht eine Herausforderung Gottes, die das Gegenteil von Vertrauen ist. Das zeigt die Geschichte von der Versuchung Jesu (Mt 4,1-11; Lk 4,1-13), in der Jesus es ablehnt durch Wunder sich selbst zu helfen oder seine Macht zur Schau zu stellen. »Du sollst Gott deinen Herrn nicht versuchen« (Mt 4,7) – so lautet die Antwort Jesu auf den Versuch das Wunder herauszufordern. Wer ein Zeichen fordert, bekommt nichts anderes als das »Zeichen des Jona« (Lk 11,29), nämlich die Verkündigung Jesu. (Jesus vergleicht hier seine Verkündigung mit der Bußpredigt des Propheten Jona, vgl. Jon 3.) Nur im Zusammenhang mit Jesu Wort kann man auch seine Wunder verstehen.
Die meisten Wunder Jesu sind *Heilungen*. Sie beglaubigen sein vollmächtiges Wort, sie sind ein unbedingtes Ja zum Leben und ein Nein zur Krankheit, zum Tode. [...]
Das wahre Wunder, von dem Jesus sprach und handelte, war die erwartete Offenbarung Gottes, und alles, was er tat, sollte als »Zeichen« darauf hindeuten. [...]
Was ein Wunder ist, brauchte man dem Menschen zur Zeit Jesu nicht zu erklären. Seit dem Entstehen der modernen Wissenschaft aber sind Wunder überhaupt fraglich geworden. Um die Wunder Jesu zu verstehen, müssen wir daher sehen, was die Bibel mit dem Wort Wunder meint: Ein Wunder ist ein unerwartetes, nicht berechenbares Ereignis, in dem der Mensch Gott handeln sieht. Häufig wird die Frage gestellt, ob Wunder eine Durchbrechung der Naturgesetze seien. Diese Frage kann aus der Bibel nicht beantwortet werden, weil sie damals unbekannt war. Die Betrachtung der Welt unter dem Gesichtspunkt von Naturgesetzen ist nur eine Weise die Wirklichkeit zu verstehen, aber nicht die einzige. Ein Gesetz erfasst ja immer nur das Gleichbleibende und Wiederholbare, nicht aber das Einmalige, Besondere. Das merken wir schon im alltäglichen Leben: Was eine menschliche Begegnung für mich bedeutet, das kann mir kein Naturwissenschaftler beweisen, das kann nur ich selber sagen. Ebenso ist es beim Wunder: Es kann unter der wissenschaftlichen Betrachtungsweise durchaus ein natürliches Geschehen sein und dennoch für den Glaubenden eine Bedeutung haben, die ihn für Gottes wunderbare Führung und Hilfe danken lässt. Die Naturwissenschaft [...] beschränkt sich bewusst auf innerweltliche Faktoren, sie sieht daher von der Frage nach Gott ab. Dies ist für ihre Forschungen sicher hilfreich, aber damit erfasst man nicht die ganze Wirklichkeit. Diese ist tiefer und größer, als dass sie sich in Gesetze ganz einfangen ließe. Die Frage, ob Wunder möglich sind, ist daher letzten Endes eine Frage nach dem Wirklichkeitsverständnis: Ist die Welt in sich abgeschlossen, oder ist sie offen? Der Glaube an den Gott, der Neues, Unerwartetes schafft, lebt in einem *offenen Wirklichkeitsverständnis*. Der Glaubende erwartet, dass auch er die Erfahrungen mit Gott machen kann, die sich in den Wundergeschichten niedergeschlagen haben.

Evangelischer Erwachsenenkatechismus

B. Gleichnisse – oder: Wie Jesus vom Reich Gottes spricht

1. *Hinführung:* Von den Gleichnissen

Viele beklagten sich, dass die Worte der Weisen immer wieder nur Gleichnisse seien, aber unverwendbar im täglichen Leben, und nur dieses allein haben wir. Wenn der Weise sagt »Gehe hinüber«, so meint er nicht, dass man auf die andere Seite hinübergehen solle, was man immerhin noch leisten könnte, wenn das Ergebnis des Weges wert wäre, sondern er
5 meint irgendein sagenhaftes Drüben, etwas, das wir nicht kennen, das auch von ihm nicht näher zu bezeichnen ist und das uns also hier gar nichts helfen kann. Alle diese Gleichnisse wollen eigentlich nur sagen, dass das Unfassbare unfassbar ist, und das haben wir gewusst. Aber das, womit wir uns jeden Tag abmühen, sind andere Dinge.
  Darauf sagte einer: »Warum wehrt ihr euch? Würdet ihr den Gleichnissen folgen, dann
10 wäret ihr selbst Gleichnisse geworden und damit schon der täglichen Mühe frei.«
  Ein anderer sagte: »Ich wette, dass auch das ein Gleichnis ist.«
  Der erste sagte: »Du hast gewonnen.«
  Der zweite sagte: »Aber leider nur im Gleichnis.«
  Der erste sagte: »Nein, in Wirklichkeit; im Gleichnis hast du verloren.«

Franz Kafka

 Interpretieren Sie den Text von Kafka. Stellen Sie auch Bezüge zur Gleichnisrede Jesu her.

2. Das Gleichnis vom Sämann (Mk 4,1-34)

2.1 Ein erster Zugang zum Schrifttext

Oft wird die Interpretation eines Gleichnisses erst durch seinen Zusammenhang möglich. Wie hat der Evangelist, die ihm vorliegenden Quellen in den Dienst seiner Verkündigungsabsicht gestellt? Gibt er Hinweise darauf, wie er oder seine Gemeinde das Gleichnis verstehen? Beim Gleichnis vom Sämann (Mk 4,3-9) kann man eine interessante Entdeckung machen. Es gibt bereits wenige Verse hinter diesem Gleichnis eine allegorische Deutung (Mk 4,13-20). Zug um Zug gewinnt das Erzählte einen übertragenen symbolischen Sinn.

Redaktion des Markus (Rahmen)	Wachstumsgleichnis Jesu	Einzelsprüche Jesu	Altchristliche Deutung von Mk 4,3-9
¹Abermals fing er an am See zu lehren. Da sammelte sich sehr viel Volk zu ihm, dass er in ein Boot stieg und im See sich setzte, während all das Volk am See hin auf dem Land war. ²Und er lehrte sie viel in Gleichnissen. In seiner Lehrrede sprach er zu ihnen:			
	³Hört! Der Sämann zog zum Säen aus. ⁴Und beim Säen geschah es: Das eine fiel neben den Weg und die Vögel kamen und fraßen es weg. ⁵Anderes fiel auf den Felsgrund, wo es nicht viel Erde hatte, und gleich schoss es heraus, da es keine Tiefe in der Erde hatte. ⁶Doch als die Sonne aufging, ward es verbrannt, und da es keine Wurzeln hatte, verdorrt. ⁷Anderes fiel unter die Disteln und die Disteln stiegen und erstickten es und Frucht gab es keine. ⁸Anderes fiel auf die gute Erde und es gab Frucht, es stieg und wuchs und trug dreißigfach, ja sechzig-, ja hundertfach. ⁹Und er sagte: Wer Ohren hat zu hören, höre!		
¹⁰Als er alleine war, fragten ihn, die mit den Zwölfen um ihn waren, nach den Gleichnissen.			
		¹¹Und er sprach zu ihnen: Euch ist das Geheimnis des Königtums Gottes gegeben, denen draußen aber legt sich alles in Gleichnissen dar, ¹²dass sie sehen und sehen – und doch nicht schauen, hören und hören – und doch nicht verstehen, sonst möchten sie umkehren und würde ihnen vergeben.	

Redaktion des Markus (Rahmen)	Wachstumsgleichnis Jesu	Einzelsprüche Jesu	Altchristliche Deutung von Mk 4,3-9
			¹³Dann sagte er zu ihnen: Dieses Gleichnis versteht ihr nicht? Wie wollt ihr dann überhaupt die Gleichnisse begreifen? ¹⁴Der Sämann sät das Wort. ¹⁵Die am Wege – das sind die, bei denen das Wort gesät wird, und sobald sie es gehört, sogleich der Satan kommt und das eingesäte Wort wegnimmt. ¹⁶Die auf den Felsgrund Gesäten – das sind die, die das Wort, sobald sie es hören, sogleich mit Freuden ergreifen, ¹⁷aber keine Wurzel in sich haben, sondern Menschen des Augenblicks sind. Dann aber, wenn Drangsal oder Verfolgung um des Wortes willen entsteht, straucheln sie sogleich. [...]
	³³In vielen Gleichnissen sprach er ihnen das Wort, je, wie sie es hören konnten. ³⁴Ohne Gleichnis sprach er zu ihnen nicht. Allein aber mit seinen Jüngern, löste er ihnen alles auf.		

1. Erläutern Sie am Beispiel der altchristlichen Deutung von Mk 4,3-9, was unter einer »allegorischen« Auslegung zu verstehen ist.
2. Diskutieren Sie, inwiefern die folgende »Variation« von Franz W. Niehl zum besseren Verstehen des Sämanngleichnisses beitragen kann!
3. Vergleichen Sie den Auslegungsversuch Niehls mit dem folgenden von Eugen Drewermann!

Caspar David Friedrich, Die Jacobikirche in Greifswald als Ruine, um 1815

I.
Und denken Sie nur! Ein Lehrer ging in die Schule, um zu lehren.
Und im Unterricht erging es ihm so:
Einige Schüler waren in Gedanken noch bei einem Fußballspiel; sie achteten nicht auf das, was der Lehrer ihnen sagte, und sie lernten nichts.
Andere taten zwar eifrig mit, weil sie aber kein Interesse am Thema hatten, vergaßen sie schnell wieder, was sie gelernt hatten.
Und wieder andere waren bedrückt, weil ihre Eltern im Streit miteinander lebten. Und sie konnten nicht davon loskommen. Und obwohl sie sich anstrengten, lernten sie nichts.
Andere aber nahmen auf, was der Lehrer ihnen erschloss, und sie eigneten sich an, was wichtig war, und behielten es ihr Leben lang.

II.
Und Jesus sprach zu seinen Schülern:
Schaut auf den Sämann: Vergeblich müht er sich ab! Einige Körner gehen auf und tragen kümmerlich. Anderes fällt auf den Weg; die Leute gehen darüber und zertreten es. Andere Körner fallen unter die Dornen; wenn sie keimen, wachsen die Dornen schneller auf und ersticken die Saat. Anderes fällt auf steiniges Land, kaum wächst es in die Höhe, brennt die Sonne darauf, und weil das Korn keine tiefen Wurzeln hat, vertrocknet es.
So geht es auch euch! Da redet ihr von der frohen Botschaft, doch schon der erste hält sich die Ohren zu, weil er nur das Geldverdienen im Sinn hat, und ihr redet umsonst. Der zweite, den ihr trefft, baut sich ein Haus. Er hat Arbeit und Schulden und gewiss keine Zeit für euch. Der dritte packt gerade die Koffer und reist in den Urlaub. Was wollt ihr bei ihm? – Also sage ich euch: Schlagt euch das Evangelium aus dem Kopf! Treibt Handel, macht ein Möbelgeschäft auf oder wenigstens eine Wirtschaft. Dann wird es euch gutgehen und ihr habt kein unnötigen Sorgen.

Franz W. Niehl

2.2 Ein tiefenpsychologischer Auslegungsversuch zu Mk 4,1-34

Wie jede große Dichtung, sind die Gleichnisse Jesu stets über die Situation ihres Anlasses hinaus in alle Zeit hinein gesprochen und speziell dieses Gleichnis von der vielfachen Saat wendet sich an jede Art von Mutlosigkeit, Verzweiflung, Resignation und Müdigkeit. Die Weltsicht jeder wirklichen Depression sieht so aus, wie Jesus sie hier schildert; be-
5 wundernswert aber ist, wie sehr Jesus in diesem Gleichnis das Gefühl der Niedergeschlagenheit selber zu Worte kommen lässt, um es gerade durch die Ausführlichkeit der Schilderung zu überwinden.
Wenn *wir* einander zu trösten versuchen, so meistens in der Weise, dass wir den anderen auffordern sich zusammenzunehmen, den Kopf nicht hängenzulassen und sein Problem
10 »richtig« anzupacken. An seinen Charakter, an seinen Mut, an seine Entschlossenheit appellieren wir, und ob wir es wollen oder nicht, üben wir mit all unseren Ermahnungen und Ratschlägen letztlich nur neuen Druck auf ihn aus, d.h. wir machen falsche Bewegungen am Steilhang. Es ist das Wunderbare, dass Jesus in seinen Gleichnissen ganz im Gegenteil versucht der Not des menschlichen Herzens Ausdruck zu verleihen, indem er sie so ein-
15 fühlsam darstellt, wie die Betroffenen selber es oft nicht besser auszudrücken vermögen. All dies, was Jesus in seinem Gleichnis vom Sämann und seinem Acker erzählt, passt gerade in die Perspektive eines Menschen, der von dunkler Entmutigung, von Aussichtslosigkeit und von endgültiger Verzweiflung heimgesucht wird. Er hat sich angestrengt und alles Mögliche schon unternommen; er hat versucht, es im Leben so gut zu machen, wie

es irgend geht; alles, was er besaß, hat er aufs Spiel gesetzt und ausgeworfen, – und jetzt beginnt die Angst. Es ist in den Worten dieses Gleichnisses, wie wenn der Sämann ständig bebenden Herzens auf der Lauer läge, um seine Saat vor Schaden zu bewahren. [...]

So kann man die Welt sehen, weiß Gott, mit dem ständigen Blick auf all das, was verloren ist, was zertreten wird, was erstickt wird. Es ist zum Verzweifeln, wenn man die Welt so sieht, doch scheint es fast, als wenn Jesus dieser Weltsicht mit geradezu quälender Geduld zunächst völlig recht geben wollte, so breit und so ausführlich schildert er sie, ganz als wollte er einem jeden seiner Hörer das Gefühl geben, dass er zunächst einmal ein Recht hat so zu empfinden; denn es gibt hundert Gründe seiner Lebenserfahrung, die ihn das Leben so zu sehen gelehrt haben, und all diese Gründe verdienen ernst genommen zu werden; eben deshalb muss seine Traurigkeit Worte finden, und seine Resignation muss auf Verständnis hoffen können, wenn man ihm wirklich helfen will.

Dennoch ist der unglaublich lange Atem Jesu in diesem Gleichnis vom Sämann ganz und gar getragen von dem Atemwind der Hoffnung Gottes. Denn dies ist es eigentlich, was Jesus sagen will: »Ihr könnt die ganze Welt immer wieder so betrachten; ihr könnt ständig darauf achten, wieviel es kostet, sie im Dasein zu erhalten, wieviel verlorene Mühe, wieviel an Scheitern, wieviel an Tragischem es in ihr gibt – ihr werdet schließlich, wenn ihr nur tief genug in den Abgrund schaut, noch einmal die Hand sehen, die alles trägt und alles schuf; *unterhalb* des dunklen Abgrunds werdet ihr noch einmal den Händen eures Vaters begegnen.

Wie Jesus zu dieser Zuversicht kommt? Im Grunde bricht die Evidenz der menschlichen Erfahrung an dieser Stelle ab. Wohl ist es wahr: kein Bauer in Galiläa (oder sonstwo auf der Welt) wird säen ohne die einigermaßen sichere Gewissheit, dass es sich rentieren wird. Aber was beweist diese Tatsache? Im menschlichen Leben *gibt* es das Scheitern, im menschlichen Leben *gibt* es die Tragik. Jesus leugnet das gewiss nicht. Und doch sieht er all die Vergeblichkeit des menschlichen Bemühens umgriffen von der unbedingten Zusage Gottes. Irgendwann muss man sich getrauen über den Abgrund zu springen. Selbst wenn unser eigenes Leben uns noch so winzig vorkommt, selbst wenn wir schon glauben, aus uns würde gewiss niemals mehr etwas werden, hält Jesus doch dagegen, es sei vielleicht das Wichtigste im Leben unverbrüchlich zu denken, dass Gott uns gar nicht erst geschaffen und dem »Acker« der »Erde« anvertraut hätte, wenn er nicht etwas Bestimmtes mit uns planen würde. Selbst wenn wir uns so fühlen, als könne es kaum irgendeinen Sinn haben, dass wir auf der Welt sind, und selbst wenn wir über viele Jahre hin so gut wie keinen Grund zu irgendeiner Zukunft sehen, so sollten wir Gott doch zutrauen, dass wir nicht ohne Absicht, ohne Plan und ohne eine unveräußerliche Würde dem Leben anvertraut worden sind. Den Händen Gottes, dem Sämann der Ewigkeit, dürfen wir zutrauen dass er wusste, was er tat, als er uns dem Strom der Zeit auslieferte; bei ihm *hat* unser Leben Lohn, Ertrag, Berechtigung und Wert, oft hundertmal mehr, als wir ahnen. Jesus wollte, dass seine Botschaft vom Reich des Himmels uns so denken ließe: Saatgut der Unsterblichkeit sind wir, Aussaat des Himmels, dazu bestimmt, mit allem Reichtum dieser Welt zurückzukehren zu den Sternen.

An dieser Stelle hat die frühe Gemeinde, in *ihren* Zeiten der Mutlosigkeit und der Verfolgung, sich dieses Evangelium auf ihre Weise zu eigen gemacht. Sie hat sich gefragt, was wir denn selbst als »Gläubige« inmitten der Gemeinschaft Jesu für Menschen sind. Ist nicht unsere Seele selber wie ein solcher »Acker«, vielfältig gegenüber dem Schicksal der Saat? Und ist das Los der Kirche selbst, dieses Ackers Gottes in der menschlichen Geschichte, oft nicht eher entmutigend und beklagenswert infolge der *seelischen* Unfruchtbarkeit ihrer Mitglieder?

Eugen Drewermann

»Reich Gottes« – Zum Inhalt der Lehre Jesu

Wer sich auf Jesus einlässt, lässt sich auf das Reich Gottes ein. Das ist unausweichlich so, denn die *Sache Jesu*, das war und ist das »Reich Gottes«. Wer Gott sucht und nach dem Reich fragt, [...] soll auf Jesus sehen und sich in die Geschichten vertiefen, die in seiner Gegenwart geschehen sind und in seinem Geist noch heute geschehen. Das legt sich nahe
5 und ist wie mit Händen zu greifen, denn: Wer ist Jesus? Er ist nichts anderes als das *Reich Gottes in Person*. [...]
Wieviel Unheil beginnt schon bei der Übersetzung, wenn Begriffe gewählt werden, die an etwas anderes denken lassen, als der Text im Sinn hat. »Basileia tou Theou« steht da im Griechischen. Wie sollen wir übersetzen? Sagen wir »Reich Gottes«, dann denken man-
10 che an das »Römische Reich«, an das »Deutsche Reich«, in jedem Fall an ein »Heiliges Reich«. »Das Reich« ist gewiss ein Raum, der durch ein gemeinsames Gesetz und eine gemeinsame Regierung geprägt ist und von Bürgern und Bürgerinnen als den »Reichsgenossen« bewohnt wird. Meint man einen begrenzten Raum, dann redet man vom »Reich des Guten« und vom »Reich des Bösen« und von den »zwei Reichen«, dem »geistlichen
15 Reich« und dem »weltlichen«. Wird das Reich aber mit »Gott« verbunden, dann kann es nicht zwei oder mehrere Reiche geben, denn Gott ist einer und außer ihm ist keiner.
Anstelle von »Reich Gottes« hat sich seit etwa 100 Jahren die Übersetzung »Herrschaft Gottes« durchgesetzt. Das klingt dynamischer: Gott ist der Herr, weil er herrscht, und alles, was er beherrscht, ist sein Reich. So weit, aber nicht so gut, denn wir haben persön-
20 lich, beruflich und politisch so viele Formen von »Machtergreifung« erlitten, dass wir in der Sehnsucht nach einer »Gottesherrschaft« vorsichtig geworden sind. Man möchte doch erst wissen, auf welche Weise denn Gott herrscht im Vergleich zu allen diesen anderen Herrschaften [...].
Dass Gott nur »der Herr« sein soll, mag *Männern* vielleicht gefallen, sensibel gewordene
25 Frauen empfinden dieses Attribut als Zumutung und ihre Sehnsucht nach weiterer Be-*Herr*-schung ist verständlicherweise minimal. Auch immer mehr Männer lehnen es ab »Herren« zu sein. Sie wollen als Brüder und Freunde akzeptiert werden. [...]
Schlagen wir das Neue Testament auf, dann finden wir dort keine Definition des »Reiches Gottes«. Jesus hat den »Begriff« des Reiches nirgends ausdrücklich erklärt. [...] Jesus hat
30 überhaupt keinen alten oder neuen »Begriff« des Reiches Gottes geliefert, er hat das Reich Gottes selbst gebracht. Das ist ein großer Unterschied: Eines ist es, die richtigen Begriffe vom Leben zu definieren, ein anderes, richtig zu leben. Eines ist es, einen Begriff vom Glück zu lernen, ein anderes, glücklich zu sein. Und so ist es eine Sache, das Reich Gottes »auf den Begriff zu bringen«, und eine andere Sache, das Reich Gottes zu erfah-
35 ren, es zu fühlen, es zu sehen und zu schmecken. Nicht der Begriff darf die Erfahrung bestimmen, sondern die Erfahrung muss den Begriff bestimmen. [...]

Jürgen Moltmann

1. Geben Sie die tiefenpsychologische Deutung Drewermanns mit eigenen Worten wieder und diskutieren Sie, ob Sie ihr folgen wollen!
2. Welche Konsequenzen hat nach Drewermann Kirche aus dem Gleichnis vom Sämann zu ziehen? Stimmen Sie seiner Sicht zu?

2.3 Schlüsselwissen: Tiefenpsychologische Auslegung

Allgemeine Charakteristik

Auch die tiefenpsychologische Auslegung setzt sich das Ziel einen lebensbezogenen Dialog zwischen Überlieferung und heutigem Leser anzubahnen. Sie stützt sich dabei auf die Tiefenpsychologie, vor allem auf die Grundsätze und Methoden von Carl Gustav Jung. Das Konzept geht davon aus, dass die Menschheit in ihrer Frühgeschichte gute, heilvolle Erfahrungen mit ganzheitlichem, integriertem Leben machte. Diese Erfahrungen haben sich im »Kollektiven Unbewussten« versammelt. Sie formieren sich in »Archetypen«, symbolischen Bildern, Mythen und auch biblischen Texten. Diese Erfahrungen können mit Hilfe geeigneter Methoden erschlossen werden und orientierend und heilend zu einem gelingenden Leben beitragen. Die Methoden basieren letztlich auf der folgenden hermeneutischen Differenzierung: Texte geben nicht nur äußere Ereignisse wieder, die auf der »Objektstufe« der Interpretation zu erfassen sind, sondern spiegeln auch Vorgänge innerhalb der Psyche; sie sind auf der »Subjektstufe« zu beschreiben.

Methoden

1. *Informelle Methoden*
   Eine tiefenpsychologisch orientierte Textinterpretation kann auf alle Methoden zurückgreifen, die Texte erfahrungsbezogen und ganzheitlich erschließen, z. B. freie Assoziationen – kreative Nachgestaltungen – Zugang im Spiel.

2. *Ein Vorschlag zur wissenschaftlich reflektieren Interpretation*
   (in Anlehnung an Drewermann)
   a. Amplifikation (»Anreicherung«): Welche archetypischen Bilder enthält der Text? Auf welche Mythen nimmt er Bezug? Welche kreativen Gestaltungen hat der Text in seiner Gebrauchsgeschichte erfahren?
   b. Symbolische Deutung: Wie lassen sich die im Text geschilderten Ereignisse (Objektstufe) unter intrapsychischer Perspektive verstehen?
   c. Erkennen der grundlegenden Konstellation und des Konflikts: Welche psychische Konstellation eröffnet der Text (meist aus dem Anfang erkennbar).
   d. Wahl der zentralen Figur(en): Welche Person ist die »ICH-Figur«?
      Gerade der intrapsychische Interpretationsansatz erfordert es eine Person aus dem Text als »ICH-Figur« zu wählen; die anderen Personen und Vollzüge sind dann als verschiedene Aspekte dieser einen Person zu deuten.
   e. Beobachtung der inneren Entwicklung: Wie lassen sich die Ereignisse als intrapsychische Entwicklungen interpretieren?
   f. Die »Verdichtungs- und Zeitrafferregel«: Die Texte drängen oft komplexe und andauernde psychische Entwicklungen in einer Erzählung auf wenige Augenblicke zusammen (z.B. werden Heilungsprozesse in der Regel als spontan ablaufende Geschehnisse dargestellt). Dies muss durch die tiefenpsychologische Auslegung erkannt und »dechiffriert« werden. Darum ist zu fragen: Wie lassen sich die Geschehnisse als Prozesse (in einem Menschenleben, in der Geschichte ...) verstehen?
   g. Beziehung auf das eigene Leben: Welche Impulse zur Erkenntnis oder Veränderung der eigenen Lebensverhältnisse gehen vom Text aus?

Horst Klaus Ber

3. Die Parabel vom Pharisäer und Zöllner (Lk 18,9-14a)

3.1 Erste Annäherungen

⁹Er sagte aber zu einigen, die sich anmaßten fromm zu sein, und verachteten die andern, dies Gleichnis:
¹⁰Es gingen zwei Menschen hinauf in den Tempel, um zu beten, der eine ein Pharisäer, der andere ein Zöllner.
¹¹ᵃDer Pharisäer stand für sich und betete so: Ich danke dir, Gott, dass ich nicht bin wie die andern Leute, Räuber, Betrüger, Ehebrecher oder auch wie dieser Zöllner.
¹²Ich faste zweimal in der Woche und gebe den Zehnten von allem, was ich einnehme.
¹³Der Zöllner aber stand ferne, wollte auch die Augen nicht aufheben zum Himmel, sondern schlug an seine Brust und sprach: Gott, sei mir Sünder gnädig!
¹⁴Ich sage euch: Dieser ging gerechtfertigt hinab in sein Haus, nicht jener.

Lk 18,9-14a

1. Versuchen Sie eine eigene Deutung dieses Gleichnisses! Halten Sie Ihr Ergebnis schriftlich fest!
2. Informieren Sie sich über die geschichtlichen Hintergründe zum Verständnis der in der Parabel genannten Personen!
Der Text über die Pharisäer stammt von einem jüdischen Theologen.

Das Pharisäer-Problem ist deshalb so unendlich kompliziert, weil hier seit nunmehr 2000 Jahren gewisse Vorurteile herrschen, und aus Gründen, über die wir noch reden werden, ein Bild über die Pharisäer entstanden ist, das der Geschichte und den geschichtlichen Tatsachen nicht entspricht. Das Schlimme daran ist, dass die Leute, seien es Autoren
5 von Schulbibeln, Katechese-Büchern, wissenschaftlichen Büchern u. dgl., oder Prediger, die sich über die Pharisäer äußern, in keiner Weise das Gefühl haben irgendetwas Tatsachenwidriges mitzuteilen.
Seit etwa zwanzig Jahren weiß jeder evangelische oder katholische Pfarrer, dass er die Stereotype »*Die* Juden haben Jesus ans Kreuz gebracht« oder »*Die* Juden haben Jesus
10 getötet« in dieser Weise schlechthin nicht mehr sagen kann, und er sagt es auch nicht.
Bei den Pharisäern ist das Problem weithin komplizierter. [...]
Gott galt als Wirklichkeit – darüber wurde nicht diskutiert! Der Offenbarungsbegriff war sehr weit gefasst. Offenbarung sind nicht nur die 10 Gebote vom Sinai, sondern man hat im rabbinischen Judentum den Offenbarungsbegriff auch auf die Tradition ausgedehnt.
15 Die Thora war Richtschnur, weil die Thora einmal bedeutet: das jüdische Traditionsgut als ganzes, dann natürlich die 5 Bücher Mose. Aber, und das ist sehr entscheidend für die Pharisäer: die Thora ist nicht Gesetz, sondern Richtschnur, weil die Thora ausdeutbar war. Sie war kein feststehendes Gesetzesgebäude. [...]
Die Lehrer konnten doch nicht im 1. Jh. v. Chr. nach bzw. mit Gesetzen leben, die aus dem
20 8., 7., 6. Jh. v. Chr. stammten, Gesetze, die damals schon 800 Jahre alt gewesen waren! Diese Gesetze mussten der Zeit angepasst werden! Die Thora wäre ein totes Buch geblieben, hätte man dies nicht getan!
Die Pharisäer stellten eine jüdische Volksbewegung dar, die etwa am Ende des 2. Jh. v. Chr. entstanden ist. Sie unterscheiden sich von den priesterlichen Gruppen, weil sie eine
25 Volksbewegung waren, sowie vor allem von den Sektierern der verschiedenen Richtungen, weil sie inmitten des Volkes wirken wollten. Das Entscheidende im NT, was die Pharisäer betrifft, ist, dass sie überhaupt im NT vorkommen; die Essener und Sadduzäer kommen nicht vor! Die Sadduzäer erscheinen nur an einer Stelle.

Die Pharisäer kommen vor in der Polemik; das ist allerdings die Schwierigkeit, dass es keine normale, sondern eine polemische Situation ist. Es handelt sich hier um einen Familienkonflikt. Die Diskussion konnte nur deshalb so heftige Formen annehmen, weil die Basis die gleiche gewesen ist und Menschen der Urgemeinde sich in den entscheidenden Dingen mit Pharisäern sehr viel zu sagen hatten, was offensichtlich mit den Essenern und Sadduzäern nicht der Fall gewesen ist. [...]

Quellen, die uns etwas über die Pharisäer sagen können, sind die Schriften des jüdischen Historikers Flavius Josephus. Hier müssen wir bedenken, dass sie in gleicher Weise wie die Evangelien Tendenzschriften sind. Was waren die Evangelien? Das wird beim Pharisäer-Problem nicht gesehen. Was die Autoren der Evangelien beabsichtigen, das sagen sie. Man sollte genauer hinsehen! Mk 1,1: »Das ist das Evangelium Jesu Christi«, nicht: »Das ist der Geschichtsbericht über den Juden Jesus von Nazaret«. Die Evangelien sagen von Anfang an, dass sie eine Absicht haben, sie wollen nämlich ein Zeugnis geben von diesem Jesus, nicht als dem Juden von Nazaret, sondern als dem Christus, d.h.: der das schreibt, der weiß ja schon nach seinem Glauben, dass Jesus auferstanden ist, als er das angefangen hat zu schreiben. Unter dieser Sicht von dem Glauben, nicht an diesen Juden, diesen Zimmermannssohn aus Nazaret, sondern den auferstandenen Herrn und Christus – aus dieser Sicht ist das geschrieben, und insofern sind es natürlich Tendenzschriften, weil sie etwas Bestimmtes aufweisen wollen und müssen: In dieser Sicht sind sie ganz bewusst Missionsschriften.

Missionsschriften aber sind auch die Schriften des Flavius Josephus, dessen Karriere recht bunt gewesen ist und der als Offizier im jüdischen Krieg kapituliert hat. Er hat das Bewusstsein, dass sein Leben, das ihm erhalten worden ist, dazu dienen soll Zeugnis von der Größe des Judentums abzulegen. [...]

Was Josephus über die Pharisäer sagt, ist kurz Folgendes: Im Gegensatz zu den Sadduzäern, die sich der Unterstützung der Wohlhabenden erfreuten, hatten die Pharisäer die Masse der Juden auf ihrer Seite. Sie konnten daher die Sadduzäer zwingen pharisäisches Gesetzesgut durchzusetzen. Während die Sadduzäer nur das geschriebene Gesetz als bindend anerkannten, verwandten die Pharisäer auch die mündliche Tradition. Die Sadduzäer leugneten, dass die Vorsehung das Universum regiere; die Pharisäer erkannten zwar an, dass die Vorsehung in menschlichen Angelegenheiten eine Rolle spiele, aber sie glaubten an die menschliche Freiheit bei der moralischen Entscheidung. Die Pharisäer glaubten an die Auferstehung der Seele nach dem Tode und an die Wiederbelebung der Gerechten, an die ewige Bestrafung der Seele der Bösen. Diese eschatologische Anschauung leugneten die Sadduzäer, weil sie dafür in der Heiligen Schrift keine Anhaltspunkte fanden und eine über das geschriebene Schriftwort hinausgehende Ausdeutung nicht anerkannten. Die Sadduzäer nahmen also eine Verengung und unzeitgemäße Auffassung in Kauf, weil sie fürchteten, jede Ausdeutung der Schrift könnte die priesterlichen Vorrechte einengen.

Die Sache mit der Auferstehung der Toten ist so, dass sie sich effektiv erst in Daniel 12 eindeutig findet; datierbar rund 166 v.Chr. Das ist sehr spät.

Die Sadduzäer hatten aus naheliegenden Gründen keinerlei Interesse an einer Ausdeutung der Heiligen Schrift, weil sie fürchteten, das könnte ihre aristokratisch-priesterlichen Vorrechte unterminieren, so dass sie strikt am Buchstaben festhielten. [...]

Ich behaupte, dass [...] die Pharisäer in ihrer Zeit und Situation etwas gegen die etablierte Regierung, gegen den Klerikalismus der Sadduzäer vollbringen wollten. Sie wollten Gott in diese Welt bringen, für diese Welt leben, in ihr hoffen. Und sie wandten sich gegen eine griesgrämige, unzeitgemäße Religion, indem sie den ungeheuren Mut hatten, das geschriebene Gotteswort für ihre Zeit in Jahrhunderten weiter zu entwickeln. In diesem

Sinne rufen wir noch einmal unsere Definition der pharisäischen Bewegung in Erinnerung:
Es gab nur wenige allgemein anerkannte Glaubenssätze, innerhalb dieses Rahmens herrschte umfassende Denk- und Lehrfreiheit. Gott galt als Wirklichkeit, die Offenbarung als Tatsache, die Thora als Richtschnur, die Hoffnung auf Erlösung als Erwartung für die Zukunft.

Ernst L. Ehrlich

1. Geben Sie den Text mit eigenen Worten wieder!
2. Stellen Sie heraus, worin sich die historische Darstellung der Pharisäer von dem in der Umgangssprache verwendeten abwertenden Begriff »Pharisäer« unterscheidet!
3. Informieren Sie sich nun auch über die Zöllner zur Zeit Jesu!

Die berufliche Stellung eines Zöllners [. . .] ist mit der Position eines heutigen Zollbediensteten nicht vergleichbar. Schon eine Übersicht über das sprachliche Wortfeld, in dem der Ausdruck »Zöllner« vorkommt, bekundet unmissverständlich die soziale Rangstufe dieses Berufes. Diese war letztlich eine Auswirkung der römischen Besatzungspolitik. Nur die staatliche Kopf- und Grundsteuer wurde von Beamten erhoben. Hingegen waren die Zöllner, die eine Stelle als Zollpächter besaßen, freie Unternehmer. Darüber hinaus gab es noch deren »Angestellte«, die Zollbediensteten.
Der Erwerb und das Betreiben einer solchen häufig sehr lukrativen Steuereinnahmestelle geschah nach bewährtem Muster: Der Meistbietende erhielt den Zuschlag, musste allerdings die vereinbarte Pachtsumme der römischen Behörde im Voraus bezahlen. Nun galt es natürlich, nicht nur diese Summe wieder einzutreiben, sondern durch mancherlei List und Betrug an den Händlern und Reisenden möglichst viel Geld hereinzuwirtschaften. Dieses Geld durfte der Steuerpächter behalten. Er kam so oft zu einem ansehnlichen Vermögen.
Doch war auch diese ehrenwerte Gesellschaft nicht ohne Berufsrisiko. Verlustgeschäfte drohten; behördliche Nachforschungen bei allzu großzügiger Gebührenbemessung waren zu befürchten, die bürgerlichen Ehrenrechte, z. B. die Zeugenschaft vor Gericht, blieben versagt. Und die gesellschaftliche Verachtung war überall zu spüren.

Uwe Stamer

1. Kommen Sie nun zu einer Deutung, welche die ursprüngliche – zur Zeit Jesu gegebene – Situation vor Augen hat!
2. Vergleichen Sie diese mit Ihrer ersten spontanen Deutung!
3. Beurteilen Sie, ob die folgende kleine Geschichte ein gelungener Aktualisierungsversuch der Parabel darstellt:

Ein Farbiger wünschte in eine New Yorker Gemeinde aufgenommen zu werden. Der Pfarrer war reserviert.
»Tja«, sagte er, »da bin ich nicht sicher, Mr. Jones, ob es unseren Gemeindegliedern recht sein würde. Ich schlage vor, Sie gehen erst mal nach Hause und beten darüber und warten ab, was Ihnen der Allmächtige dazu zu sagen hat.« – Einige Tage später kam Mr. Jones wieder. Er sagte: »Herr Pfarrer, ich habe Ihren Rat befolgt. Ich sprach mit dem Allmächtigen über die Sache und er sagte zu mir: ›Mr. Jones, bedenke, dass es sich um eine sehr exklusive Kirche handelt. Du wirst wahrscheinlich nicht hineinkommen. Ich selbst versuche das schon seit vielen Jahren, aber bis jetzt ist es mir noch nicht gelungen.‹«

H. L. Gee

3.2 Ein altes Gleichnis – neu gelesen: Gedanken zu Lk 18,9-14a

Ein sehr populäres, uns allen sympathisches Gleichnis; vor allem deshalb, weil wir uns selbst spontan mit der Haltung des Zöllners identifizieren. Jesus hatte aber Zuhörer im Auge, die sich praktisch spontan mit dem Pharisäer identifizierten. Deshalb war gerade für sie dieses Gleichnis schockierend. Für uns fällt dieses Schockierende schon von vornherein weg, weil wir uns in der christlichen Tradition eher mit dem Zöllner identifizieren. Wir gehen also in einem weiteren Bogen an der Schockwirkung vorbei, die auch für uns gemeint ist. Haben wir damit die Pointe der neutestamentlichen Spiritualität, wie sie hier und jetzt für uns gemeint ist, dann richtig verstanden? Ich glaube nicht; denn dieses Gleichnis will keineswegs eine Lobrede und Seligpreisung des Durchschnittschristen des 20. Jahrhunderts sein, der es, wie damals der Zöllner, mit Gottes Willen nicht so genau nimmt.

Während wir moderne Leser uns spontan mit dem Zöllner identifizieren, identifizierten sich die Hörer des Gleichnisses Jesu damals mit dem frommen Pharisäer. Denn dieser suchte Gottes Thora oder seinen Willen, wie er im Gesetz manifestiert war, mit viel Anstrengung und frommem Einsatz zu erfüllen. Und doch wird dem Zöllner Heil zugesagt, während dieses Heil am Pharisäer vorbeigeht. Das stimmt zum Nachdenken. Nicht um den nach dem Gesetz Guten (den Pharisäer) und den nach dem Gesetz Schlechten (den Zöllner) geht es hier eigentlich. Der habgierige Zöllner, zur Zeit Jesu außerdem Kollaborateur der römischen Besatzungsmacht, ist grundsätzlich durchaus im Unrecht. Das Gleichnis unterschlägt dies keineswegs. Aber Jesus geht über die menschlichen Klassifizierungen von ›Gutsein‹ und ›Schlechtsein‹ hinweg und bringt eine dritte, ganz andere Perspektive, nämlich vom Kern seiner Botschaft aus, die Paulus später so formulieren wird: »*Er, Gott, liebte uns, als wir noch Sünder waren*« (Röm 5,8). Das Reich Gottes wird in dem eigentlichen Lebensweg Jesu unter uns sichtbar. Und dieses Reich Gottes ist ein auf Kommunikation unter Menschen bedachter Gott, der also niemand aus der Gemeinschaft ausschließt, niemand ›exkommuniziert‹, sondern für alle, Gute und Böse, Kommunikation erschließen will. Weil alle von Gott zur Kommunikation berufen sind, sucht Jesus mit Vorliebe die aus Israels Gemeinschaft Ausgestoßenen auf: Zöllner und Sünder. Nach der Meinung Jesu war der Pharisäer keineswegs schlecht in seiner Spiritualität oder Frömmigkeit. Aber es geht neutestamentlich um *einen bestimmten Typ* von Pharisäer: gewiss um einen tatsächlich frommen, der aber die eigene Spiritualität verdorben hat, indem er jeden, der nicht wie er lebt, ausstößt. Dieser Fromme versagt sich jeder Kommunikation mit dem Sünder, der aus seiner Gemeinschaft ausgestoßen wird. Der Sünder wird marginalisiert und dadurch noch tiefer in das Elend der völligen Entfremdung von den eigenen Volksgenossen gedrückt. Die Geschichte trifft keineswegs den frommen Pharisäer, der in allem, sogar mit einer gewissen Radikalität, Gottes Willen tut; sondern jenen Pharisäer, der dabei heimlich denkt (»er betete bei sich«): »Ich bin nicht so wie die anderen Menschen.« Dieser Pharisäer (allerdings wird dieser Pharisäer zu einem neutestamentlichen Klischee für alle Pharisäer) will keine Gemeinschaft mit sündigen Menschen, gerade von ihm wird der sündige Mitmensch ausgestoßen. Und gerade das ruft bei Jesus, dem Zeugen des Handelns Gottes, einen radikalen Widerstand hervor. Gerade aus diesem Widerstand heraus sucht Jesus Kontakt mit Zöllnern und Sündern, isst und trinkt mit ihnen, um die Kommunikation mit Ausgestoßenen und Marginalisierten wiederherzustellen. Das ist auch die Pointe des Gleichnisses.

Aber wie ergeht es dem Zöllner selbst in dieser Geschichte? Er lässt sich die durch die öffentliche Meinung ihm zubedachte Rolle und Identität in doppelter Verdemütigung gefallen. Er fühlt sich denn auch als Ausgestoßener: ›Ich bin nur ein Sünder.‹ Unter de

Kraft der Ausstoßung durch andere wagt er nicht einmal seine Augen zu Gott zu erheben: Er ist der Ausgestoßene, er weiß und fühlt es. In seinem Leben und am eigenen Leib erfährt er die Ausstoßung, die andere ihm ansagen und aufdrängen. Der Zöllner glaubt daher, dass er im Gegensatz zum Pharisäer, nicht gerechtfertigt weggehe; aber er bekennt Gott gegenüber doch seine Sündigkeit und verlässt als Verstoßener wieder den Tempel.

Nicht der Zöllner denkt oder sagt etwas über das Heil, das ihm widerfährt. Jesus selbst, der wie Gott auf Kommunikation unter allen Menschen bedacht ist, teilt dem Zöllner mit: ›Dieser hat Gottes Heil empfangen; der andere, der Pharisäer, hat durch seine Ausstoßung des Sünders sich selbst von allem Heil ausgestoßen.‹

Uns heutigen Lesern sagt das Gleichnis also etwas anderes (und doch dasselbe) als das, was das Gleichnis den damaligen Hörern sagte. Auch bei uns muss es eine Schockwirkung hervorrufen, wenn die Geschichte uns dasselbe sagen will, was Jesus meinte, und uns, die Christen, also zur Einkehr und Umkehr bringen will. Wer heute dieses Gleichnis liest, ist selbst der Adressat desselben. [...]

Die Wiederherstellung der Kommunikation für den, der von Menschen ausgestoßen wird, ist der Kern der Botschaft Jesu, aller seiner Gleichnisse und Wunderzeichen, schließlich auch seines eigenen Todes als Hinrichtung; Jesus wurde, wegen seiner Botschaft der Kommunikation, selbst von Mitmenschen aus der Menschengemeinschaft ausgestoßen. Ausstoßung wird hier für den Ausgestoßenen sogar ein Weg zum Heil.

Wenn wir bürgerlichen Christen aus dem 20. Jahrhundert mit diesen Augen dieses Gleichnis, das Jesus selbst ist, hören, wird nicht der jüdische Pharisäer von damals davon tödlich getroffen, sondern wir selbst. In unserer spontanen Identifizierung mit dem Zöllner spielen wir eigentlich ›den Pharisäer‹. Denn durch unsere fortschrittliche oder konservative Spiritualität stoßen wir oft die anderen aus. Das sollte bei allen Betrachtungen über Spiritualität vornean stehen, nicht als ›Sittenlektion‹ vorab, sondern weil wir hier den Kern des christlichen Evangeliums zu packen bekommen, der alle christliche Spiritualität aktivieren muss: Gemeinschaft stiften.

Edward Schillebeeckx

> Handelt es sich bei der Auslegung der Parabel durch Edward Schillebeeckx um eine »ursprungsgeschichtliche Auslegung« (siehe näher: 3.3)?
> Begründen Sie Ihre Auffassung!

3.3 *Schlüsselwissen:* **Ursprungsgeschichtliche Auslegung**

Allgemeine Charakteristik

Dieser hermeneutische Ansatz verfolgt das Ziel die geschichtlichen Verhältnisse zu klären, unter denen ein Bibeltext entstanden ist. Dabei soll nicht in erster Linie nach der Geschichte der religiösen Anschauungen oder der Glaubensauffassungen, sondern nach den realen Lebensverhältnissen gefragt werden.

Das Interesse ist, die Produktionssituation eines Textes soweit zu erhellen, dass er als Antwort auf die »Provokation der Situation« kenntlich wird. Diese Fragestellung untersucht also die mögliche Funktion eines Textes in einer geschichtlichen Situation; der Text wird als Dialog zwischen dem Produzenten (Sender) und Adressaten (Empfänger) aufgefasst. Es kann erwartet werden, dass mit der Klärung der Produktionssituation auch die Bedeutung des Textes in der heutigen Rezeptionssituation klarer zu erkennen ist.

Die für die Beschreibung der Ursprungssituation nötigen Informationen sind in der Regel den Texten nicht direkt zu entnehmen, sondern müssen aus verschiedenen historischen Quellen erschlossen werden.

Methoden

1. *Untersuchung nach pragmatischen Gesichtspunkten (Sender-Empfänger-Modell)*
   – Welche Absichten des Textproduzenten sind erkennbar?
   – Welche Normen werden bevorzugt?
   – Gibt der Text (direkt oder indirekt) Verhaltensanweisungen?
   – Welcher Art sind die Sprechakte (z. B. befehlen; werben; raten; bitten ...)?

2. *Geschichtliche »Sprechzeiten« identifizieren*
   Diese Untersuchung setzt nicht beim Einzeltext ein, sondern fragt nach Anlässen in der Geschichte Israels und des Urchristentums, in denen besonders intensive Aktivitäten der Textproduktion zu beobachten sind (z. B. die Zeit der ersten Könige Israels; das 8./9. Jahrzehnt nach Chr. als Entstehungszeit der synoptischen Evangelien).

3. *Erschließung der Sprechzeiten als »ursprungsgeschichtliche Felder«*
   – Welche realen Lebensverhältnisse sind zu beobachten?
   – Welche Zustände, Entwicklungen oder Konflikte könnten einen Autor zum »Sprechen« stimuliert haben?
   – Welche Ziele könnten einen Autor geleitet haben?

4. *Einen Bibeltext ursprungsgeschichtlich untersuchen*
   – Welche Funktion hat der Text wohl in dem erschlossenen ursprungsgeschichtlichen Feld?
   – Auf welche Fragen will der Autor wohl eine Antwort geben?
   In welchem Konflikt nimmt er Stellung?
   – Welche Absichten lassen sich erkennen?
   – Welche realen oder gedachten Gesprächspartner könnte der Text im Auge haben?
   – Welche Mittel setzt der Autor ein, um seine Hörer/Leser anzusprechen?

Horst Klaus Berg

4. Die Parabel vom gütigen Vater (Lk 15,11-32)

4.1 Zwei Texte im Vergleich

¹Es nahten sich ihm aber allerlei Zöllner und Sünder, um ihn zu hören.
²Und die Pharisäer und Schriftgelehrten murrten und sprachen: Dieser nimmt die Sünder an und isst mit ihnen. ³Er sagte aber zu ihnen dies Gleichnis und sprach: [...]

¹¹Ein Mensch hatte zwei Söhne.
¹²Und der jüngere von ihnen sprach zu dem Vater: Gib mir, Vater, das Erbteil, das mir zusteht. Und er teilte Hab und Gut unter sie.
¹³Und nicht lange danach sammelte der jüngere Sohn alles zusammen und zog in ein fernes Land; und dort brachte er sein Erbteil durch mit Prassen.
¹⁴Als er nun all das Seine verbraucht hatte, kam eine große Hungersnot über jenes Land und er fing an zu darben
¹⁵und ging hin und hängte sich an einen Bürger jenes Landes; der schickte ihn auf seinen Acker die Säue zu hüten.
¹⁶Und er begehrte seinen Bauch zu füllen mit den Schoten, die die Säue fraßen; und niemand gab sie ihm.
¹⁷Da ging er in sich und sprach: Wie viele Tagelöhner hat mein Vater, die Brot in Fülle haben, und ich verderbe hier im Hunger!
¹⁸Ich will mich aufmachen und zu meinem Vater gehen und zu ihm sagen: Vater, ich habe gesündigt gegen den Himmel und vor dir.
¹⁹Ich bin hinfort nicht mehr wert, dass ich dein Sohn heiße; mache mich zu einem deiner Tagelöhner!
²⁰Und er machte sich auf und kam zu seinem Vater. Als er aber noch weit entfernt war, sah ihn sein Vater und es jammerte ihn; er lief und fiel ihm um den Hals und küsste ihn.
²¹Der Sohn aber sprach zu ihm: Vater, ich habe gesündigt gegen den Himmel und vor dir; ich bin hinfort nicht mehr wert, dass ich dein Sohn heiße.
²²Aber der Vater sprach zu seinen Knechten: Bringt schnell das beste Gewand her und zieht es ihm an und gebt ihm einen Ring an seine Hand und Schuhe an seine Füße.
²³Und bringt das gemästete Kalb und schlachtet's; lasst uns essen und fröhlich sein!
²⁴Denn dieser mein Sohn war tot und ist wieder lebendig geworden; er war verloren und ist gefunden worden. Und sie fingen an fröhlich zu sein.
²⁵Aber der ältere Sohn war auf dem Feld. Und als er nahe zum Hause kam, hörte er Singen und Tanzen
²⁶und rief zu sich einen der Knechte und fragte, was das wäre.
²⁷Der aber sagte ihm: Dein Bruder ist gekommen und dein Vater hat das gemästete Kalb geschlachtet, weil er ihn gesund wieder hat.
²⁸Da wurde er zornig und wollte nicht hineingehen. Da ging sein Vater heraus und bat ihn.
²⁹Er antwortete aber und sprach zu seinem Vater: Siehe, so viele Jahre diene ich dir und habe dein Gebot noch nie übertreten und du hast mir nie einen Bock gegeben, dass ich mit meinen Freunden fröhlich gewesen wäre.
³⁰Nun aber, da dieser dein Sohn gekommen ist, der dein Hab und Gut mit Huren verprasst hat, hast du ihm das gemästete Kalb geschlachtet.
³¹Er aber sprach zu ihm: Mein Sohn, du bist allezeit bei mir, und alles, was mein ist, das ist dein.
³²Du solltest aber fröhlich und guten Mutes sein; denn dieser dein Bruder war tot und ist wieder lebendig geworden, er war verloren und ist wiedergefunden.

Lk 15,1-3; 11-32

Rembrandt, Die Rückkehr des verlorenen Sohnes, 1636

Ein Mann hatte zwei Söhne. Der Jüngere begehrte eines Tages gegen seinen Vater auf und sagte: Er habe das Sohnsein satt. Er fühle sich zu Hause eingeengt und wolle endlich sein eigenes Leben leben. Dann verzichtete er auf das Erbe, das ihm zustand, und brach in die Fremde auf.

5 Dort kam er unerwartet schnell zu Ansehen und Wohlstand. Alle, die ihn kannten, beneideten ihn, weil er sich schier alles leisten konnte, was das Leben angenehmer macht. Er aber war trotz seines Wohlstandes unzufrieden, denn es quälten ihn Langeweile und das Gefühl der Leere. Wie sehr er auch darunter litt, er war entschlossen, lieber zugrunde zu gehen als in sein Vaterhaus zurückzukehren, um sich mit seinem Vater auszusöhnen.

10 Nach langer Zeit geschah es nun, dass der ältere zufällig seinen jüngeren Bruder traf, als er in der Stadt Besorgungen zu machen hatte. Dieser fing gleich an vom Vater zu erzählen: Das Zusammenleben mit ihm sei immer schwieriger geworden. Er habe dem Alten nicht klar machen können, dass es für ihn das Beste wäre sich zurückzuziehen. Alles Zureden habe nichts genützt, so dass er sich gezwungen sah ihn mit Gewalt in ein

15 Altersheim zu bringen. Seitdem habe er nicht mehr von ihm gehört. Die Geschäfte machten es unmöglich den Kontakt mit ihm aufrechtzuerhalten. Er könnte daher nicht mit Gewissheit sagen, ob der Vater noch am Leben sei.

George Grosz, Schwimme, wer schwimmen kann, und wer zu plump ist, geh unter, 1922

Der Jüngere hatte teilnahmslos und schweigend zugehört, dann sagte er zu seinem älteren Bruder: Ob der Vater noch lebe oder nicht, sei für ihn schon lange keine Frage mehr. Er solle ihm lieber auf eine andere Frage eine Antwort geben: Welchen Sinn das Leben habe? – Für ihn sei es nicht wert gelebt zu werden!
5 Da begann der ältere seinem jüngeren Bruder Vorhaltungen zu machen:
Schon zu Hause habe er es sich viel zu leicht gemacht, weil der Vater zu nachsichtig gewesen sei. Er habe nie gelernt selbständig zu sein, er brauche immer einen, der ihn stütze. Jetzt, da der Vater nicht mehr da sei, versuche er sich an seinen Bruder anzulehnen. Aber jeder müsse allein mit seinen Problemen fertig werden. Er sei sein Bruder und denke
10 nicht daran auch noch die Vaterrolle anzunehmen.

Walter Rupp

1. Versuchen Sie eine Deutung der Parabel, indem Sie diese mit der Geschichte vom »verlorenen Vater« von Walter Rupp konfrontieren! Berücksichtigen Sie dabei das Stilmittel der »Verfremdung« (vgl. 5.3 auf S. 88)!
2. Vergleichen Sie Ihre bisherige Deutung mit der linguistischen von Hans Weder!

4.2 Wie man Lk 15,11-32 linguistisch deuten kann ...

In einem ersten Interpretationsschritt ist die *Parabelerzählung* für sich zu betrachten. Nach einer kurzen *Exposition* (V.11 f), die die Ausgangslage schildert und mit der Teilung des väterlichen Besitzes die Handlung in Gang bringt, folgt der *erste Teil* (V.13-24), der vom Geschick des *jüngeren* Sohnes erzählt. Sein *Abstieg* (V.13-15) beginnt mit seiner Auswanderung ins Ausland, wo er sein Vermögen verliert. Der Abstieg setzt sich fort: der Sohn leidet Mangel; er verliert demzufolge seine jüdisch-religiöse Reinheit, als er die Schweine eines Heiden hüten muss. Der Abstieg erreicht den Höhepunkt, als der Sohn – um seine nackte Existenz kämpfend – nicht einmal mehr mit Schweinefutter seinen Hunger stillen kann. Die Erzählung geht jetzt zur *Peripetie* (V.17-19) über, in welcher der Sohn vernünftig nachdenkt und seine Lage mit dem Los der Tagelöhner seines Vaters vergleicht. Der Vergleich zeigt ihm, dass es das Naheliegendste ist heimzukehren und sich beim Vater um eine Stelle als Taglöhner zu bewerben. Der Sohn erkennt, dass er kein Recht mehr hat Sohn zu heißen, da er gegen den Himmel und gegen den Vater gesündigt hat. Die *Ereignisse bei seiner Rückkehr (V.20-24) sind unerwartet: der Vater kommt* seinem Schuldbekenntnis *zuvor*, indem er den Sohn umarmt und küsst. So überholt der Vater die Vergangenheit seines Sohnes. Er setzt ihn erneut an Sohnes Statt und veranstaltet ein Freudenfest. Der Sohn hat gar keine Gelegenheit mehr seine Bitte um Anstellung als Taglöhner vorzubringen, denn schon ist er wieder der Sohn geworden, und das Fest duldet keinen Aufschub.

Der *zweite* Teil (V.25-32) nimmt den *älteren Sohn* in den Blick: Vom Felde heimkehrend hört er Musik und Tanz; irritiert erkundigt er sich, was da los sei. Der Bericht des Knechts ist so wiedergegeben, dass die *Selbstverständlichkeit* des väterlichen Handelns suggeriert wird. Der ältere Sohn kann die Sache nicht mit den Augen seines Vaters sehen; verärgert bleibt er draußen. Der Vater kommt ihn zu bitten. Der Sohn aber beharrt auf seiner Gerechtigkeit, er kann den jüngeren nicht mehr als Bruder akzeptieren (deshalb spricht er von »diesem, deinem Sohn«, V. 30). Der Vater geht auf seine Argumente ein und entkräftet sie. Noch einmal bittet er seinen Sohn zum Fest, damit dieser im Mitfeiern wieder Sohn und Bruder werde.

Die *Zentralfigur* der Erzählung ist (auch wenn er nicht durchwegs Handlungsträger ist) der *Vater*. Er vereinigt die Geschichte beider Söhne; seine überströmende Liebe kommt dem jüngeren zuvor und bittet auch den älteren von seiner Gerechtigkeit abzukommen und mitzufeiern. Das Hauptinteresse dieser Liebe ist die Rekonstitution des Ganzen. Der Vater dieser Parabel verweist auf *Gott*. Genauer: die Liebe, die sich in dieser Parabel ereignet, ist die Liebe Gottes. Insofern kommt in ihr »die Gottesherrschaft als die sich ereignende Liebe zur Sprache«. Von dieser Liebe her gesehen ist es selbstverständlich, dass der Vater den heimkehrenden Sohn mit Wohltaten überschüttet. Die Liebe Gottes überholt *als Vergebung* die Vergangenheit des Menschen und sie überholt *als Bitte* zum Mitfeiern auch die Gerechtigkeit des Menschen. Indem die Parabel den Verlorenen lehrt das Naheliegende zu tun und umzukehren zum Vater, ist sie selbst, wenn sie zum Ziel kommt ein Ereignis jener göttlichen Liebe. Und indem es ihr gelingt den Verärgerten von seiner Gerechtigkeit abzubringen, ist sie auch für diesen *Evangelium*. Die Liebe Gottes ist darauf aus *beide* Verlorenen zum Fest der Liebe zu vereinigen. In dieser Parabel tritt demnach die Gottesherrschaft dem Menschen so nahe, dass er einerseits sich selbst nähe (indem er sich als Sohn verstehen lernt) und andererseits in die Nähe des Andern kommt (indem er jenen als seinen Bruder akzeptieren lernt). Das Ereignis einer solchen Liebe irritiert die Welt, denn Vergebung ist in ihr nicht vorgesehen. Aber gerade als eine irritierende Liebe macht sie alles neu.

Wenn die Parabel also die Nähe der Gottesherrschaft als Ereignis der Liebe zur Sprache bringt, so muss sie im *Kontext des Lebens Jesu* interpretiert werden. Der Vater der Parabel verweist, weil er an Gott erinnert, auf Jesus selbst. Die Parabel belehrt ja nicht über die Liebe Gottes im Allgemeinen – dazu hätte es keiner Parabel bedurft –, sondern sie macht die Liebe Gottes *zum Ereignis*. Eben dies tut die Geschichte Jesu, sofern sein das Vergangene überholender Ruf in die Nachfolge und seine Mahlgemeinschaft mit vielen Ausdruck jener Liebe Gottes sind. »Jesus begeht in seinem Mahl das als Gottesherrschaft freilich erst kommende Fest.« Jesus verankert demnach sein Verhalten im Verhalten Gottes, das er in der Parabel zum Ereignis werden lässt. Das Verhalten Jesu und die Parabel sind streng aufeinander bezogen: »Zuerst empfängt das Gleichnis von Jesu Mahl seine *Verständlichkeit*. Dann aber empfängt Jesu Mahl durch das Gleichnis seine *Wahrheit*.« Den Zusammenhang zwischen dem Verhalten Jesu und der Parabel hat *Lukas* zumindest dadurch gewahrt, dass er die Parabel in den jetzigen Kontext stellt (V.1-3). Dass Lukas die beiden andern Gleichnisse vom Verlorenen (V.4-7.8-10), in welchen er die *Freude* am Wiedergefundenen besonders unterstreicht (V.6!), mit unserer Parabel zusammenstellt, mag ein Hinweis darauf sein, dass es Lukas im Besonderen um die Einladung an seine Leser geht die Freude Gottes (und Jesu) über die Umkehr eines Sünders zu teilen. Wieweit Lukas *hier* die Buße als Bedingung des Heils versteht, ist nicht auszumachen. Die Parabel jedenfalls lehrt das Umgekehrte: *das Heil kommt der Buße zuvor.*

Hans Weder

4.3 *Schlüsselwissen:* Linguistische Auslegung

Allgemeine Charakteristik

Die linguistische Auslegung greift literaturwissenschaftliche Verfahren auf und wendet sie auf die Interpretation biblischer Texte an. Sie fragt nicht nach der Entstehung oder dem historischen Ort eines Textes, sondern betrachtet ihn als in sich abgeschlossenen sprachlichen Organismus (»Textwelt«), der in sich verständlich ist. Sie fasst einen Text als ein System von Beziehungen zwischen verschiedenen sprachlichen Elementen auf, die sich in immer wiederkehrenden Strukturen erfassen und beschreiben lassen.

Der Leser ist eingeladen sich in diese Textwelt einzuleben, eigene Erfahrungen in ihr zu entdecken und neue Sichtweisen wahrzunehmen.

Methoden

1. *Analyse der Erzählperspektiven*
a. Raum-Charakteristik
   Aus welcher Perspektive spricht der Erzähler? Verändert diese sich im Text?
b. Zeit-Charakteristik
   Aus welcher Zeit-Perspektive wird erzählt (z. B. verlangsamend oder summarisch – retrospektiv oder synchron?)
c. Innenwelt-Charakteristik
   Spricht der Erzähler aus der Perspektive (eines) der Beteiligten? Oder erzählt er aus der Sicht des »Zuschauers«?
d. Rede-Charakteristik
   Lassen sich charakteristische Sprachmuster erkennen? Geben wechselnde Stilebenen Auskunft über die Beziehungen der Personen zueinander?

e. Werte-Charakteristik
Welche Wertmaßstäbe sind im Text zu erkennen? Welche leiten den Erzähler? Kommt es zu Veränderungen innerhalb des berichteten Geschehens?

2. *Analyse der Akteure*
a. Der Text als »Rollenspiel«
Welche typischen Muster der Beziehungen zwischen den Personen lassen sich erkennen? (Zuwendung und Hilfe – Unterordnung – Gegnerschaft – Ausgeglichene wechselseitige Beziehung)
b. Das Aktantenmodell
Welche Stellung nehmen die Personen in einer folgenden Grundkonstellation ein:
Subjekt   – Objekt (einer Handlung)
Adressant   – Adressat (einer Handlung)
Adiuvant (Helfer) – Opponent (Gegner) (in einer Handlung)?

Horst Klaus Berg

5. Die Beispielerzählung vom barmherzigen Samariter (Lk 10,30-37)

5.1 Erste Zugänge zur Interpretation

Die Beispielerzählung erzählt von einem Musterfall. Der Samariter im Lukas-Evangelium steht exemplarisch für vorbildliches Handeln, das zum Nacheifern anregen soll.

25 Und siehe, da stand ein Schriftgelehrter auf, versuchte ihn und sprach: Meister, was muss ich tun, dass ich das ewige Leben ererbe?
26 Er aber sprach zu ihm: Was steht im Gesetz geschrieben? Was liest du?
27 Er antwortete und sprach: »Du sollst den Herrn, deinen Gott, lieben von ganzem Herzen, von ganzer Seele, von allen Kräften und von ganzem Gemüt, und deinen Nächsten wie dich selbst« (Dtn 6,5; Lev 19,18)
28 Er aber sprach zu ihm: Du hast recht geantwortet, tu das, so wirst du leben.
29 Er aber wollte sich selbst rechtfertigen und sprach zu Jesus: Wer ist mein Nächster?
30 Da antwortete Jesus und sprach: Es war ein Mensch, der ging von Jerusalem hinab nach Jericho und fiel unter die Räuber; die zogen ihn aus und schlugen ihn und machten sich davon und ließen ihn halbtot liegen.
31 Es traf sich aber, dass ein Priester dieselbe Straße hinabzog; und als er ihn sah, ging er gleich vorüber.
32 Desgleichen auch ein Levit: als er zu der Stelle kam und ihn sah, ging er vorüber.
33 Ein Samariter aber, der auf der Reise war, kam dahin; und als er ihn sah, jammerte er ihn;
34 und er ging zu ihm, goss Öl und Wein auf seine Wunden und verband sie ihm, hob ihn auf sein Tier und brachte ihn in eine Herberge und pflegte ihn.
35 Am nächsten Tag zog er zwei Silbergroschen heraus, gab sie dem Wirt und sprach: Pflege ihn; und wenn du mehr ausgibst, will ich dir's bezahlen, wenn ich wiederkomme.
36 Wer von diesen dreien, meinst du, ist der Nächste gewesen dem, der unter die Räuber gefallen war?
37 Er sprach: Der die Barmherzigkeit an ihm tat. Da sprach Jesus zu ihm: So geh hin und tue desgleichen!

Lk 10, 25-37

Jürgen Brodwolf, Aus dem Zyklus »Verletzungen«, 1995

In der Beispielerzählung wird neben dem Samariter auch ein Levit erwähnt. Informieren Sie sich über »Samariter« und »Leviten« anhand der folgenden knappen Darstellungen:

Die **Leviten** werden in den Kapiteln der Bibel, die auf die Priesterschaft [...] zurückgehen, als die Männer des Stammes Levi bezeichnet. Im Sprachgebrauch der israelitisch-jüdischen Organisation wird nur die levitische Familie Aaron zur Priesterfamilie bestimmt, während alle anderen Leviten den Priestern als »Leviten« dienen sollen. Aus dem Stam-
5 mesnamen wäre demnach eine Amtsbezeichnung für die Gehilfen der Priester geworden. Die Leviten hatten verschiedene Heiligtumsdienste zu verrichten: sie sollten die Opfer vorbereiten, die Lade tragen, auch das Volk segnen. Sie hatten gemeinsam mit den Priestern richterliche Funktionen, waren aber vor allem dazu bestimmt, die Beobachtung der Gesetze zu überwachen (Polizeifunktion); vielleicht war ihre eigentliche Aufgabe deshalb
10 mehr die Erhebung der Anklage und die Zurechtweisung als die des Richtens (»die Leviten lesen«). Dies sind die Dienste, die man »den Leviten« zuschreiben muss, wie aus dem Gesetzesbestand und dem Erzählungsbestand der biblischen Texte hervorgehen.
Die Erforschung der Stammesgeschichten und die des Levitenstandes hat jedoch gegenüber dieser einfachen Darstellung, die zum größten Teil den nachexilischen Zustand
15 meint, eine sehr komplizierte Entstehungsgeschichte dieses Priestergehilfenstandes zutage gebracht. [...]

Die **Samarit(an)er** waren ein Mischvolk, das sich aus den zurückgebliebenen Israeliten – nach der Zerstörung des Nordreichs und der Deportierung der tragenden Bevölkerung Samarias (725-722 v.Chr.) – und den vom assyrischen König im alten Gebiet Israels angesiedelten babylonischen Kolonisten bildete. Da die Kolonisten zunächst im Land schwere Zeiten durchmachen mussten, glaubte man dies auf die Vernachlässigung der Verehrung Jahwes zurückführen zu können [...]. Deshalb sandte der assyrische König einen verbannten israelitischen Priester, um den Jahwekult neu aufzurichten; so wurden die Samaritaner jahwegläubig. Neben Jahwe behielten die Kolonisten aber auch ihre eigenen Götterkulte bei.

Als knapp dreihundert Jahre später die Juden – nicht die Einwohner Israels – aus ihrem babylonischen Exil zurückkehrten, neigten die Samaritaner zunächst einer Sammlung um Jerusalem zu, gemeinsam mit den Juden. Aber die sehr strenggläubigen jüdischen Volksführer lehnten diese Vereinigung ab. Nehemia gelang es sogar die persische Provinz Samaria, zu der auch Jerusalem gehörte, teilen zu lassen [...].

So wurden die Samarit(an)er die Feinde der Juden und die Juden die Feinde der Samarit(an)er. Die Samarit(an)er sind in den Augen der Juden unrein, Ketzer und Menschen mit einem bösen Geist (Joh 8,48); die Juden aber sind in den Augen der Samarit(an)er hochmütig und streitsüchtig. Das ist auch noch die Ansicht zur Zeit Jesu. Erst daraus kann man die Kühnheit ermessen, die hinter Jesu Gleichnis vom barmherzigen Samariter steht (s. bei Lk 10,25-37). [...]

Die jahwegläubigen Samarit(an)er hatten bei weitem nicht das Exklusivbewusstsein wie die Juden. Deshalb waren unter den römischen Soldaten [...] auch viele Samarit(an)er. [...]

Noch heute gibt es in Nablus (Samaria) eine kleine Samaritanergemeinde von knapp 300 Menschen.

Heinrich A. Mertens

1. Warum lässt Jesus in seiner Erzählung den Leviten vorüberziehen und stellt den Samariter als Beispiel dar?
2. Stellen Sie das Beispielhafte am Handeln des Samariters – auch für die heutige Zeit – heraus!
3. Konfrontieren Sie die biblische Beispielerzählung mit der folgenden Geschichte! Kann der Vergleich zu neuen Einsichten führen? (Berücksichtigen Sie bei Ihren Überlegungen gegebenenfalls auch den Abschnitt 5.3 »Auslegung durch Verfremdung«, S. 88)

»Da geht der Samariter ein zweites Mal nach Jericho, fand einen zweiten Verwundeten, las ein zweites Mal auf. Ging ein drittes, ein viertes, ein fünftes Mal den gleichen Weg und fand jedes Mal einen Verwundeten. Er ging hundertmal und fand hundertmal. Er ging tausendmal und fand tausendmal ... Und immer an der gleichen Stelle. Als er zum 2333. Male von Jerusalem nach Jericho ging, dachte er bei sich: Es liegt bestimmt wieder einer da ... und stolperte darüber ..., holte dann, wie üblich, den üblichen Vorrat aus der Satteltasche und begann mit üblicher Sorge, diesen neuesten, 2333. Verwundeten übungsgemäß zu salben und zu wickeln. Um ihn abschließend – weil Übung den Meister macht – mit einem einzigen Ruck auf den Esel zu verladen ..., der auch sofort davonlief, in üblicher Richtung auf die Herberge. Und dort auch richtig ankam, der Esel mit dem Verwundeten ..., diesmal bloß zu zweit, ohne den Samariter. Der Samariter war nämlich in der Wüste geblieben, um dort zunächst einmal das Räubernest auszuspionieren ... Als er über seinen 2333. Verwundeten stolperte, war ihm nämlich plötzlich die Erleuchtung gekommen ..., dass es eine bessere Qualität von Barmherzigkeit sei sich vorsorglich, und zwar resolut, mit dem Räubernest zu befassen, statt nachträglich Heftpflaster auszuteilen ... Er merkte sich das Rezept. Und war von da ab mit immer weniger Arbeit ein immer besserer und noch besserer barmherziger Samaritan ...«

Ernst Schnydrig

1. Ist die Pointe der biblischen Beispielerzählung durch die Geschichte von Ernst Schnydrig überholt?
2. Diakonie/Caritas, Johanniter-Unfallhilfe/Malteser-Hilfsdienst: organisierte Nächstenliebe der Kirchen im Sinne Ernst Schnydrigs?
3. Vergleichen Sie die Gedanken Schnydrigs mit denen von Schalom Ben Chorin im folgenden Text!

Am tiefsten ging mir die Bedeutung dieses Gleichnisses am 16. Mai 1961 auf bei der 41. Sitzung des Eichmann-Prozesses in Jerusalem, wo Propst D. Dr. Heinrich Grüber aus Berlin, der sich selbstlos für die verfolgten Juden eingesetzt hatte und im Konzentrationslager dafür büßen musste, über seine Zusammenkünfte mit Eichmann aussagte:
»Eichmann sagte mir: ›Was kümmern Sie sich überhaupt um die Juden? Sie werden keinen Dank für diese Arbeit haben. Warum denn diese ganze Tätigkeit zugunsten der Juden?‹ Ich sagte darauf, weil ich glaubte, er hätte als ehemaliger Templer dieses Land (Israel) gekannt: ›Sie kennen die Straße, die von Jerusalem nach Jericho führt?‹ Dann sagte ich: ›Auf dieser Straße lag einmal ein Jude, der unter die Räuber gefallen war. Da kam einer vorbei, der kein Jude war, und hat geholfen. Der Herr, auf den allein ich höre, er sagte mir: ›Gehe du hin und tue das Gleiche.‹ Das ist meine Antwort.«
Die Quintessenz des Gleichnisses ist, dass wir den Nächsten in demjenigen Menschen sehen, mit dem wir realiter zu tun haben. Es stellt sich dabei gar nicht die Frage, ob er ein Volksgenosse oder ein Angehöriger derselben Religion ist. Deshalb wird wohl in diesem Gleichnis von einem *Menschen* gesprochen, der unter die Räuber gefallen ist. Es steht hier nicht, dass es ein Jude war, wenngleich dies aus dem Zusammenhang anzunehmen ist. Aber der leidende Mensch ist unser Nächster, dem wir zu helfen haben, und das kann man auch von einem Samariter lernen. Wer eine Seele aus Israel rettet, ist wie einer, der eine ganze Welt gerettet hat, lehren die Rabbinen. Hier, in unserem Gleichnis, ist nun bewusst die volksmäßige Begrenzung aufgehoben: Wer eine Seele rettet, wer ein Menschenleben rettet, der hat damit eine ganze Welt gerettet, und das ist der Vollzug des Liebesgebotes.
Hermann Cohen hat einmal gesagt, die Nächstenliebe ist die Fernstenliebe. Der mir fernste Mensch, der nicht zu meinem Volke gehört, nicht zu meiner Religion, nicht zu meinem Sprachkreis, kann in einer bestimmten Situation mein Nächster sein, nämlich dann, wenn er mein bedarf. Auch das ist in unserem Gleichnis mit umfasst. Nicht aber meint die Nächstenliebe »Seid umschlungen, Millionen«, das die Menschheit pauschal und daher unverbindlich umfasst. Gemeint ist jeweils der konkrete Mensch in der konkreten Situation, die mir zur Bewältigung aufgegeben ist. Deshalb antwortet Jesus auf die Frage des Schriftgelehrten: »Wer ist denn mein Nächster?« mit diesem Gleichnis und beendet es nicht mit der Lösung der Frage, sondern mit einem auf die Tat ausgerichteten Imperativ.

Schalom Ben Chorin

1. Fassen Sie ihre bislang gewonnene Deutung der Beispielerzählung zusammen!
2. Vergleichen Sie Ihr Verständnis nun mit der Auslegung durch Martin Petzoldt!

5.2 Ein Auslegungsversuch von Lk 10,30-37

Die Interpretation Gottes, die Jesus in diesem Gleichnis zur Sprache bringt, hat ihren stärksten Anhalt an dem betonten Unterschied zwischen den beiden Tempeldienern einerseits und dem Samariter andererseits. [...]

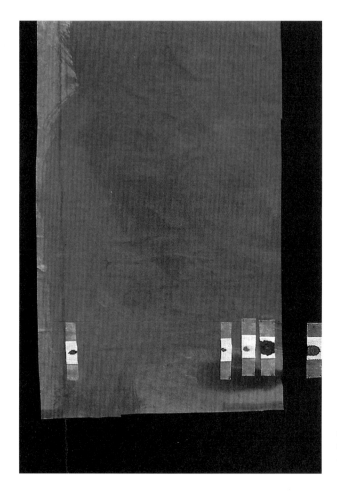

*Johannes
Schreiter,
Kleine Passion
VI, 1988*

Das Ziel, das er vor Augen hatte, war ja keineswegs die geschilderte hilfreiche Tat an einem Geschlagenen. Er plante seinem Beruf nachzugehen, seiner Familie und sich den Unterhalt zu garantieren, sich selbst an vielleicht nebensächlichen Dingen zu erfreuen. Dieser Plan wird nun nicht einfach durchgestrichen, sondern er wird in seiner konsequenten Durchführung relativiert. Als Mann, der sichtlich sich selbst für mögliche Eindrücke offen hält, geht er auf die neue Lage ein; er antwortet einem Anruf, er beantwortet die Infragestellung (als radikalisierte Annahme oder als beanspruchend) entsprechend seinen Möglichkeiten. Er entscheidet sich als Mensch für einen Menschen: jetzt, unmittelbar, ungeplant, unberechnet, ohne Umschweife und ohne Entschuldigungsgründe, die er genauso zur Hand hätte, wie die beiden anderen. Je weiter die Erzählung fortschreitet, umso unwichtiger wird seine volksmäßige Herkunft. Dieses Problem verblasst zugunsten der Schilderung der Haltung dieses Mannes: Neben all den lobenswerten Qualitäten (einsatzbereit, umsichtig, selbstlos usw.) ist das Wichtigste, dass der Samariter nicht nur einen Geschlagenen, sondern auch sich selbst findet; nicht nur die Barrieren zum anderen Menschen, der ihm, obwohl er ihm unbekannt und fremd ist, nahe rückt, ja so nahe, dass er sich seiner nur in unmenschlicher Haltung entziehen könnte, sondern

*Markus Lüpertz,
Rote Kreuze –
dithyrambisch,
1967*

ebenso die eigenen Seins- und Lebensschranken fallen. So wie ihm der andere als Mensch Gottes, d.h. als der mit allen Vor- und Nachteilen von Gott grundsätzlich Angenommene, in den Blick kommt, so sieht er sich selbst in dieser Situation vor Gott gestellt, aber radikal neu, eben jetzt, als Mensch Gottes. Es findet eine eigentümliche Vertauschung der Rollen statt: Eben war der Geschlagene noch der Hilfsbedürftige, nun ist er, der Samariter, auf einmal der, dem geholfen wurde, geholfen zu sich selbst. Hier hat der christlich verstandene Begriff des Nächsten – den haben wir bisher absichtlich vermieden – seinen Ort. Nächstenschaft ist immer zweiseitig oder, besser gesagt, reziprok: Wem ich Nächster werde, der wird auch mir Nächster, aber merkwürdigerweise nicht durch irgendeine nachweisbare Aktivität. Aus der Infragestellung des Samariters durch den im Wege liegenden Geschlagenen, d. h. aus der Beanspruchung, der er entspricht, kann er ein veränderter Mensch werden, weil ihm die Möglichkeit dazu geboten wird. Er kann – er muss nicht –, wie die Beispiele Priester und Levit zeigen.

Jesus benutzt beide, den Samariter und den Geschlagenen, für seine Interpretation Gottes.

Martin Petzoldt

5.3 *Schlüsselwissen:* **Auslegung durch Verfremdung**

Allgemeine Charakteristik

Die Verfremdung geht von der Beobachtung aus, dass die biblische Überlieferung für viele Menschen die Fähigkeit verloren hat sie als eine Nachricht anzusprechen, die sie betrifft. Als Ursachen können Gewöhnung an die Bibel und die Einordnung in festgelegte Wahrnehmungsmuster gelten.

Durch Verfremdungen soll erreicht werden, dass Bibeltexte in neuer Sicht aufscheinen, wieder frag-würdig werden.

Da Verfremdungen verhärtete Perspektiven aufbrechen wollen, wirken sie häufig stark provokativ; dies muss als produktiv erkannt und akzeptiert werden, wenn die Dynamik der biblischen Überlieferung wieder freikommen soll.

Methoden

1. Der methodische Dreischritt
   (1) Welche Grundaussagen enthält der Bibeltext, auf den sich die Verfremdung bezieht?
   (2) Wie wird der Bibeltext heute gewöhnlich wahrgenommen?
   (3) Welche neue Sicht bietet die Verfremdung an? Was will sie erreichen?

2. Techniken der Verfremdung
   (1) Veränderungen am Bibeltext
   – Verkürzt oder verlängert die Verfremdung die Vorlage?
   – Verlegt die Verfremdung das Geschehen in andere Räume oder Zeiten?
   – Werden die Personen verändert? Werden Akteure weggelassen oder hinzugefügt?
   – Nimmt die Verfremdung die Aussageabsicht des Bibeltextes auf oder verändert sie sie (z. B. »*Selig sind die Reichen*...«)?
   (2) Veränderungen im Umfeld des Textes
   – Stellt die Verfremdung den Text in einen neuen Rahmen? Was verändert sich dadurch?
   – Wird der Text mit anderen kombiniert? Welcher Zug tritt dadurch deutlicher hervor? Was verwischt sich?
   (3) Veränderungen im Blick auf die heutige Situation
   – Stellt die Verfremdung den Text in eine neue gegenwärtige Erfahrungs- und Konfliktsituation (z.B. in problemorientierte Einheiten in Religionsbüchern oder thematischen Gottesdiensten)? Welche Aspekte werden dadurch betont?

3. Die visuelle Verfremdung
   – Bildende Kunst
   – Karikatur
   – Visuelle Montage

Horst Klaus Berg

6. *Zusammenfassender Überblick:* Die Gleichnisse Jesu

Es ist das Besondere an Jesus, dass er das Reich Gottes in Gleichnissen aus der Natur- und Menschenwelt zur Sprache bringt. Wir nehmen in ihnen das Reich Gottes wahr, wie es kein Begriff geben könnte. [...]
Im Markusevangelium, Kapitel 4, finden wir eine Gruppe von Gleichnissen, die aus dem Umgang der Menschen mit der Natur genommen sind: das Gleichnis vom Sämann, von der Saat und vom Senfkorn. Es sind Bilder des Anfangens, Lebensvorgänge der Hoffnung. Der da »ausgeht zu säen...« streut die Samen auf die Erde, weil er hofft, dass sie aufwachsen und Frucht bringen. So ist es mit dem Reich Gottes: Die Samen werden in unser Leben gestreut, damit sie wachsen und in uns Frucht bringen. Die Anfänge sind klein, sind es aber Anfänge »aus Gott«, dann werden die Wirkungen groß und wunderbar sein. Die Keime des Reiches sind wie die Senfkörner, »die Kleinsten unter allen«, wenn sie aber aufwachsen, entstehen aus ihnen Bäume so groß, dass die Vögel unter dem Himmel Platz darin finden. Die Saat wächst automatisch, von selbst, tags und nachts. Ihre innere Kraft entfaltet sich zum Halm und zur Ähre und zum Weizenfeld. Blickt man nicht nur auf den übertragenen Sinn, sondern auch auf den ursprünglichen Sinn, dann sieht man das »Reich Gottes« als die Wiederbelebung der Natur. Markus 13,28f. vergleicht das Reich Gottes darum mit »der Sommerzeit«. Die Natur selbst wird zum Gleichnis: Wie im Frühling die Bäume grün werden, die Blumen hervorsprießen und die Saat auf den Feldern wächst, so ist das Reich Gottes der endgültige Frühling der Schöpfung. Neues Leben beginnt, alle Geschöpfe werden lebendig und fruchtbar. Es fällt auf, dass die Gleichnisse aus Frühling und Sommer, aber nicht aus Herbst und Winter genommen sind. Aus dem Kreislauf der Natur von »Werden und Sterben« wird nur das Werden zum Gleichnis für das Reich Gottes genommen. Warum? Weil das Reich Gottes nichts anderes als die Neuschöpfung aller Dinge zum ewigen Leben ist. [...]
Bei Lukas, Kapitel 15, haben wir eine andere Gruppe von Gleichnissen: die Verloren- und Gefunden-Gleichnisse: verlorenes Schaf, verlorener Groschen, verlorener Sohn. Da ist Freude im Himmel über einen »Sünder, der Buße tut« (15,7), mehr als über 99 Gerechte, so wie der Hirte sich freut, wenn er das verlorene Schaf wiederfindet und seine 99 Schafe stehen lässt. Es ist schön, dass als zweites ein weibliches Gleichnis folgt, das Gleichnis von der Frau, die ihren verlorenen Silbergroschen sucht und findet. Wieder heißt es: »Es wird Freude sein vor den Engeln Gottes über einen Sünder, der Buße tut.« Dann folgt das Gleichnis vom verlorenen Sohn. Hier ist die Freude des Vaters so groß, dass er sagt: »Dieser mein Sohn war tot und ist wieder lebendig geworden, er war verloren und ist gefunden.« (15,24) [...]
Was also heißt nach diesen Gleichnissen »Reich Gottes«? Es ist nichts anderes als die Freude Gottes über das Wiederfinden seiner verlorenen Geschöpfe. Und was ist die »Buße, die der Sünder tut«? Sie ist nichts anderes als »Gefundenwerden« und »Heimkehren« aus der Entfremdung, als »Wieder lebendig werden« und Einstimmen in die Freude Gottes. Das Reich Gottes wird erfahren, wo so etwas mit uns geschieht, wo wir blühen und grünen wie die Blumen und Bäume im Frühling und wieder lebendig werden, weil wir die große, unerschöpfliche Liebe spüren, aus der alles Leben hervorgeht. Wo wir die Lebenslust Gottes in seiner Freude über uns erfahren und unsere Lebensgeister wieder erwachen, da ist das »Reich Gottes« keine fremde Herrschaft, sondern die Lebensquelle. Da ist das Reich Gottes der weite Raum, in dem wir uns entfalten können, weil es in ihm keine Bedrängnis mehr gibt. Erfahren wir das Reich Gottes so, dann nehmen wir die Fülle unserer Lebensmöglichkeiten wieder wahr.

Jürgen Moltmann

C. Das Vaterunser – oder: Vom richtigen Beten

1. *Hinführung:* »Wozu soll Beten gut sein?« – Dimensionen des Gebets

Der schärfste Einwand gegen das Beten ist wohl, dass es sich mit einem bestimmten Gottesbild verbindet, der Vorstellung eines allwissenden, allmächtigen himmlischen Vaters, der sich als »Deus ex machina« allzeit bereit hält, den Weltenlauf ebenso zu lenken wie das Schicksal des Einzelnen. Dorothee Sölle hat diesen Gott – in Anspielung an das
5 bekannte Lied von Paul Gerhardt – den »Wolken-Luft-und-Winde-Gott« genannt.

Peter Howson, A Wing and a Prayer, 1987

Diesen Gott kann man ansprechen und (vielleicht) beeinflussen. Für viele Menschen ist ein solches Beten wohl Ausdruck einer Beziehung, die Sigmund Freud als »infantile Abhängigkeit« bezeichnete. Der Beter sieht sich ganz und gar auf das Wohlwollen eines überirdischen Wesens angewiesen. Es wundert nicht, wenn eine solche Beziehung abgelehnt wird – und mit ihr das Beten.

Eng mit dieser Vorstellung sind drei weitere Ansichten über das Beten verknüpft.

Da ist einmal die Erfahrung, dass Gott Gebete nicht »erhört«: Da man alles von ihm erwartet, ist man maßlos enttäuscht, wenn die Erwartungen ins Leere gehen.

Und dann wird auch als Kritik formuliert, dass Beten einschläfert, aktives eigenes Tun blockiert, Unselbständigkeit einschleift. Dieser Zusammenhang zeigt sich besonders drastisch in der Wirklichkeitsferne und Folgenlosigkeit christlichen Betens. Jugendliche müssen es als unwahrhaftig empfinden, wenn im Gottesdienst Gott mit bewegten Worten angefleht wird, den Armen in aller Welt beizustehen ... und anschließend für den Bau einer neuen Kirche in der eigenen Gemeinde gesammelt wird. Sie reden – mit Recht! – von Heuchelei, wenn um Frieden gebetet, aber nicht erkennbar für ihn gearbeitet wird.

Schließlich ist nicht selten von Jugendlichen zu hören, dass sie es problematisch finden Gott nur in Notsituationen anzurufen, während sie ihn sonst wenig beachten. Darum unterlässt man das Beten lieber.

Dies sind wohl die grundlegenden Einwände gegen das Gebet; sie formulieren letztlich den Widerspruch gegen eine Gottesbeziehung, die sich in bestimmten Gebetspraktiken manifestiert.

Dazu kommt, dass überlieferte Gebete Schülern sprachlich kaum zugänglich sind. Das bezieht sich nicht nur auf unverständliche Ausdrücke oder nicht mehr zeitgemäße Vorstellungen, sondern meint, dass die Sprache der biblischen Bilder und der überkommenen Gebete sich kaum noch in ihrer symbolischen Bedeutsamkeit und Kraft erschließt. Damit haben die Bilder auch die Fähigkeit verloren Erfahrungen Sprache zu geben; wer es beispielsweise nicht gelernt hat, dass archaische Tierbilder Symbole sind, die helfen können, elementare Ängste zu artikulieren und zu bearbeiten (vgl. Ps 22,13 ff), muss eine solche Sprache als »überholt« abweisen.

Damit ist die Verbindung zwischen erfahrener Wirklichkeit und Gebet zerrissen, das Gebet gerät in die Enge isolierter Frömmigkeitstradition.

Dies verstärkt sich noch durch die Ritualisierung des Betens in der Schule: Meist hat es seinen Ort in einer Andacht, die immer zum gleichen Zeitpunkt nach immer dem gleichen Schema mit stets wiederkehrenden althergebrachten Texten und Liedern abläuft. Damit verliert das Beten jede spontane Aussagekraft und situative Konkretheit. [...]

Beten kann im biblischen Sinn als ein Prozess in vier Dimensionen verstanden werden:

a) Beten als Anrufung Gottes: Invokative Dimension

Dies ist die allgemein vertretene Ansicht: Ein Mensch breitet seine Lage »vor dem Angesicht Gottes« aus; er ruft ihn an: »Schaue her, erhöre mich, o Jahwe, mein Gott« (Ps 13,4).

Die Bibel betont immer wieder, dass Gott diesen Anruf »hört«, den Beter in seiner Situation »sieht«; »hören« und »sehen« drücken in diesem Zusammenhang nicht eine beobachtende Informationsaufnahme aus, sondern meint das leidenschaftlich-tätige Interesse Gottes am Schicksal seiner Menschen: »Ich habe das Elend meines Volkes in Ägypten gesehen, ich habe ihr Schreien ... gehört«, heißt es im zentralen Text Ex 3.

Das stärkt den Beter und erfüllt ihn mit der Zuversicht, dass er in einem guten, heilvollen Lebenszusammenhang aufgehoben ist.

b) Beten als Bedenken der Wirklichkeit vor Gott: reflexive Dimension
Indem der Beter ausspricht, was er erfahren hat, beginnt er seine Erfahrungen zu reflektieren und zu verarbeiten.
Im Dank eröffnet sich ihm vielleicht eine neue, sensiblere Wahrnehmung seiner Welt; er wird auf viele Erfahrungen achten lernen, die ihn erfreuen und ermutigen.
In der Klage wird die dumpfe Angst sagbar und damit greifbar. Der klagende Mensch kann erkennen, was ihn beschwert, wird für sich selbst und im Gespräch bedenken, ob sein Leben zum Guten gewendet werden kann.

c) Beten als Austausch in der Gemeinschaft: Kommunikative Dimension
Der Blick auf die biblische Überlieferung zeigte den intensiven Gemeinschaftsbezug, ja den Öffentlichkeitscharakter des Gebets. Das hat nichts mit einer Zurschaustellung frommer Leistung zu tun, wie Jesus sie kritisiert (Mt 6,5), sondern beschreibt eine selbstverständliche Praxis im Alten und Neuen Testament. Diese Dimension muss heute dringend wiederentdeckt und -belebt werden. Beispiele:
– Wenn Schüler eine »Klagemauer« in der Klasse hätten, an der sie – mit oder ohne Namensnennung – ihren Kummer sagen könnten, ergäbe sich vielleicht ein Anlass sich auszusprechen;
– wenn Gemeindemitglieder eine gute Erfahrung im Gottesdienst mitteilen und vielleicht sogar zu einem Fest einladen könnten, müsste man sich wohl nicht so viele Sorgen über den Kommunikationsverlust in der Kirche machen;
– wenn Christen es wieder lernen könnten, dass man nicht für das Brot oder den Frieden danken kann, ohne tätig an der Lage derer teilzunehmen, die hungern oder vor den Waffen flüchten müssen, würde wohl eine neue Verbindlichkeit aufkommen, die das Beten belebt.

d) Beten als Protest gegen das Bestehende: Eschatologische Dimension
Wer betet, ist nicht bereit sich in dumpfer Ergebung mit dem Bestehenden abzufinden. Er setzt sich damit auseinander, gestaltet seine Erfahrungen, findet in der Anrufung Gottes und der Gemeinschaft Unterstützung, erkennt Möglichkeiten der Veränderung. Beten greift immer über die unmittelbare Erfahrung hinaus, rechnet damit, gehört zu werden.

e) Die vier Dimensionen verbinden
Die vier Dimensionen des Betens sind zu unterscheiden, aber nicht voneinander zu scheiden! In unterschiedlicher Gewichtung sollten sie in jedem Gebet wirksam werden.
Wo die invokative und die reflexive, die kommunikative und die eschatologische Dimension miteinander verknüpft werden, verbindet sich in gleicher Weise Meditation und Aktion, Glaube und Erfahrung, Empfangen und Gestalten.
In diesem Augenblick kommt es auch zu einer Revision des Gottesbildes: ein integriertes Beten erlaubt keine Flucht aus der Wirklichkeit zu einem deus ex machina, sondern macht sich fest am Glauben an einen Gott, der nach dem Zeugnis der Bibel Menschen befreit, um sie zu eigener Verantwortung freizusetzen, der die Gemeinschaft zu seinen Menschen sucht, um sie in die Kommunität einzuweisen, der Verantwortung für die Welt und ihre Bewohner übernimmt, um ihre eigene Verantwortungsfähigkeit zu stimulieren.

Horst Klaus Berg

1. Angesichts der Einwände gegenüber dem Beten: Ist Beten sinnvoll?
2. Helfen die vier biblischen Dimensionen im Blick auf das eigene Gebetsverständnis?

Gottfried Helnwein, Kindskopf, 1991

2. Das Vaterunser – Ein synoptischer Vergleich

⁵Und wenn ihr betet, sollt ihr nicht sein wie die Heuchler, die gern in den Synagogen und an den Straßenecken stehen und beten, damit sie von den Leuten gesehen werden. Wahrlich, ich sage euch: Sie haben ihren Lohn schon gehabt.
⁶Wenn du aber betest, so geh in dein Kämmerlein und schließ die Tür zu und bete zu deinem Vater, der im Verborgenen ist; und dein Vater, der in das Verborgene sieht, wird dir's vergelten.
⁷Und wenn ihr betet, sollt ihr nicht viel plappern wie die Heiden; denn sie meinen, sie werden erhört, wenn sie viele Worte machen.
⁸Darum sollt ihr ihnen nicht gleichen. Denn euer Vater weiß, was ihr bedürft, bevor ihr ihn bittet.

Mt 6,5-8

	¹Und es begab sich, dass er an einem Ort war und betete. Als er aufgehört hatte, sprach einer seiner Jünger zu ihm: Herr, lehre uns beten, wie auch Johannes seine Jünger lehrte. ²Er aber sprach zu ihnen: Wenn ihr betet, so sprecht:
⁹Darum sollt ihr so beten: Unser Vater im Himmel! Dein Name werde geheiligt.	Vater! Dein Name werde geheiligt.
¹⁰Dein Reich komme. Dein Wille geschehe wie im Himmel so auf Erden.	Dein Reich komme.
¹¹Unser tägliches Brot gib uns heute.	³Unser tägliches Brot gibt uns Tag für Tag
¹²Und vergib uns unsere Schuld, wie auch wir vergeben unsern Schuldigern.	⁴und vergib uns unsre Sünden; denn auch wir vergeben allen, die an uns schuldig werden.
¹³Und führe uns nicht in Versuchung, sondern erlöse uns von dem Bösen.	Und führe uns nicht in Versuchung.
Mt 6,9-13	*Lk 11, 1-4*

¹⁴Denn wenn ihr den Menschen ihre Verfehlungen vergebt, so wird euch euer himmlischer Vater auch vergeben.
¹⁵Wenn ihr aber den Menschen nicht vergebt, so wird euch euer Vater eure Verfehlungen auch nicht vergeben.

Mt 6,14-15

1. Vergleichen Sie die Vaterunser-Fassungen miteinander!
2. Interpretieren Sie das Gebet, indem Sie die vier biblischen Dimensionen des Gebetes (nach Horst Klaus Berg) identifizieren!
3. Halten Sie die Anrede Gottes als »Vater« am Ende eines patriarchalischen Zeitalters noch für angemessen? Oder sollte zu Gott als »Mutter« gesprochen werden?

3. Vaterunser oder Mutterunser? – Feministische Annäherungen

Vater unser
du bist kein Mann
du bist kein Haus-Herr und
kein Familien-Oberhaupt

Im Himmel
getrennt vom mühsamen Alltag
jenseits meines Lachens und Weinens
unberührt von Katastrophen und Glück
kann ich dich nicht finden

Geheiligt werde dein Name
ja, geheilt muss er werden
er ist schwer verwundet seit langem
seit langem verletzt er Frauen
und macht mich heimatlos

Dein Reich komme
was ist das, heilige Kraft?
doch nicht ein umgrenztes Land
in dem Macht und Reichtum in
wenigen Händen
die Mehrheit der Menschen bedrücken
doch nicht Gewalt und
Bestimmungsunrecht
den Frauen gegenüber
doch nicht eine blasse Zukunft im
luftleeren Raum

Dein Wille geschehe
wissen wir, was du willst?
wollen wir mit dem Herzen wissen?
Jesus sagt, du willst unser Glück
aber nicht auf Kosten andrer Menschen
aber nicht auf Lohn und Strafe gebaut

Wie im Himmel so auf Erden
der Himmel bist du
Unermesslichkeit
in der sich die Erde bewegt
überall willst du Freiheit und Freude?
jedes Leben der Schöpfung ist wert-voll
und kost-bar, ist anvertraut zum Heil?
überall soll Hoffnung blühen
dass wir geliebt sind von dir und getragen
auch wenn wir leiden und sterben?

Unser tägliches Brot gib uns heute
für alle wollen wir bitten
die Mutter Erde, durchbohrt und
geschändet

bringt weiter Gaben in Fülle hervor
du atmest sie
du teilst nicht gleichmäßig zu
du vertraust, dass wir liebend teilen

Und vergib uns unsere Schuld
wie auch wir vergeben unsern Schuldigern
solches Leben hast du uns geschenkt
wir fallen und stehen auf
verletzen und werden verletzt
wir sind nicht fertig
wir werden
Jesus sagt:
habt keine Angst
vertraut
ihr werdet zuerst geliebt
damit ihr lieben könnt

Und führe uns nicht in Versuchung
das Leben nicht zu versuchen
die Suche aufzugeben
unversucht die Freude zu lassen
die Zärtlichkeit, die Lust
die Versuchung kommt nicht von dir
der mütterlichen Kraft
der Liebe, die Jesus erfüllte

Sondern erlöse uns von dem Bösen
ohne Leistungsdruck
ohne Rechenstift
ohne Opferblut
ohne Todesschuld
so hat uns Jesus verkündet
mit Nähe und Geduld
mit Hoffnung und Barmherzigkeit
mit Weite und Umarmung

Denn dein ist das Reich
es heißt Liebe

Und die Kraft
sie heißt Leben

Und die Herrlichkeit
ein Name, den Menschen verkehrten

In Ewigkeit
das heißt jetzt sowie unbegreiflich

Amen
wird es so sein?

Christa Peikert-Flaspöhler

1. Analysieren Sie die Meditation!
2. Eine gelungene Vaterunser-Aktualisierung?
3. Vergleichen Sie die Vaterunser-Meditation mit dem Gebet »Das andere Gesicht Gottes«, das ebenfalls von Christa Peikert-Flaspöhler formuliert wurde:

Das andere Gesicht Gottes

unsere Mutter
im Leben und Sterben
dein Name werde entbunden
deine fruchtbare Liebe ist unser Reich
darin deine Fülle zur Welt kommt
ohne Ende
das tägliche Brot und den täglichen Hunger
hilf uns zu teilen
ermögliche uns die Ver-Suchung
Freiheit und Liebe;
denn die HERRschaft ist das Übel;

aber dir gehören Geburt und Leben und
Wandlung
endlos

Amen

Christa Peikert-Flaspöhler

Mutter unser

Unsere Mutter im Himmel.
Geliebt werde dein Name.
Deine Güte komme.
Dein Wille geschehe, wie im Himmel, so auf Erden.
Unser tägliches Bedürfnis gib uns heute.
Und hilf uns nicht schuldig zu werden,
so wie auch wir helfen unseren Mitmenschen
nicht schuldig zu werden.
Hilf uns an dich glauben zu können
und rette uns in der Gefahr.
Denn du bist die Güte und die Liebeskraft
und die Schönheit in Ewigkeit.
Amen

Annelott Weisbach-Zerning

4. Wie empfinden Sie die Aktualisierung von Annelott Weisbach-Zerning?
5. Setzen Sie sich mit der zuweilen geäußerten Auffassung auseinander, im gesamten Evangelium Jesu Christi gebe es kein einziges Gleichnis der Mutterliebe, Gott als Mutter komme bei Jesu auch nicht andeutungsweise vor, ein Mutterunser sei nicht im Sinne Jesu!

4. *Schlüsselwissen:* Feministische Auslegung

Allgemeine Charakteristik

Feministische Theologie versteht sich als Befreiungstheologie. Ausgangspunkt der theologischen Reflexion und der hermeneutischen Arbeit ist die Erfahrung der Unterdrückung von Frauen in einer von Männern dominierten Gesellschaft.
Darum ist der *erste Zugang* zu biblischen Texten ein kritischer; feministische Theologinnen entlarven, wie die Texte missbraucht wurden/werden, um diskriminierende Urteile und unterdrückende Verhaltensweisen zu belegen (z. B. die Erzählung vom Sündenfall in Gen 3).
Feministische Auslegung ist (*zweitens*) daran interessiert, biblische Tradition von patriarchalen Überlagerungen zu befreien und neu zu interpretieren, z. B. die Aussagen zum Gottesbild.
Schließlich will die Auslegung der biblischen Frauengestalten als Identifikationsfiguren (»Mütter«) heutiger Befreiung wiederentdecken und rehabilitieren.
Insgesamt orientiert sich die feministische Auslegung am Maßstab der prophetisch-befreienden Linie der biblischen Überlieferung.

Methoden

1. *Historisch-Kritische Methoden*
   Wie können Methoden der historisch-kritischen Auslegung so eingesetzt werden, dass patriarchale Überlieferungen der biblischen Texte beseitigt und der Zugang zu den Quellen freigelegt wird?

2. *Innerbiblische Korrektur*
   Welche Kriterien bieten sich an, um Bibelstellen, die Frauenüberlieferungen verdrängen oder diskriminieren, durch andere zu ersetzen?

3. *Verfremdungs-Methoden*
   Welche traditionell verhärteten Sichtweisen können Verfremdungen aufbrechen, welche neue ans Licht bringen?

4. *Personalisieren der Tradition*
   Welche Chancen für ein erfahrungsbezogenes Verständnis der Überlieferung bietet der Vorschlag Texte aus der Perspektive der beteiligten und betroffenen Frauen zu überliefern?

5. *Feministische Transformation*
   Welche biblischen Vorstellungen und Begriffe sind traditionell so einseitig »vermännlicht«, dass ihre weiblichen Aspekte neu bewusst zu machen sind? (z. B. Geist – »Geistin«).

6. *Perspektivenwechsel*
   Kann ein Dialog mit biblischen Personen, vor allem Frauen, eine personale Beziehung zwischen Leser und Überlieferung anbahnen?

Horst Klaus Berg

5. Das Vaterunser – aus jüdischer Sicht

Jeder bibelfeste Jude könnte eine Zweitfassung des Vaterunsers aus seinem Glaubensgut zusammenstellen, die mit dem Jesus-Gebet inhaltlich so gut wie identisch wäre – ohne ein einziges Jesuswort zu benötigen. Das könnte dann folgendermaßen lauten:

Ein Vaterunser-Text aus rabbinischen Quellen

Vater unser, Der Du bist im Himmel[1];
Geheiligt werde Dein erhabener Name in der Welt,
die Du geschaffen hast nach Deinem Willen.
Es komme bald herbei und werde von aller Welt erkannt Dein Reich und Deine Herrschaft, auf dass Dein Name gepriesen werde in alle Ewigkeit[2].
Dein Wille werde getan im Himmel und auf Erden gib Ruhe des Gemütes denen, die Dich fürchten, im Übrigen tue, was Dir wohlgefällt[3].
Lass uns genießen das uns täglich zugemessene Brot[4].
Vergib uns, unser Vater, denn wir haben gesündigt[5].
Vergib auch allen, die uns ein Leid zugefügt[6], wie auch wir allen vergeben[7].
Und lasse uns nicht in Versuchung kommen, sondern halte uns fern von allem Übel[8].
Denn Dein ist die Größe und die Kraft und die Herrlichkeit, der Sieg und die Majestät, ja alles im Himmel und auf Erden. Dein ist das Reich und Du bist aller Wesen Herr[9] in Ewigkeit!
Amen.

Pinchas Lapide

[1] Eine im jüdischen Gebetbuch (Siddur) übliche Anrede; auch Sota 9,16; Ber 32b; 1 Chron 29,10; Jes 63,16 und 64; Seder Eliahu R 7,28; Tannna de be Eliahu 21.
[2] Im Kadisch, in der Keduschah und im Achtzehnergebet des täglichen Gottesdienstes (Siddur) nach Ez 38,28.
[3] Tosephta Berachot 3,7; Ber 29b. Vgl. 1 Sam 3,18
[4] Sprüche 30,8; Mechilta zu Ex 16,4; Bezah 16a.
[5] Aus dem täglichen Achtzehnergebet.
[6] Megilla 28a.
[7] Mischnah Joma (Schluss). Vgl. Tosephta Taaith 1,8, Taanith 16a.
[8] Aus dem täglichen Morgengebet im Siddur. Vgl. Berachot 16b; 17a; 60b; Sanhedrin 107a; Kidduschin 81b.
[9] 1 Chron 29,11-13

1. Vergleichen Sie die Fassung des Vaterunsers aus rabbinischen Quellen mit Mt 6,9-15!
2. Nehmen Sie Stellung zu dem Zitat von Peter de Rosa: »Jesus hat keine neue Religion gestiftet; er hatte schon eine Religion, mit der er zufrieden war. Er war ein frommer Jude, kein Christ ...«

Stanislaus Bender, Stilles Gebet, 1919

6. *Zusammenfassender Überblick:* Das Vaterunser – Summe der Reich-Gottes-Botschaft Jesu

Die Jünger baten Jesus einmal: »Herr, lehre uns beten!« (Lk 11,1). Jesu Antwort war das Vaterunser, das beispielhaft zeigt, was Beten ist. »Je länger man es betet, je mehr sieht man ein, wie wenig man es versteht, und wie wert es ist verstanden und bedacht zu werden, um unbekannten Schätzen auf die Spur zu kommen« (Claudius). Wir wollen im Folgenden die sieben Bitten dieses Gebetes betrachten.

Vater unser: Die Anrede zeigt die Richtung des Betens an. Das Beten hat immer ein Ziel, nämlich das eine und damit das Entscheidende, Hilfreiche und Lebensnotwendige zum Ausdruck zu bringen: Lieber Vater. Im Gebet wird es verwirklicht: Alle Furcht und Liebe, alles Vertrauen in eine Richtung zu bringen: zum Vater. In dem Gebet, das Jesus selbst uns gegeben hat, stehen drei Bitten am Anfang: Sie helfen uns unserem Beten und damit unserem Leben eine Richtung zu geben. Wir Menschen möchten gerne uns selbst bestätigt sehen, auch in unserem Glauben, auch in unserem Gebet. Jesu Lehrgebet entlastet uns von der Verherrlichung des eigenen Namens und führt uns hin zur Verherrlichung *seines* Namens. Er holt uns von den eigenen Wunschvorstellungen fort und lässt uns auf Gottes Wort merken, das ja »nicht ferne von uns ist«, es hilft uns wegzublicken von den Dingen, über die wir herrschen, die wir geistig beeinflussen oder beeinflussen möchten und sie auf sein *Reich* auszurichten, wo ich nicht alles regieren muss und wo ich mich seiner Regierung unterstellen darf. Nicht mein Interesse muss um jeden Preis zum Ziel kommen, sondern *Gottes Wille*. Diese Bitte geht davon aus, dass jeder Mensch sein eigenes Interesse hat. Es ist also kein Gebet für die Willenlosigkeit oder die Preisgabe des Willens, es geht vielmehr darum, dem eigenen Interesse eine Richtung zu geben, so dass es der Berufung nicht im Wege steht.

Das Vaterunser bewegt sich nicht in Allgemeinplätzen. Es spricht von dem *täglichen Brot*, das wir brauchen und von dem wir abhängig sind. Durch das Gebet sollen wir dies erkennen und dankbar dafür sein. Jesus weist uns auch an unsere *Schuld*, an das, wovon wir selbst wissen, dass es nicht so ist, wie es sein sollte. Weil uns unverdient so viel *Güte* trotz allem begegnet, ermahnt er uns, dass wir auch anderen vergeben sollen. Durch den Hinweis auf die *Versuchung* warnt er vor Überheblichkeit der eigenen Einsicht und Voraussicht zuviel zuzutrauen und die Gefahren, die in uns und um uns vorhanden sind, zu unterschätzen. Schließlich deutet er darauf hin, dass das *Böse* eine Gewalt in dieser Welt ist, von der sich niemand selbst befreien kann, es sei denn, er werde davon erlöst. Dass in diesem Gebet auch die Schattenseiten menschlicher Wirklichkeit beim Namen genannt werden, ist gerade ein Zeichen dafür, wie stark und wie tief das Vertrauen ist, zu dem uns Jesus ermutigt.

Evangelischer Erwachsenenkatechismus

IV. Gemeinschaft mit Jesus – Das letzte Abendmahl

Klaus Staeck, Abendmahl, 198
Auf dem Tisch: 13 Pappteller mit Steinen, daneben die Namen der 13 ärmsten Länder der Wel

Die Feier des Abendmahles im christlichen Gottesdienst geht auf das letzte Mahl Jesu mit seinen Jüngern zurück. Nach der Überlieferung soll es als Passamahl gefeiert worden sein, das Juden einmal im Jahr zur Erinnerung an die Errettung aus Ägypten begehen. Die ersten Christen »brachen das Brot« im Gedenken an Jesu Tod und Auferstehung. Sie erlebten die Gegenwart Jesu als Stärkung ihrer Glaubens- und Lebensgemeinschaft. Beim Mahlhalten erinnerten sie sich an die Tischgemeinschaft mit seinen Jüngern und mit den gesellschaftlich Verachteten. Die Einsetzungsworte haben wirkungsgeschichtlich in den christlichen Konfessionen eine je unterschiedliche Deutung erfahren. Vor allem ging es um das Problem, ob es »Das ist mein Leib, das ist mein Blut« oder »Das bedeutet mein Leib, das bedeutet mein Blut« heißen müsse. Welche Konsequenzen dieser Unterschied macht, bedarf der Klärung.

Das Kapitel setzt mit einem Projektbericht ein, der von »Tränen am gedeckten Tisch« (1.) erzählt. Angesprochen wird die vorrangige Option für die Armen auf dem Hintergrund der Gemeinschaft im Glauben, vor allem der Tischgemeinschaft beim Abendmahl. Die Arbeit an den Schrifttexten im Vergleich und an ihrer theologischen Deutung (2.) lässt die biblischen Grundlagen zur Sprache kommen. Die folgende Darlegung der »Feier des jüdischen Passafestes« (3.) erläutert eine mögliche theologische Wurzel für das christliche Abendmahl. Das je eigene Verständnis des Abendmahles in den verschiedenen Konfessionen verdeutlicht Prinzipien wirkungsgeschichtlicher Auslegung (5.), indem die Einsetzungsworte und ihre Deutungen und Wirkungen in der Geschichte des Christentums (4.) verfolgt werden. Der zusammenfassende Überblick (6.) lässt abschließend die Komplexität der historischen und theologischen Fragen um Passa und Abendmahl erneut bewusst werden.

1. *Hinführung*: »Tränen am gedeckten Tisch« – Ein Projektbericht

Seit 15 Jahren arbeitet Ferdinand Kerstiens in einer katholischen Pfarrei in Marl, am Nordrand des Ruhrgebietes. Vor 12 Jahren hat der 58jährige Pfarrer, beeindruckt von einer Reise durch Brasilien, einen Brasilienkreis gegründet. Fünf Interessierte fanden sich. Gemeinsam mit einem brasilianischen Pfarrer entstand die Idee einer Partnerschaft zu drei kirchlichen Basisgemeinden am Rande von Belo Horizonte. Durch den Kontakt zu den Gemeinden wollte die Gruppe die Probleme der Dritten Welt den Menschen in Marl näherbringen. [...]

Armut in Brasilien, das war für die Menschen in der Industriestadt, die von Bergbau und Großchemie lebt, noch viel zu abstrakt. Also, so dachte sich der Dritte-Welt-Kreis, müssen wir die Armen eben einladen zum großen Sommerfest der Pfarrei. Eine Idee, die bei brasilianischen Kirchenoberen wie in der Marler Gemeinde auf Kritik stieß. Schnell waren die hohen Reisekosten Gesprächsthema Nummer eins. Sollte die Gemeinde 15.000 Mark für sechs brasilianische Gäste aufbringen oder das Geld lieber rüberschicken? Aber das waren nicht die einzigen Zweifel, so erinnert sich die 54jährige Hausfrau Rita Bußkamp.

»Ich kann mich gut erinnern, dass ich mal gut eine halbe Stunde auf der Straße gestanden habe und habe mich mit einer Frau unterhalten über die vielen tausend Mark, die nun diese Reise kosten sollte und was die Leute denn wohl für ein Gefühl haben würden, wenn sie das alles hier sehen. Und als ich das dann mal so ein bisschen hinterfragt habe bei dieser Frau, da sagte sie: ›Ich muss mich ja schämen, wenn ich an die Bilder denke, die wir von Brasilien gesehen haben und wenn ich die in meine Wohnung einlade, dann schäme ich mich, deswegen will ich die, glaube ich, gar nicht hier haben!‹«

Nicht alle waren dafür, doch mit Hilfe einer evangelischen Nachbargemeinde kam das Geld schnell zusammen. Für 14 Tage wollte man schließlich sechs Gäste aus Brasilien einladen. Zwei Übersetzer sollten sie hier begleiten und in Belo Horizonte wählten die Partnergemeinden eine Reisedelegation, auch dort nicht ohne Kritik, die vor allem aus der Kirchenhierarchie kam. Doch entgegen der Befürchtungen wählten die einfachen Menschen aus den Armenvierteln ihre Delegation mit einem strengen Auswahlverfahren: Es sollten Leute sei, die seit langem in ihrer Gemeinde mitarbeiten, die die Marler bereits von ihren Besuchen in Brasilien kennen. Und sie sollten vor allem ihre Erfahrungen bei der Rückkehr vermitteln können.

Eine Reisedelegation, die zudem so manche Einstellungen in Marl verändern sollte, aber anfangs auch Zweifel und Verwirrung auslöste, so Pfarrer Kerstiens:

»Dann war eine Journalistin hier. Und die Einzelnen haben sich alle vorgestellt und haben gesagt: Ich bin Präsident des Bürgervereins; ich bin Präsidentin der Kinderkrippe; ich leite Bibelkreise; ich leite Gottesdienste; ich bin Minister der Eucharistie usw., usw. Und die Journalistin wollte überhaupt gar nicht glauben, dass diese Leute, die soviel Funktionen ehrenamtlich wahrnehmen und mit einer solchen Souveränität davon sprachen, dass das selber die Armen waren.«

Erst die Schilderung ihres Alltags in Brasilien ließ aufhorchen:

»Dann haben sie die Fotos gezeigt, wie wir früher von unseren Brasilienbesuchen Fotos gezeigt haben. Und ja, ja, haben sie alle so genickt und zugehört. Und dann sagte einer auf einmal: ›Und da wohnen wir alle.‹ Und da erst fiel sozusagen der Stein auf den Grund.«

Gesehen hatten sie morastige und vom Regen halb weggespülte Wege, Häuser und Hütten mit ein- oder zwei Räumen, wo sechs bis acht Menschen leben, daneben notdürftig ausgehobene Gräben mit Abwässern und Müll. Jetzt wurde vielen bewusst, dass dies keinesfalls Vertreter der Mittelschicht waren, die sich hier und da für die Kirche engagierten, sondern Menschen, für die das Ehrenamt selbstverständlicher Alltag war, die dann sagten: »Ja, ich brauche doch dafür kein Geld zu bekommen. Mein Mann verdient zwei Mindestlöhne, mein Sohn einen, das sind drei Mindestlöhne, davon können wir gut leben.« Wir alle wussten, dass wenigstens sechs Mindestlöhne nötig sind, damit eine vierköpfige Familie sich über Wasser halten kann. Und die redeten von drei Mindestlöhnen und sagten: Das ist doch genug und dann kann ich das doch wohl ehrenamtlich tun. [...]

Der Alltag der Brasilianerinnen unter den Gästen, die persönliche Schilderung, hatte die Frauen hier berührt: die doppelte oder dreifache Arbeit, die Frauen in Brasilien leisten: Hausarbeit, Kindererziehung und Erwerbsarbeit, wenn der Mann arbeitslos ist oder die Familie verlassen hat, das Überleben für die Familie sichern, mit wenig Geld und ohne soziale Absicherung, die Gewalt der Männer, die die Frauen zusätzlich erfuhren. Hier entstand eine neue tiefere Verbundenheit wie zwischen Freundinnen. Und hier wollten die deutschen Frauen helfen, damit die Brasilianerinnen sich zumindest teilweise aus den alltäglichen Zwängen befreien konnten. Allerdings kam das in der Marler Pfarrei nicht gleich an. [...]

Kindergärten, staatlich gefördert, ordentliche Schulen oder Einrichtungen für Behinderte oder verlassene Kinder. All das war für die Gäste neu. Bei Werksbesichtigungen und Gesprächen mit Betriebsräten erfuhren sie von den Rechten der Arbeiter hierzulande. Doch Zweifel blieben. Immer wieder die Frage: Leben hier alle Arbeiter so wie ihr? Und das in einer Gemeinde am Nordrand des Ruhrgebietes, deren Mitglieder als Arbeiter und einfache Angestellte im Bergbau oder in der Chemieindustrie arbeiten. Wer in Brasilien als Industriearbeiter beschäftigt ist, auch bei deutschen Unternehmen, der könne sich solchen Luxus nicht leisten, hieß es. Vergleiche wurden angestellt: Während dort eine Arbeiterfamilie am Rande der Großstädte in unverputzten kleinen Häusern oder Haushütten lebt, kann sie sich hierzulande eine Eigentumswohnung oder ein schmuckes Einfamilienhaus plus Auto leisten. Während Frauen in Brasilien oft ohne Wasseranschluss den Haushalt versorgen müssen, gibt es hier Wasch- oder Spülmaschinen. Während die Menschen in Marl Gäste bewirten können, müssen in Brasilien Kinder die Schule verlassen, um für die Ernährung der Familie zu arbeiten, oder gar auf den Müllplätzen Nahrungsreste für den Abendbrottisch suchen. Und obgleich die Gastgeber nicht protzen wollten, wurden allen Beteiligten diese Unterschiede bei einem für uns bescheidenen Mahl deutlich, erinnert sich die Pfarrgemeinderatsvorsitzende Christel Bußmann:

»Es gab Kartoffelsalat und Würstchen. Und es war aber alles sehr nett gemacht. Es war sehr schön gedeckt mit Kerzen und sehr liebevoll, ein bisschen festlich gedeckt. Und plötzlich brach eine der Frauen aus Brasilien von der brasilianischen Gruppe ›Dodora‹ in Tränen aus. Und wir waren ganz bestürzt und konnten das gar nicht einordnen und dachten: Was haben wir verkehrt gemacht? Und dann stellte sich heraus, es war einfach für sie im Moment nicht mehr zu verkraften gewesen, dass sie jetzt zum dritten Mal an diesem Tag an einem gedeckten Tisch saß und so viel essen konnte, wie sie Lust hatte.« [...] Von den Kosten für die brasilianische Reisedelegation spricht heute niemand mehr, eher von dem, was man gelernt hat. [...] Und sie sind selbstverständliche Partner geworden, deren Kampf man in einer einigen Welt als unerlässlich ansieht und die man nicht nur unterstützt, sondern von denen man auch lernen kann:

»Wenn die erzählt haben von irgendwelchen Schwierigkeiten, wo sie absolut nicht mehr weiterkamen, dann kam zum Schluss: ›Aber mit unserem Glauben und mit Jesus werden wir es schaffen.‹ Also immer hintenrum wieder eine Zuversicht, die unsereins, denke ich, oder ich persönlich zumindest, oft verloren hatte und die mir heute oft weiterhilft bei Situationen, wo ich sonst sagen würde: ›Hier bin ich jetzt am Ende.‹ Oder: ›Ich weiß nicht mehr weiter.‹ Und wenn ich dann zu Hause an die Wand schaue und die Fotos von den zumindest sechs Freunden, die hier waren, sehe, dann geht es mir schon ganz anders.«

Uwe Pollmann

1. Was halten Sie von der Einladung der Brasilianer nach Marl?
2. Inwiefern verbindet gemeinsames Essen, inwiefern kann es Trennendes bewusst werden lassen?
3. »Tränen am gedeckten Tisch« – Welche Konsequenzen haben sie für die Gastgeber?
4. »Die im Evangelium verankerte ›vorrangige Option für die Armen‹ [...] bewahrt die Kirche im Innern vor einer Spaltung ihrer eucharistischen Tischgemeinschaft in Brotlose und Übergewichtige. Gesellschaftlich wirkt sie dem Zerfall lokaler und globaler Solidarität entgegen« (Franz Kamphaus). Was ist mit diesem Zitat gemeint? Wie beurteilen Sie die Gedanken von Franz Kamphaus?

2. Das letzte Abendmahl – Schrifttexte im Vergleich

Mk 14, 18-25. 29-31; 10, 42-45

²²Und als sie aßen, nahm Jesus das Brot, dankte und brach's und gab's ihnen und sprach: Nehmet, das ist mein Leib.
²³Und er nahm den Kelch, dankte und gab ihnen den; und sie tranken alle daraus.
²⁴Und er sprach zu ihnen: Das ist mein Blut des Bundes, das für viele vergossen wird.
²⁵Wahrlich, ich sage euch, dass ich nicht mehr trinken werde vom Gewächs des Weinstocks bis an den Tag, an dem ich aufs Neue davon trinke im Reich Gottes.

Joseph Beuys, Fußwaschung, Aktion Celtic, 1971

¹⁸Und als sie bei Tisch waren und aßen, sprach Jesus: Wahrlich, ich sage euch: Einer unter euch, der mit mir isst, wird mich verraten.
¹⁹Und sie wurden traurig und fragten, einer nach dem andern: Bin ich's?
²⁰Er aber sprach zu ihnen: Einer von den Zwölfen, der mit mir seinen Bissen in die Schüssel taucht.
²¹Der Menschensohn geht zwar hin, wie von ihm geschrieben steht; weh aber dem Menschen, durch den der Menschensohn verraten wird! Es wäre für diesen Menschen besser, wenn er nie geboren wäre.

¹⁰,⁴²Da rief Jesus sie zu sich und sprach zu ihnen: Ihr wisst, die als Herrscher gelten, halten ihre Völker nieder, und ihre Mächtigen tun ihnen Gewalt an.
⁴³Aber so ist es unter euch nicht; sondern wer groß sein will unter euch, der soll euer Diener sein;
⁴⁴Und wer unter euch der Erste sein will, der soll aller Knecht sein.
⁴⁵Denn auch der Menschensohn ist nicht gekommen, dass er sich dienen lasse, sondern dass er diene und sein Leben gebe als Lösegeld für viele.

²⁹Petrus aber sagte zu ihm: Und wenn sie alle Ärgernis nehmen, so doch ich nicht!
³⁰Und Jesus sprach zu ihm: Wahrlich, ich sage dir: Heute, in dieser Nacht, ehe der Hahn zweimal kräht, wirst du mich dreimal verleugnen.
³¹Er aber redete noch weiter: Auch wenn ich mit dir sterben müsste, werde ich dich nicht verleugnen! Das Gleiche sagten sie alle.

1 Kor 11,23-26
²³Denn ich habe von dem Herrn empfangen, was ich euch weitergegeben habe: Der Herr Jesus, in der Nacht, da er verraten ward, nahm er das Brot,
²⁴dankte und brach's und sprach: Das ist mein Leib, der für euch gegeben wird; das tut zu meinem Gedächtnis.
²⁵Desgleichen nahm er auch den Kelch nach dem Mahl und sprach: Dieser Kelch ist der neue Bund in meinem Blut; das tut, sooft ihr daraus trinkt, zu meinem Gedächtnis.
²⁶Denn sooft ihr von diesem Brot esst und aus dem Kelch trinkt, verkündigt ihr den Tod des Herrn, bis er kommt.

Joh 13,12-14.36-38
¹²Als er nun ihre Füße gewaschen hatte, nahm er seine Kleider und setzte sich wieder nieder und sprach zu ihnen: Wisst ihr, was ich euch getan habe?
¹³Ihr nennt mich Meister und Herr und sagt es mit Recht, denn ich bin's auch.
¹⁴Wenn nun ich, euer Herr und Meister, euch die Füße gewaschen habe, so sollt auch ihr euch untereinander die Füße waschen.
³⁶Spricht Simon Petrus zu ihm: Herr, wo gehst du hin? Jesus antwortete ihm: Wo ich hingehe, kannst du mir diesmal nicht folgen; aber du wirst mir später folgen.
³⁷Petrus spricht zu ihm: Herr, warum kann ich dir diesmal nicht folgen? Ich will mein Leben für dich lassen.
³⁸Jesus antwortete ihm: Du willst dein Leben für mich lassen? Wahrlich, wahrlich, ich sage dir: Der Hahn wird nicht krähen, bis du mich dreimal verleugnet hast.

1. Vergleichen Sie die Markus-Fassung mit 1 Kor 11,23-26 und Joh 13,12-14.36-38!
2. Welche theologischen Akzente sehen Sie hinter den Unterschieden?

3. Zur Feier des jüdischen Passafestes

Im Abendmahl, das heute gefeiert wird, laufen verschiedene Überlieferungsströme zusammen, die dem Neuen Testament entnommen sind: das letzte Mahl Jesu am Abend vor seinem Tod, die Tischgemeinschaften des irdischen Jesus, die Mahle nach Ostern in der Erfahrung der Gegenwart des Auferstandenen, das Passamahl Israels. Auch wenn historisch nicht feststeht, daß das letzte Mahl Jesu als Passamahl gefeiert wurde, so hat man es theologisch schon bald in Verbindung mit ihm gedeutet. – Der Text stellt Passa/Pessach in jüdischer Perspektive dar.

In das volle Licht der biblischen Geschichte tritt das Passafest in der Form, wie es von ganz Israel begangen wurde, nachdem es im Land Kanaan sesshaft geworden war. Als Feier der Erinnerung und Vergegenwärtigung des Auszugs aus Ägypten wurde es zum wichtigsten Fest Israels. Die Schlachtung des Passalammes und die damit verbundene
5 Symbolhandlung mit dem Blute der Lämmer (Ex 12,21-24) einerseits und die ungesäuerten Brote aus dem Kreise der neuen Ernte andererseits verbanden sich in der gemeinsamen Mahlzeit der Passafeier. Die verschiedenen Elemente der Passafeier – Worte, Gesten, Speisen – vergegenwärtigen das rettende Handeln Gottes, der sein Volk aus Ägypten herausgeführt hat. Damit wird das Passafest zum sichtbaren Ausdruck des Glau-
10 bens Israels Gottes Volk in Gottes Geschichte mit der Welt und den Menschen zu sein. Passa als Fest ganz Israels wurde in der Königszeit mit dem Tempel in Jerusalem verbunden und im Familienverband dort auch gefeiert. Nach der Zerstörung des Tempels wurde

Passa in der Zeit nach dem babylonischen Exil zum Hauptfest der jüdischen Familie und zum Symbol der Erinnerung und der Hoffnung. So heißt es in der *Mischna* [...] im Traktat *Pessachim X,* 5bc: »In jedem Zeitalter ist jeder verpflichtet sich so anzusehen, als wäre er selbst aus Ägypten ausgezogen ... Deshalb sind wir verpflichtet zu danken, zu preisen, zu loben, zu verherrlichen, zu erheben, zu erhöhen den, der an uns und an unseren Vätern all diese Wunder getan hat. Er hat uns herausgeführt aus der Knechtschaft in die Freiheit, aus der Finsternis in das große Licht und aus der Knechtschaft in die Erlösung.«

Die biblischen Bestimmungen über das Passafest finden sich in Ex 12,1-13, 16; Lev 23,5-8; Num 28,16-25 und Dtn 16,1-8. Der Mischnatraktat *Pessachim* und die *Pessach-Haggada* (heutige Form aus dem 10. Jh.) regeln den Verlauf des Passa und vor allem des innerhalb des Festes so wichtigen Sederabends [...].

Das Passafest dauert sieben Tage, wobei Anfang und Ende besonders hervorgehoben sind, während die Synagogengottesdienste während des Passa weitgehend den üblichen Sabbatgottesdiensten entsprechen [...]. Als »Festrolle« wird im Gottesdienst das Hohelied Salomons verlesen, das man als Lobpreis der Liebe Gottes zu seinem Volk versteht. Außerhalb des Landes Israel wird seit alters ein achter Tag zugefügt, um Unsicherheiten der Übermittlung des Festbeginns auszugleichen. Am Abend des *15. Nissan* (März/April) versammelt sich die Familie nach dem Gottesdienst zu Hause zum Passamahl in einem festlich geschmückten Raum; um die Festlichkeit zu erhöhen, werden auch Gäste eingeladen.

Zum Passamahl gehören folgende Bestandteile, die jeweils symbolische Bedeutung haben: drei ungesäuerte Brote (hebr. *Mazzot*) als Erinnerung an den übereilten Auszug aus Ägypten, der ein Durchsäuern des Teigs nicht zuließ; vier Becher Wein als Zeichen der Freude über die Befreiung; eine Erdfrucht, wie etwa Petersilie, als Zeichen der kargen Kost in Ägypten; Meerrettich als »Bitterkraut«, als Zeichen der bitteren Leiden in Ägypten; ein Ei als Ersatz für das Festopfer; ein braunes Fruchtmus aus Äpfeln, Nüssen

Zum Sederabend beim Passafest gedeckter Tisch

und Gewürzen zur Erinnerung an den Lehm, aus dem in Ägypten Ziegel geformt werden mußten; etwas Salzwasser zum Gedenken an die Tränen des geknechteten Volkes; und ein gerösteter Lammknochen als Zeichen für das Passalamm, das beim Auszug und später im Tempel zum Passafest geschlachtet wurde, seit der Zerstörung des Tempels aber nicht mehr geschlachtet werden kann.

Zur Feier gehören bestimmte Segenssprüche und Gebete, die Hallelpsalmen (Psalm 113-118 und 136) und andere Lieder. Der jüngste Mahlteilnehmer hat den Hausvater zu fragen, was denn diesen Abend von allen anderen so sehr unterscheide. Auf seine vier Fragen antwortet der Hausvater, indem er aus der *Pessach-Haggada* die Erzählung vom Auszug aus Ägypten und von der Stiftung des Passafestes vorträgt und die Bestandteile des Festes deutet. Weil Gott einst sein Volk befreit hat, erhofft man sich eine neue Errettung und hat einen 5. Weinbecher für den Propheten Elija, den Vorläufer des Messias, auf dem Tisch stehen.

Sakrament ist das Passa für die Juden nicht. Brot, Wein und die anderen »Elemente« des Passamahls sind für Juden nie mehr als Symbole, Zeichen, die Gottes Heilshandeln vergegenwärtigen. Essen und Glaube, Freude und Trauer, Gedenken und Hoffnung sind hier in einer für den jüdischen Glauben typischen Weise miteinander verbunden. Das Fest verbindet die früheren Generationen mit der gegenwärtigen und den kommenden und weist voraus auf die kommende Erlösung im Reich Gottes.

Arnulf H. Baumann

1. Worin bestehen Unterschiede, Gemeinsamkeiten und Ähnlichkeiten von Passa und christlichem Abendmahl?
2. Inwiefern hilft die Kenntnis der Feier des Passafestes dabei, das Abendmahl Jesu besser zu verstehen?

4. Wie soll das Abendmahl verstanden werden? – Ein Schrifttext und seine Deutungen und Wirkungen in der Geschichte des Christentums

Die Gleichsetzung des Brotes und des Weines mit dem Leib und dem Blut Christi hat schon immer das theologische Denken herausgefordert. Doch führte diese Frage in der Alten Kirchen nicht zu Spaltungen; denn das antike Denken kannte keinen Gegensatz zwischen Symbol und Wirklichkeit: durch das Symbol (Brot und Wein) hatte man vielmehr an der Wirklichkeit (Leib und Blut Christi) teil. Abendmahlsstreitigkeiten gibt es erst seit dem frühen Mittelalter (9. Jahrhundert), als man anfing die Wirklichkeit anders zu sehen und zu verstehen. Symbol und Wirklichkeit [...] fallen auseinander und man versucht ihr Verhältnis zueinander neu zu erfassen. Die Konfessionen sind hier verschiedene Wege gegangen.

a) *Die römisch-katholische Kirche*
Die Theologen des 12./13. Jahrhunderts, z.B. Thomas von Aquin [...] unterschieden im Anschluss an den griechischen Philosophen Aristoteles zwischen dem eigentlichen Wesen (»Substanz«) eines Gegenstandes und seiner äußeren Erscheinungsform, seinen Eigenschaften (»Akzidentien«).
Wir können uns dies an einem Beispiel klarmachen: Menschen sind sehr verschieden, sie sind groß oder klein, jung oder alt, Mann oder Frau, Schwarze oder Weiße, Europäer oder

Asiaten – was sie alle verbindet, ist, dass sie Menschen sind. Mit Hilfe dieser Unterscheidung versuchten die Theologen zu erklären, wieso das Brot der Leib Christi sei: in ihrer äußeren Erscheinungsweise – modern ausgedrückt: chemisch-physikalisch – bleiben Brot und Wein bestehen, ihrem inneren Wesen nach aber werden sie durch das Abendmahlsgeschehen in den Leib und das Blut Christi verwandelt. Diesen Vorgang nennt man Transsubstantiation (Wesensverwandlung). Die römisch-katholische Kirche hat sich diese Anschauung zu eigen gemacht, sie bezeichnet den Ausdruck Transsubstantiation als »sehr geeignet« und schließt damit andere Ausdrucksformen nicht ohne weiteres aus. Diese Lehre betont die wirkliche Gegenwart Christi im Abendmahl und kann sich dafür auf eine wörtliche Deutung der Abendmahlsworte »Das ist mein Leib« stützen; dass sie Denkformen ihrer Zeit aufnimmt, muss man anerkennen. Der Vorwurf, die römisch-katholische Kirche betrachte den Leib Christi wie ein vorhandenes Ding, trifft wohl manche Anschauungen des einfachen Volkes, nicht aber die Transsubstantiationslehre. Diese betont ausdrücklich, dass man sich den Leib Christi nicht räumlich ausgedehnt vorstellen dürfe. Die kritische Frage, die andere Konfessionen an diese Lehre stellen, lautet: Wird hier nicht das Sakrament in philosophischen Denkformen ausgedeutet, die uns heute nicht mehr zugänglich sind? Sollte man das Geheimnis des Abendmahls nicht besser in Begriffen fassen, die der Bibel näher sind? Besteht bei der Transsubstantiationslehre nicht die Gefahr, dass das Natürliche (Brot und Wein) vom Übernatürlichen (Leib und Blut Christi) aufgesogen wird?

b) Die reformierte Kirche
Die schärfste Kritik an der Transsubstantiationslehre kommt von der reformierten Kirche. Die Reformatoren [...] Zwingli und Calvin wehrten sich dagegen, Christus im Sakrament »dingfest« zu machen. Ihrer Auffassung nach widerspricht es der Ehre und der Freiheit Gottes sich an so irdische Dinge wie Brot und Wein zu binden. So sind für Zwingli Brot und Wein in keiner Weise Mittel der Gegenwart Christi; sie sind *Zeichen*, die dem Christen helfen sich an Christus zu erinnern und darin mit den anderen Glaubenden eins zu sein. Das Abendmahl ist Erinnerungs- und Gemeinschaftsmahl. Die Einsetzungsworte deutet Zwingli so: »Das *bedeutet* meinen Leib.« Calvin lehnt mit Zwingli zwar eine Bindung Christi an irdische Dinge ab, aber er lehrt im Unterschied zu ihm, dass Christus im Abendmahl wirklich gegenwärtig ist und den Gläubigen seine Gemeinschaft schenkt. Zeichen (Brot und Wein) und Sache (Leib und Blut Christi) sind getrennt, aber es besteht zwischen ihnen ein zeitlicher Parallelismus: Während die Gläubigen Brot und Wein empfangen, werden sie zugleich durch den Heiligen Geist mit Leib und Blut Christi, der im Himmel ist, vereinigt. Dies gilt nur für die Gläubigen; wer nicht glaubt, empfängt nur die äußeren Zeichen. Die reformierte Auffassung, die sich mehr auf Calvin als auf Zwingli stützt, betont, dass Brot und Wein Zeichen sind, die auf eine andere Wirklichkeit hinweisen. Die kritische Frage anderer Konfessionen lautet: Verliert durch die Trennung von Zeichen und Sache nicht das Abendmahl an Bedeutung?

c) Die lutherische Kirche
Wie seine ganze Theologie, so hat auch Luthers Abendmahlslehre einen seelsorgerlichen Grundzug. Wo ist Gott so für uns da, dass wir ihn erkennen und seine Liebe erfahren können? Das ist die Leitfrage, die Luthers Lehre von Christus wie seine Abendmahlsauffassung durchzieht. Weil kein Mensch von sich aus zu Gott kommen kann, hängt für Luther alles daran, dass Gott sich in Christus vorbehaltlos in unsere Welt hineingegeben hat und unser Bruder geworden ist. Die Weise Gottes, sich im Irdischen, in der Niedrigkeit zu offenbaren, findet Luther wieder im Abendmahl; hier verbindet sich Christus leiblich mit

Michael Sowa, Einladung, 1990

Brot und Wein, um sich den Menschen zu schenken [...]. Luther teilt nicht die Sorge Zwinglis und Calvins, dass durch die Verbindung mit dem Materiellen Gottes Ehre und Freiheit angetastet würde; im Gegenteil: Gott ist so frei, dass er sich binden kann, und seine Ehre besteht gerade in seinem Eingehen in die Welt, in ihre Not und Schande.

Luther hielt streng daran fest, dass es sich im Abendmahl so verhält, wie die Worte Christi sagen: »Das ist mein Leib.« Hinter allen Umdeutungen sah er nur den Hochmut der menschlichen Vernunft, die sich dem Wort Gottes nicht beugen will. In seiner Betonung der leiblichen Gegenwart Christi im Abendmahl ging er mit der römisch-katholischen Kirche einig, doch hielt er die Transsubstantiationslehre für einen unangemessenen Versuch das Geheimnis zu erklären. In seinem eigenen Erklärungsversuch wandte er die Erkenntnis, dass Christus wahrer Gott und wahrer Mensch ist, aufs Abendmahl an: wie sich in Christus Gott und Mensch zu einer Einheit verbinden [...], so verbindet sich Christi Leib und Blut mit dem Brot und Wein zu einer sakramentalen Einheit. Man bezeichnet diese Auffassung auch als *Konsubstantiation*. Um das Geheimnis der Gegenwart Christi im Abendmahl zu umschreiben, verwendet man in der lutherischen Kirche häufig drei Verhältnisbestimmungen, die sich gegenseitig aufheben und ergänzen: Christi Leib ist »in, mit und unter« dem Brot gegenwärtig.

»Von dem Abendmahl des Herrn wird gelehrt, dass der wahre Leib und das wahre Blut Christi und der Gestalt des Brotes und des Weines im Abendmahl wahrhaftig gegenwärtig sind unter da ausgeteilt und genommen werden. Die Gegenlehre wird verworfen« (Augsburger Bekenntnis, Art. X).

Der lutherischen Theologie geht es darum, dass der ganze Mensch [...] mit Leib und Seele (nicht nur sein Denken) Gott begegnet. Ein Verweis auf den Glauben kann einen Angefochtenen oder Zweifelnden nicht gewiss machen, das kann nur eine Realität, die von außen an ihn herantritt. Es hat also auch seelsorgerliche Bedeutung, wenn die lutherische Theologie betont, dass Christi Gegenwart im Sakrament unberührt ist von den Schwankungen und Halbheiten unseres Glaubens. Auch die Ungläubigen empfangen Leib und Blut des Herrn, wenn auch nicht zum Segen, sondern zum Fluch (Lehre von der manducatio impiorum). »Der Glaube empfängt das Mahl zum Heil, der Unglaube zum Gericht« (Leuenberger Konkordie § 18).

d) Die orthodoxe Kirche

Die orthodoxe Kirche hat sich am Abendmahlsstreit der drei abendländischen Konfessionen kaum beteiligt. Trotz mancher Einflüsse aus dem Westen ist in ihr das Denken der Alten Kirche lebendig geblieben. Symbole sind für die Orthodoxen immer erfüllt von der Wirklichkeit, die sie bezeugen [...].

Die orthodoxe Kirche lehrt, dass Brot und Wein im Abendmahl Leib und Blut Christi sind; aber sie bindet sich an keine Theorie; das Bewusstsein, dass es sich hier um ein Geheimnis handelt, ist stärker als im Abendland. Die Sakramente haben in der orthodoxen Kirche übrigens ihren alten Namen »Mysterien« (Geheimnisse) [...] behalten. Ein Mysterium hat immer viele Seiten, es lässt sich in seiner Tiefe nie ausschöpfen. Orthodoxe Theologen haben manchmal den Eindruck, die abendländischen Streitigkeiten hätten ihren Grund darin, dass jeder jeweils einen Aspekt des Abendmahls überbetont und damit anderes ausschließt. Sie möchten die Christenheit zu einer ganzheitlichen Sicht zurückführen. Die Realität des Sakramentes (röm.-kath. und luth. Kirche) und seinen geistlichen Charakter (reformierte Kirche) empfinden sie nicht als Gegensatz; der Heilige Geist nimmt die Materie in seinen Dienst. Das zeigt sich in der orthodoxen Liturgie. Bereits zu Anfang des Gottesdienstes werden die Elemente Brot und Wein in zeichen-

hafter Weise mit dem geopferten Christus identifiziert. In der Epiklese (= Anrufung des Heiligen Geistes) bittet der Priester, der Heilige Geist möge Brot und Wein heiligen, dass sie Leib und Blut Christi werden. Orthodoxe Theologen vergleichen diese Anrufung des Heiligen Geistes gern mit seinem Wirken bei der Menschwerdung Gottes. Im Gebet um
5 den Heiligen Geist bringt die Kirche zum Ausdruck, dass sie über das Sakrament nicht verfügen will, sondern vor Gott immer als Bittende steht.

Evangelischer Erwachsenenkatechismus

1. Was lehren die Kirchen über die Gegenwart Christi beim Abendmahl/bei der Eucharistie?
2. Inwiefern haben die unterschiedlichen Deutungen praktische Konsequenzen?
3. Beurteilen sie die Bemühungen um eine Annäherung der Konfessionen bzgl. der Abendmahlsgemeinschaft auf dem Hintergrund der folgenden Darstellung aus dem Evangelischen Erwachsenenkatechismus!

Der Streit um das Verständnis des Abendmahls wie auch andere dogmatische Streitigkeiten führten dazu, dass sich die Kirchen die Gemeinschaft im Sakrament aufkündigten. Viele Christen empfinden dies als ein Ärgernis. So gibt es, vor allem seit dem vorigen Jahrhundert, verschiedene Bemühungen um die Abendmahlsgemeinschaft [. . .]. Ein
5 Hauptargument kehrt dabei häufig wieder: Das Abendmahl ist eine Einladung Christi, es ist nicht Besitz der Kirche; deshalb kommt es nicht so sehr auf das Verständnis des Abendmahls an. [. . .]
Nach den territorialen Veränderungen der Zeit von 1803-1815 gab es in Deutschland kaum noch konfessionell einheitliche Länder. Manche evangelischen Fürsten, die ja
10 Oberhaupt der in ihrem Gebiet lebenden Protestanten waren, versuchten nun für ihr Land eine einheitliche protestantische Kirche aufzubauen. Die Theologie der Aufklärung

5. *Schlüsselwissen:* Wirkungsgeschichtliche Auslegung

Allgemeine Charakteristik

Die wirkungsgeschichtliche Auslegung verfolgt die Spur eines Textes durch die nach-biblische Geschichte bis in die Gegenwart. Dabei soll nicht in erster Linie die theologisch-reflektierende Auseinandersetzung mit dem Text in Kommentaren usw. (»Auslegungsgeschichte«) verfolgt werden, sondern eher seine »Praxisgeschichte«. Leitfrage ist: Wer hat den Text in welcher Situation mit welcher Absicht verwendet? Diese Frage hat auch immer einen ideologiekritischen Aspekt; dann spitzt sich die Frage zu: Wozu wurden Bibeltexte benutzt bzw. missbraucht?

Methoden

1. Bereitstellung von Quellen
   Ich schlage vor, sich auf die Praxisgeschichte im religionspädagogischen Bereich zu konzentrieren. Hier sind vor allem Schulbücher, Katechismen, Lehrer-Handreichungen, Lieder usw. zu untersuchen.

2. Bestimmung von Analysefragen
   – Bei welchen Anlässen ist der Text verwendet worden?
   – Welche Personen bzw. Gruppen haben den Text benutzt?
   – Welche Interessen lassen sich erkennen?
   – Welche Folgen löst dieser Gebrauch aus (z. B. Gehorsamsbereitschaft als »christliche Tugend«)

3. Analyse von Rezeptionsmechanismen
   – Selektion bestimmter Texte;
   – Kombination mit anderen Texten;
   – Adaption (Anpassung der Texte an den gedachten Zweck);
     Aktualisation (z. B. einseitiger Gebrauch als »Problemlösungspotential«)

4. Bestimmung von Beobachtungs- und Analysekriterien
   – Auf das Verständnis des Textes bezogen:
     Wird die praktische Auslegung des Textes seinem Selbstverständnis gerecht (Maßstab: »Historische Sinnbestimmung«; vgl. historisch-kritische Auslegung)
   – Auf Grundlinien der biblischen Überlieferung bezogen:
     Wird der praktische Gebrauch des Textes den grundlegenden Impulsen der Bibel gerecht?
   – Auf die Wirkung des Textes (z. B. Erziehung) bezogen:
     Wird die angestrebte Wirkung den Grundaussagen der Bibel gerecht? (Z. B. sind Angst oder Unterwerfung als Erziehungsmaßnahmen aus dem Alten und Neuen Testament nicht zu begründen!)

Horst Klaus Berg

(18. Jahrhundert), die die Konfessionsunterschiede zwischen Lutheranern und Reformierten weithin eingeebnet hatte, kam ihnen hierbei zugute. In manchen Ländern versuchte man die Einheit mit Hilfe eines Lehrkompromisses (Unionsurkunde) herzustellen, in anderen setzte der Fürst einfach gemeinsame Verwaltung und Gottesdienstordnung durch. Gegner wurden unterdrückt. Nun hatte man zwar die protestantische Einheitskirche, aber unter der Decke schwelten die alten Gegensätze weiter, weil sie nie sachlich ausgetragen worden waren. [...]

Die Einsicht, dass theologische Unterschiede nicht übergangen werden dürfen, sondern aufzuarbeiten sind, führte zu Lehrgesprächen von Theologen verschiedener Konfessionen. In den Verhandlungen suchte man einen Kompromiss zwischen den verschiedenen Standpunkten. Man fand Formeln, die für beide annehmbar waren. So geschah es z. B. in den Arnoldshainer Abendmahlsthesen von 1957, die Ergebnis des Gesprächs lutherischer, reformierter und unierter Theologen Deutschlands sind. Hinterher stellte sich allerdings heraus, dass die gefundene Formel verschieden gedeutet wurde; damit kam der Gegensatz wieder hervor. [...]

In der ökumenischen Bewegung [...] wird in letzter Zeit mehr und mehr die Auffassung vertreten, dass Einheit der Kirche weder Einförmigkeit noch organisatorische Zusammenfassung bedeutet. Man redet hier von »Gemeinschaft zwischen Kirchen«. Die einzelnen Kirchen bleiben ihrem Bekenntnis, ihrer Ordnung und ihren gottesdienstlichen Traditionen verpflichtet, aber sie stellen in den Grundlagen ihrer Lehre ausreichende Gemeinsamkeiten fest, so dass sie Kanzel- und Abendmahlsgemeinschaft vereinbaren können. Die Einigung, die in einem Dokument (Konkordie) formuliert wird, beschränkt sich auf zentrale Lehren der Kirche: Evangelium und Sakramente. Wenn hier Klarheit herrscht, so brauchen andere Unterschiede, etwa im Gottesdienst, in der Frömmigkeit, im theologischen Denken nicht mehr zu trennen, sie können eine Bereicherung darstellen. Aufgrund der *Leuenburger Konkordie* (1973) [...] ist so Gemeinschaft zwischen den aus der Reformation hervorgegangenen Kirchen Europas erklärt worden; wie weit die gewonnene Grundlage tragfähig ist, muss die Zukunft zeigen [...].

Für die Zulassung zum Abendmahl gelten in der lutherischen und in der römisch-katholischen Kirche verschiedene Bestimmungen. Während die lutherische Kirche römisch-katholischen Christen gastweise den Zugang zum Abendmahl eröffnet, lässt die römisch-katholische Kirche Christen anderer Konfessionen nur in seltenen Ausnahmefällen zu.

Evangelischer Erwachsenenkatechismus

6. *Zusammenfassender Überblick:* Das letzte Mahl Jesu mit seinen Jüngern

Die theologisch-dogmatische Komplexität des Themas kann hier nicht annähernd vorgestellt werden. Notwendig ist Beschränkung [...].

Das Passahmahl wird im Judentum – auch heute noch – am Abend des 14. Nisan (des ersten Frühlingsvollmonds) als Familienmahl gehalten (Lamm oder junge Ziege, ungesäuerte Brote, bittere Kräuter). Es bildet den Beginn des achttägigen Mazzoth-Festes, das auch Passahfest genannt wird. Diese kultische Feier wird begangen zur Erinnerung an die Befreiung aus der Knechtschaft in Ägypten. Wie in Ex 12 berichtet wird, wurden die Israeliten von Jahwe verschont, nachdem sie die Türpfosten und die obere Schwelle ihrer Häuser mit dem Blut eines (einjährigen, männlichen, fehlerlosen) Lammes bestrichen hatten. Die Erstgeburt der Ägypter wurde getötet.

Ob das letzte Mahl, das Jesus mit seinen Jüngern hielt, ein Passahmahl war, kann nicht mit Sicherheit gesagt werden. Es *erscheint* zwar bei den Synoptikern als Passahmahl und wird dort so verstanden, auch sind zweifellos inhaltliche Beziehungen vorhanden (Erlösungsgedanke; Bund zwischen Gott und den Menschen zu deren Heil). Unsicher aber ist, ob es auch wirklich als Passahmahl *gehalten* wurde.
Denn
- der geschilderte Verlauf des Mahles weicht in verschiedenen Einzelheiten von der rituellen Ordnung des traditionellen Passahmahles ab;
- in dem Text von der Einsetzung findet sich kein Hinweis auf ein Passah (die Verse Mk 12,12-16, in denen von der Vorbereitung eines Passahmahls gesprochen wird, stammen aus späterer Zeit);
- bei Paulus werden Abendmahl und Passah in keinen unmittelbaren Zusammenhang gebracht.

Andererseits hatte das Mahl gewiss Passah*charakter*, was nicht nur bei den Synoptikern im Ganzen deutlich wird, sondern zumindest motivlich auch in der vor- und nachsynoptischen Tradition zum Ausdruck kommt:
1. bei Paulus: »Denn auch wir haben ein Passahlamm, das ist Christus, der geopfert ist« (1. Kor 5,7);
2. bei Johannes: »Am nächsten Tag sieht Johannes, dass Jesus zu ihm kommt, und spricht: Siehe, das ist Gottes Lamm, das der Welt Sünde trägt« (Joh 1,29; vgl. auch V. 36). Bei Johannes stirbt Jesus als »das wahre Passahlamm« am 14. Nisan, genau an dem Tag, an dem die Passahlämmer geschlachtet werden.

Der Passahgedanke ist also von den Synoptikern auf Jesu letztes Mahl, bei Paulus und Johannes dagegen unmittelbar auf Jesu Tod bezogen worden.

Grundsätzlich sollte man nicht vergessen, dass Jesus als frommer Jude den Bräuchen seines Landes, sofern er sie inhaltlich bejahen konnte, positiv gegenüberstand. Und es war Passahzeit. Man sollte also die historischen Möglichkeiten eines solchen Mahles durchaus akzeptieren.

Umstritten dagegen ist in der Forschung die Frage: Konnte der Mann aus Nazareth die heilsgeschichtliche Bedeutung seines Todes schon in dieser Weise sehen? Oder spiegelt sich hier die aus der Erfahrung der Auferstehung Jesu entstandene Sicht der nachösterlichen Gemeinde?

Uwe Stamer

Michael J. Deas, Ohne Titel

V. Leiden und Sterben – Passion und Tod Jesu

»Tod« wird zumeist als das nicht mehr rückgängig zu machende Ende biologischer Prozesse in einem Organismus verstanden. Doch reicht diese Definition aus? Schon lange vor dem Ende des Lebens kann der Gedanke an das Sterben-Müssen den Tod zu einer angsterregenden Macht werden lassen. Aufgrund des Wissens um den eigenen Tod stellt sich dann zuweilen auch die Frage nach dem Sinn des eigenen Lebens angesichts der Vergänglichkeit des Seins. In einem erweiterten Sinn kann »Tod« auch mitten im biologischen Leben erfahren werden, z.B. als Beziehungslosigkeit. Hier könnte dann von »sozialem Tod« geredet werden. Umfragen verdeutlichen, dass nur etwa jeder zehnte Deutsche häufiger über den Tod nachdenkt. Mehr als die Hälfte der Christen in Deutschland sehen im biologischen Tod das absolute Ende.

Die Beschäftigung mit dem Tod Jesu wirft Fragen auf, welche zunächst die »Außenseite«, aber auch die »Innenseite« seines Leidens und Sterbens betreffen. Im Blick auf das äußere Geschehen stellt sich das Problem, wie es zu Jesu gewaltsamem Tod kommen konnte und wer die Schuld daran trägt. Fragen zur Innenseite seiner Passion betreffen den Sinn seines Leidens, das im Glauben gedeutet wird als Leiden »für uns«, das heißt »unseretwegen« bzw. »uns zuliebe«. In den Evangelientexten mischen sich die Darstellung des Geschehenen mit der Deutung der biblischen Schriftsteller, wie es etwa an den letzten Worten Jesu am Kreuz erkennbar wird. Das Bekenntnis des Hauptmannes unter dem Kreuz steht für den Glauben der Christen insgesamt, dass der schändlich am Kreuz sterbende Jesus »Sohn Gottes« ist. Gegen die Vergötzung politischer Macht bekennt der Glaubende: »Jesus Christus ist der Erlöser der Welt«.

Anders als im Christentum wird das Kreuz Jesu in anderen Religionen betrachtet. Nach muslimischer Auffassung starb Jesus nicht am Kreuz, es erscheint unverständlich, dass Gott ihm ein so verachtetes Ende zugedacht haben könnte. Für Buddhisten ist das Kreuz ein geradezu unerträglicher Anblick, fast schon Ausdruck einer sadistischen Phantasie. Christen haben demgegenüber auch die Erfahrung gemacht, dass der Blick auf den gekreuzigten Christus Kräfte freisetzen kann, wenn sich Menschen in ähnlich verzweifelten Situationen befinden.

Um dazu anzuregen, über Erfahrungen mit dem Sterben nachzudenken, steht zu Beginn des Kapitels die Erlebnisschilderung eines Kindes, das den Tod eines geliebten Menschen zu verarbeiten hat (1.). Wenn Leiden und Sterben von Menschen betrachtet worden sind, kann dann der Prozess Jesu (2.) und sein Tod (3.) im synoptischen Vergleich besser nachvollzogen werden. In einem Exkurs wird sodann der Blick auf den Kaiserkult der römischen Religion (4.) gelenkt, um so das Bekenntnis des römischen Hauptmannes unter dem Kreuz (Mk 15,39) in seiner Stoßrichtung erfassen zu können. Die Entwicklung von seinem Glauben an Jesus als »Sohn Gottes« bis hin zu den ersten christologischen Dogmen im Römischen Reich wird nachgezeichnet. Es schließt sich die Frage an, wie der Tod Jesu zu deuten ist. In diesem Zusammenhang werden Akzente neutestamentlicher und heutiger Erlösungstheologie von Franz-Josef Nocke, Heinz Zahrnt und Jürgen Moltmann (5.) dargelegt. – Die Ablehnung des Kreuzes wird in der Darstellung des Jesusverständnisses im Islam von Ninian Smart (6.) sowie in den Ausführungen des Buddhisten Daisetz Taitaro Suzuki zum »Tod Jesu und Buddhas im Vergleich« (7.) deutlich. Der zusammenfassende Überblick geht nochmals auf »Die Außenseite und die Innenseite der Passion Jesu« (8.) aus christlicher Perspektive ein.

1. *Hinführung:* Ein Kind erlebt den Tod eines geliebten Menschen –
   Aus einem Buch für Kinder

Als Robert aus der Schule kommt, sieht er, dass Mama geweint hat. Robert will zu Großmama rennen, das tut er immer, wenn er aus der Schule kommt. Aber Mama und Otto, sein Bruder, halten ihn zurück. »Du«, flüstert Mama, »Großmama ist sehr krank.«
»Ist sie tot?«, sagt Robert. Er weiß gar nicht, warum er so etwas sagt. »Halt doch den
5 Mund«, sagt Otto. Mama schluckt ein paarmal, bevor sie sagt: »Großmama wird wahrscheinlich sterben.«
Robert dreht sich um und geht in sein Zimmer und holt die Eisenbahn heraus. Dann geht er wieder auf den Gang. Otto steht immer noch da. Er sieht finster und böse aus.
»Mama, ich will Großmama sehen«, sagt Robert.
10 Mama zögert; dann nimmt sie Robert an die Hand und betritt Großmamas Zimmer. Für Robert ist es das schönste aller Zimmer. Das Bett steht heute nicht an der Wand, sondern es ragt ins Zimmer hinein. Robert sieht Großmama an. Sie ist es und sie ist es nicht. Wo ist sie denn? Doch, es ist Großmama. Sie schaut Robert unverwandt an und plötzlich fürchtet sich Robert. »Sag doch was, Großmama.«
15 Aus Großmamas Mund kommen Laute, aber keine Worte. Mama streichelt ihre Hand, Otto steht plötzlich auch am Bett und sagt kein Wort.
»Großmama kann nicht mehr sprechen, sie hat einen Schlaganfall gehabt. Vielleicht kommt die Sprache wieder«, sagt Mama. Großmama hebt etwas die rechte Hand. ›Sie hört alles‹, denkt Robert und ergreift Großmamas Hand, die sehr kühl ist.
20 »Wir bleiben etwas bei ihr sitzen, damit sie nicht alleine ist.« Großmama atmet seltsam. »Geh spielen, Robert. Morgen besuchst du sie wieder.« Robert streichelt Großmama noch einmal. Sie hat ihre Augen geschlossen. »Lass sie doch«, murmelt Otto.
Für Großmama hat es keinen Morgen gegeben. Sie ist in dieser Nacht gestorben. Mama hat Robert und Otto gesagt: »Großmama ist tot.« »Wann kommt sie denn wieder«, will
25 Robert wissen. »Sie kommt nie wieder.«
Otto hat nichts gefragt und auch nichts gesagt. Mama weint und Papa nimmt Mama in die Arme und sie weint weiter an seiner Schulter. Auch er sieht traurig aus. Warum ist Großmama plötzlich tot? Warum war sie denn krank? Muss man denn immer sterben, wenn man krank wird?
30 »Nein, nein!« Robert ist ärgerlich, er versteht nichts mehr. Vor einem Monat starb die Mutter von Yvonne, da hatte er sich gar nichts gedacht. Yvonne kam wieder in die Schule und alles war wie immer. Aber mit Großmama ist es anders. Großmama liegt auf ihrem Bett. Sie ist blass und fremd. Ihre Augen sind etwas eingesunken und ihr Mund ist starr. Sie hat eine Binde um den Kopf, als hätte sie Zahnweh.
35 »Ist das Großmama?«, sagt Robert ganz leise. »Warum brennt die Kerze da? Ich will zu ihr.« Zum ersten Mal weint Robert: über sich selbst, über Mama, über Großmama, darüber, dass plötzlich alles fremd und anders ist.
Später sitzt er mit Mama und Otto auf dem Sofa im Wohnzimmer. Otto hat seinen Kopf an Mamas Hals vergraben, er ist stumm, manchmal seufzt er. Als Tante Anna in das Zim-
40 mer kommt, sagt sie zu Robert: »Komm, hör schon auf zu weinen. Sei tapfer, mach die Mama nicht noch trauriger als sie schon ist.« »Lass uns doch weinen, Anna. Es tut uns gut. Wir sind traurig. Lass uns«, sagt Mama. Tante Anna antwortet nichts. Sie weint nicht. »Ist Tante Anna nicht traurig?«, fragt Robert leise. »Doch sehr, aber sie kann es nicht zeigen.«
Otto schaut Mama mit einem dankbaren Blick an. Er kann auch nicht weinen und Mama
45 scheint es zu verstehen.

Nachmittags, als Robert im Garten war, sind vier Männer in dunkelgrauen Anzügen an ihm vorbeigelaufen, die einen Sarg getragen haben. Sie sind die Treppe hinausgegangen, Robert wollte ihnen nachlaufen, dann aber hat er gezögert. Nach einer Weile sind die Männer langsam und vorsichtig die Treppe heruntergekommen, der Sarg schien jetzt schwerer zu sein. Sie haben ihn bis zu einem schwarzen Auto getragen und ihn durch die hintere Türe hineingeschoben, wie bei einem Lieferwagen. Robert hat schon manchmal diese schwarzen Autos gesehen, aber er hat sich nichts dabei gedacht. Bei seinem Großvater auf dem Land haben Robert und Otto einmal einen Wagen gesehen mit einem Baldachin, ein schwarzes Dach auf Säulen mit Fransen und Quasten, unter dem der Sarg offen stand, bedeckt mit Kränzen und Blumen. Zwei Pferde zogen den Totenwagen. Das fanden Robert und Otto sehr schön. Das Auto mit dem Sarg ist abgefahren. Robert schaut ihm nach, dann aber rast er plötzlich die Treppe hinauf. Die Tür von Großmamas Zimmer ist sperrangelweit offen.

Das Bett ist leer. »Ist Großmama aufgestanden? Sie war doch so krank. Warum ist sie heimlich fort?«, fragt sich Robert. Otto ist ihm nachgerannt. Er ärgert sich, dass Großmama fort ist. Was soll er in diesem Zimmer? Da unten im Regal liegt das große Bilderbuch aus Großmamas Kindheit. Manchmal zeigte sie es den Kindern. Dort liegen auch noch die Würfel für das Yan-Spiel. Alles liegt an seinem Platz, nur Großmama ist weg. – ›Nein, sie ist doch noch da‹. Robert ist ganz verwirrt. Abends sitzen beide Kinder bei der Mutter. »War Großmama in dem Sarg, der mit dem Auto weggefahren ist? Wohin haben sie sie gebracht?«, fragt Robert. »In die Leichenhalle beim Friedhof. Dort steht der Sarg, bis sie begraben wird.« »In diesem engen Sarg, Mama? Und wenn sie aufwacht, wie kommt sie da raus?« »Sie ist tot. Der Arzt hat es festgestellt. Wir sehen sie hier nie mehr wieder.« »Und wohin kommt sie dann?« »In die Erde, auf den Friedhof neben Großpapa.« »In ein Loch in die Erde?« »Frag doch nicht so«, brummelt Otto. »Lass ihn«, sagt Mama, »Großmama kommt in die Erde. Die Hülle des Menschen, sein Körper, löst sich auf, wenn er tot ist; sie wird wieder zu Erde.« »Und Großmama?« »Großmama auch. Aber das, was Großmama war, lebt weiter. Sie hat euch sehr lieb gehabt, ihr sie auch, das wird nie verloren gehen.« »Bleibt es in der Luft?« »Ich weiß nicht, aber ich kann mir nicht vorstellen, dass überhaupt etwas verloren geht. Wir weinen nur, weil wir den Menschen, den wir lieben, nicht mehr bei uns haben. Wir können ihn nicht mehr sehen, nicht mehr hören, nicht mehr küssen.« »Ich höre Großmama trotzdem«, sagt Otto plötzlich. »Geht sie zum lieben Gott, so wie die Engel?«, fragt Robert. »Das weiß ich nicht. Ich glaube, dass Gott sie aufnimmt. Wie, weiß ich nicht, aber ich weiß, dass sie für immer in den Frieden eingeht.« »Was ist Frieden?« »Ein Ort oder ein Zustand, wo man durch nichts mehr verwirrt oder gekränkt wird, wo man nicht mehr Angst hat.« »So, als wenn ich schlafe?« »Nein, das glaube ich nicht.« »Eigentlich könnte man ja gleich tot sein, wenn alles so schön ist. Warum bin ich auf der Erde?«, sagt Otto mürrisch.

»Um zu leben«, antwortet die Mutter. »Das heißt, um viele Erfahrungen zu machen, gute und schlechte, um die Welt kennen zu lernen, um Glück zu finden, zu wachsen, zu lernen, zu helfen und zu lieben. Jedes Leben führt zu einem Tod. Nur was gelebt hat, kann sterben. Der Tod gehört zu jedem Leben.«

Antoinette Becker

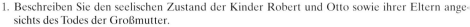

1. Beschreiben Sie den seelischen Zustand der Kinder Robert und Otto sowie ihrer Eltern angesichts des Todes der Großmutter.
2. Welche Vorstellungen vom Tod und vom »Leben nach dem Tod« enthält der Text?
3. Wird durch den Text Kindern eine Hilfe geboten den Tod besser zu verstehen?

2. Der Prozess Jesu im synoptischen Vergleich

Mk 15,2-5	*Mt 27,11-14*	*Lk 23,2-5*	*Joh 18,33-38*
		²Dort brachten sie ihre Anklage gegen ihn vor; sie sagten: Wir haben festgestellt, dass dieser Mensch unser Volk verführt, es davon abhält dem Kaiser Steuer zu zahlen und behauptet, er sei der Messias und König.	³³Pilatus ging wieder in das Prätorium hinein, ließ Jesus rufen und fragte ihn: Bist du der König der Juden? ³⁴Jesus antwortete: Sagst du das von dir aus oder haben es dir andere über mich gesagt?
²Pilatus fragte ihn: Bist du der König der Juden? Er antwortete ihm: Du sagst es.	¹¹Als Jesus vor dem Statthalter stand, fragte ihn dieser: Bist du der König der Juden? Jesus antwortete: Du sagst es.	³Pilatus fragte ihn: Bist du der König der Juden? Er antwortete ihm: Du sagst es.	³⁵Pilatus entgegnete: Bin ich denn ein Jude? Dein eigenes Volk und die Hohenpriester haben dich an mich ausgeliefert. Was hast du getan?
³Die Hohenpriester brachten viele Anklagen gegen ihn vor.	¹²Als aber die Hohenpriester und die Ältesten ihn anklagten, gab er keine Antwort.		³⁶Jesus antwortete: Mein Königtum ist nicht von dieser Welt. Wenn es von dieser Welt wäre, würden meine Leute kämpfen, damit ich den Juden nicht ausgeliefert würde. Aber mein Königtum ist nicht von hier.
⁴Da wandte sich Pilatus wieder an ihn und fragte: Willst du denn nichts dazu sagen? Sieh doch, wie viele Anklagen sie gegen dich vorbringen.	¹³Da sagte Pilatus zu ihm: Hörst du nicht, was sie dir alles vorwerfen?		
⁵Jesus aber gab keine Antwort mehr, so dass Pilatus sich wunderte.	¹⁴Er aber antwortete ihm auf keine einzige Frage, so dass der Statthalter sehr verwundert war.		³⁷Pilatus sagte zu ihm: Also bist du doch ein König? Jesus antwortete: Du sagst es, ich bin ein König. Ich bin dazu geboren und dazu in die Welt gekommen, dass ich für die Wahrheit Zeugnis ablege. Jeder, der aus der Wahrheit ist, hört auf meine Stimme.
		⁴Da sagte Pilatus zu den Hohenpriestern und zum Volk: Ich finde nicht, dass dieser Mensch eines Verbrechens schuldig ist. ⁵Sie aber blieben hartnäckig und sagten: Er wiegelt das Volk auf und verbreitet seine Lehre im ganzen jüdischen Land von Galiläa bis hierher.	³⁸Pilatus sagte zu ihm: Was ist Wahrheit?

Lk 23,6-16

⁶Als Pilatus das hörte, fragte er, ob der Mann ein Galiläer sei.
⁷Und als er erfuhr, dass Jesus aus dem Gebiet des Herodes komme, ließ er ihn zu Herodes bringen, der in jenen Tagen ebenfalls in Jerusalem war.
⁸Herodes freute sich sehr, als er Jesus sah; schon

Peter König, Verspottung Jesu, 1981

| | | lange hatte er sich gewünscht, mit ihm zusammenzutreffen, denn er hatte von ihm gehört. Nun hoffte er ein Wunder von ihm zu sehen.
⁹Er stellte ihm viele Fragen, doch Jesus gab ihm keine Antwort.
¹⁰Die Hohenpriester und die Schriftgelehrten, die dabei standen, erhoben schwere Beschuldigungen gegen ihn.
¹¹Herodes und seine Soldaten zeigten ihm offen ihre Verachtung. Er trieb seinen Spott mit Jesus, ließ ihm ein Prunkgewand umhängen und schickte ihn so zu Pilatus zurück.
¹²An diesem Tag wurden Herodes und Pilatus Freunde; vorher waren sie Feinde gewesen.
¹³Pilatus rief die Hohenpriester und die anderen führenden Männer und das Volk zusammen
¹⁴und sagte zu ihnen: Ihr habt mir diesen Menschen hergebracht und behauptet, er wiegle das Volk auf. Ich selbst habe ihn in eurer Gegenwart verhört und habe keine der Anklagen, die ihr gegen diesen Menschen vorgebracht habt, bestätigt gefunden,
¹⁵auch Herodes nicht, denn er hat ihn zu uns zurückgeschickt. Ihr seht also: Er hat nichts getan, worauf die Todesstrafe steht.
¹⁶Daher will ich ihn nur auspeitschen lassen, und dann werde ich ihn freilassen. | |

Mk 15,6-15	Mt 27,15-26	Lk 23,18-25	Joh 18,39-40; 19,4-16a
⁶Jeweils zum Fest ließ Pilatus einen Gefangenen frei, den sie sich ausbitten durften.
⁷Damals saß gerade ein Mann namens Barabbas im Gefängnis, zusammen mit anderen Aufrührern, die bei einem Aufstand einen Mord begangen hatten.
⁸Die Volksmenge zog (zu Pilatus) hinauf und bat,	¹⁵Jeweils zum Fest pflegte der Statthalter einen Gefangenen freizulassen, den sich das Volk auswählen konnte.
¹⁶Damals war gerade ein berüchtigter Mann namens Barabbas im Gefängnis.		³⁹Ihr seid gewohnt, dass ich euch am Paschafest einen Gefangenen freilasse. Wollt ihr also, dass ich euch den König der Juden freilasse?
⁴⁰Da schrien sie wieder: Nicht diesen, sondern Barabbas! Barabbas war ein Straßenräuber.
¹⁹,⁴Pilatus ging wieder hinaus und sagte zu ihnen: Seht, ich bringe ihn zu

Mk	Mt	Lk	Joh
ihnen die gleiche Gunst zu gewähren wie sonst. ⁹Pilatus fragte sie: Wollt ihr, dass ich den König der Juden freilasse? ¹⁰Er merkte nämlich, dass die Hohenpriester nur aus Neid Jesus an ihn ausgeliefert hatten.	¹⁷Pilatus fragte nun die Menge, die zusammengekommen war: Was wollt ihr? Wen soll ich freilassen, Barabbas oder Jesus, den man den Messias nennt? ¹⁸Er wußte nämlich, dass man Jesus nur aus Neid an ihn ausgeliefert hatte. ¹⁹Während Pilatus auf dem Richterstuhl saß, ließ ihm seine Frau sagen: Lass die Hände von diesem Mann, er ist unschuldig. Ich hatte seinetwegen heute Nacht einen schrecklichen Traum.		euch heraus; ihr sollt wissen, dass ich keinen Grund finde ihn zu verurteilen. ⁵Jesus kam heraus; er trug die Dornenkrone und den purpurroten Mantel. Pilatus sagte zu ihnen: Seht, da ist der Mensch! ⁶Als die Hohenpriester und ihre Diener ihn sahen, schrien sie: Ans Kreuz mit ihm, ans Kreuz mit ihm! Pilatus sagte zu ihnen: Nehmt ihr ihn und kreuzigt ihn! Denn ich finde keinen Grund ihn zu verurteilen. ⁷Die Juden entgegneten ihm: Wir haben ein Gesetz und nach diesem Gesetz muss er sterben, weil er sich als Sohn Gottes ausgegeben hat.
¹¹Die Hohenpriester aber wiegelten die Menge auf lieber die Freilassung des Barabbas zu fordern.	²⁰Inzwischen überredeten die Hohenpriester und die Ältesten die Menge die Freilassung des Barabbas zu fordern, Jesus aber hinrichten zu lassen. ²¹Der Statthalter fragte sie: Wen von beiden soll ich freilassen? Sie riefen: Barabbas!	¹⁸Da schrien sie alle miteinander: Weg mit ihm; lass den Barabbas frei! ¹⁹Dieser Mann war wegen eines Aufruhrs in der Stadt und wegen Mordes ins Gefängnis geworfen worden.	⁸Als Pilatus das hörte, wurde er noch ängstlicher. ⁹Er ging wieder in das Prätorium hinein und fragte Jesus: Woher stammst du? Jesus aber gab ihm keine Antwort. ¹⁰Da sagte Pilatus zu ihm: Du sprichst nicht mit mir? Weißt du nicht, dass ich Macht habe dich freizulassen und Macht dich zu kreuzigen?
¹²Pilatus wandte sich von neuem an sie und fragte: Was soll ich dann mit dem tun, den ihr den König der Juden nennt? ¹³Da schrien sie: Kreuzige ihn! ¹⁴Pilatus entgegnete: Was hat er denn für ein Verbrechen begangen? Sie schrien noch lauter: Kreuzige ihn!	²²Pilatus sagte zu ihnen: Was soll ich dann mit Jesus tun, den man den Messias nennt? Da schrien sie alle: Ans Kreuz mit ihm! ²³Er erwiderte: Was für ein Verbrechen hat er denn begangen? Da schrien sie noch lauter: Ans Kreuz mit ihm!	²⁰Pilatus aber redete wieder auf sie ein, denn er wollte Jesus freilassen. ²¹Doch sie schrien: Kreuzige ihn, kreuzige ihn! ²²Zum dritten Mal sagte er zu ihnen: Was für ein Verbrechen hat er denn begangen? Ich habe nichts feststellen können, wofür er den Tod verdient. Daher will ich ihn auspeitschen lassen und dann werde ich ihn freilassen. ²³Sie aber schrien und forderten immer lauter, er solle Jesus kreuzigen lassen, und mit ihrem Geschrei setzten sie sich durch:	¹¹Jesus antwortete: Du hättest keine Macht über mich, wenn es dir nicht von oben gegeben wäre; darum liegt größere Schuld bei dem, der mich dir ausgeliefert hat. ¹²Daraufhin wollte Pilatus ihn freilassen, aber die Juden schrien: Wenn du ihn freilässt, bist du kein Freund des Kaisers; jeder, der sich als König ausgibt, lehnt sich gegen den Kaiser auf. ¹³Auf diese Worte hin ließ Pilatus Jesus herausführen und er setzte sich auf den Richterstuhl an dem Platz, der Lithostrotos, auf hebräisch Gabbata, heißt. ¹⁴Es war am Rüsttag des Paschafestes, ungefähr um die sechste Stunde. Pilatus sagte zu den Juden: Da ist euer König!
	²⁴Als Pilatus sah, dass er nichts erreichte, sondern dass der Tumult immer größer wurde, ließ er Wasser bringen, wusch sich vor allen Leuten die Hände und sagte: Ich bin unschuldig am Blut dieses Menschen. Das ist eure Sache! ²⁵Da rief das ganze Volk: Sein Blut komme über uns und unsere Kinder!		

Pablo Picasso, Kreuzigung, 1930

Mk	Mt	Lk	Joh
¹⁵Darauf ließ Pilatus, um die Menge zufriedenzustellen, Barabbas frei	²⁶Darauf ließ er Barabbas frei	²⁴Pilatus entschied, dass ihre Forderung erfüllt werden solle. ²⁵Er ließ den Mann frei, der wegen Aufruhr und Mord im Gefängnis saß und den sie gefordert hatten.	¹⁵Sie aber schrien: Weg mit ihm, kreuzige ihn! Pilatus aber sagte zu ihnen: Euren König soll ich kreuzigen? Die Hohenpriester antworteten: Wir haben keinen König außer dem Kaiser. ¹⁶ᵃDa lieferte er ihnen Jesus aus, damit er gekreuzigt würde.
und gab den Befehl Jesus zu geißeln und zu kreuzigen.	und gab den Befehl Jesus zu geißeln und zu kreuzigen.	Jesus aber lieferte er ihnen aus, wie sie es verlangten.	

1. Wer hat Schuld am Tode Jesu? Geben die einzelnen Evangelisten eine übereinstimmende Antwort?
2. Werten Sie die Aussagen der Evangelien im Blick auf ihre historische Zuverlässigkeit aus und versuchen Sie sich – soweit möglich – ein eigenes Urteil zu bilden!
3. Vergleichen Sie Ihre Auffassung mit der von Peter Fiedler!

1. Markus Nach der Fragestellung in Vers 15,9 »Wollt ihr, dass ich euch den König der Juden freilasse?« ist die Absicht des Pilatus leicht zu durchschauen. Erklärend heißt es in Vers 10 »Er merkte nämlich, dass die Hohenpriester ihm Jesus aus Feindschaft ausgeliefert hatten« – woher der Verfasser diese Kenntnis über das Wissen des Römers besaß, ist eine unzulässige Frage. Für ihn ist eine solche Behauptung verbürgt durch die Tatsache der Hinrichtung Jesu und die Anfeindungen, die urchristliche Gemeinden von jüdischer Seite auszuhalten hatten. Nach Vers 11 wiegeln die Hohenpriester folgerichtig die Volksmassen auf, damit er (Pilatus) ihnen eher den Barabbas freilasse. Die Frage des Pilatus in Vers 12, was er denn mit ihm tun solle, »den ihr den König der Juden nennt«, erscheint als überflüssig. Der behauptete Brauch einer Begnadigung zum Fest galt jeweils für »einen (einzigen) Gefangenen« (Vers 6) – ob er wirklich bestand, ist eine ganz andere Frage. So erhalten aber in Vers 13 die Juden Gelegenheit, ausdrücklich den Tod Jesu, und zwar den Kreuzestod, zu verlangen. Der unentschlossene Pilatus wird durch das Geschrei der Ankläger »Kreuzige ihn!« (Vers 14) überwältigt. »Er ließ, um sie zufriedenzustellen, den Barabbas frei«, während er Jesus nach der Geißelung zur Kreuzigung »ausliefert«, wie wiederum gesagt ist.

2. Matthäus Auffallend sind vor allem der Traum der Frau des Pilatus (27,19) und die Händewaschung des Prokurators mit der Unschuldsbeteuerung (27,24). Bedeutsamer noch ist die Antwort des Volkes (Matthäus schreibt in Vers 25 nicht »Volksmenge«, sondern verwendet das für das Gottesvolk gebräuchliche Wort und betont »das ganze«): »Sein Blut komme auf uns und unsere Kinder!« Das ganze (!) Volk Israel übernimmt die Verantwortung an dieser Hinrichtung.

3. Lukas Mehrfach beteuert Pilatus die Unschuld Jesu, sogar unter Berufung auf den jüdischen »König« Herodes (23,15). Selbst der »Kompromissvorschlag« Jesus nach der Auspeitschung freizulassen wird abgelehnt (Verse 16.22). So entscheidet Pilatus, dass »ihre Forderung« erfüllt wird. Und wenn er mit Jesus verfährt, »wie sie es gewollt hatten« (Vers 25), so meint Lukas mit dieser Änderung gegenüber Markus sicher das, was in Apg 3,13-15 deutlich ausgesprochen wird: »... dieser (= Pilatus) hatte entschieden ihn freizulassen ... Den Urheber des Lebens habt ihr getötet«.

4. Johannes Jesus erklärt dem Pilatus ausdrücklich »... darum hat der größere Schuld, der mich dir ausgeliefert hat« (19,11). Erst durch die erpresserische Drohung einer Anzeige beim Kaiser erreichen »die Juden« (!) die Kreuzigung; ihre religiösen Führer versteigen sich zu dem für jüdische Ohren gotteslästerlichen Wort »Wir haben keinen König außer dem Kaiser« (Vers 15). Damit ist der Lebensgrund des Gottesvolkes, dessen König Jahwe ist, aufgegeben. Das Wort des johanneischen Christus bestätigt sich: »Ihr stammt vom Teufel, er ist euer Vater ...« (Joh 8,44).

Sind die Juden schuld am Tod Jesu? Viele Aussagen des Neuen Testaments scheinen dafür zu sprechen. Vielleicht konnte aber dieser knappe Überblick über einen Ausschnitt aus Passionserzählungen der Evangelien bereits erkennen lassen, dass ein historisches Urteil nicht vorschnell darauf aufgebaut werden kann. Die theologische und kirchengeschichtliche Situation der Verfasser unserer Evangelien und der Traditionen, die sie benutzten, hat in der Gestaltung der Texte ihre Spuren hinterlassen. So führte die sich zunehmend verhärtende Auseinandersetzung mit den nicht an den Messias Jesus glaubenden Juden *auch* zu immer stärkerer Beschuldigung, während die Ausbreitung des Christentums im römischen Weltreich die jesusfreundliche Darstellung des Pilatus nur fördern konnte.

Wollen wir ein vielleicht annähernd zutreffendes historisches Urteil erreichen, dürfen wir nicht einmal mehr die Frage so pauschal stellen. Es kann sich nur um *bestimmte Personen*

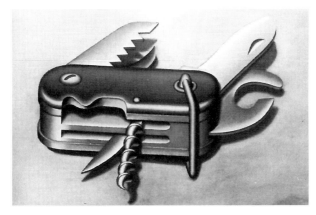

*Konrad Klapheck,
Der Misanthrop,
1973*

oder *Gruppen* in der damaligen Judenschaft Israels handeln, die eine Beseitigung Jesu wünschten. Die Gründe dafür werden im Auftreten Jesu selbst zu suchen sein. Er war von einer Schar von Anhängern und Anhängerinnen umgeben. Das war in einer Zeit, in der es immer wieder zu Aufstandsversuchen gegen die römische Oberherrschaft kam, missverständlich und gefährlich. Angehörige der jüdischen Oberschicht, der Sadduzäer, konnten mit einer Auslieferung Jesu wegen Gefährdung der öffentlichen Ruhe und Sicherheit den Römern ihre Loyalität zeigen. Denn daran ist in keinem Fall zu zweifeln, dass Jesus von römischen Soldaten am Kreuz hingerichtet wurde. Dann darf man auch annehmen, dass Pilatus ihn verurteilt hat, und zwar aus politischen Motiven. Ob er überhaupt erkannt hat, wie sehr er damit Jesus Unrecht tat?

Wir wüssten gerne mehr, auch über Jesu Verhalten selbst. Soviel lassen die Evangelien immerhin erkennen: Auch als er ein gewaltsames Ende auf sich zukommen sah, blieb er unbeirrt seiner Sendung treu. Lukas drückt das mit der Bitte des Gekreuzigten aus: »Vater, vergib ihnen; denn sie wissen nicht, was sie tun!« (23,34).

Peter Fiedler

*Borislav
Sajtinac*

3. Der Tod Jesu im synoptischen Vergleich

Mk 15,33-41	*Mt 27,45-56*	*Lk 23,44-49,36*	*Joh 19,29-37, 25-27*
[33]Und als die sechste Stunde eingetreten war, kam eine Finsternis über die ganze Erde bis zur neunten Stunde. [38]Und der Vorhang im Tempel zerriss in zwei Stücke von oben bis unten. [34]Und in der neunten Stunde rief Jesus mit lauter Stimme: »Elohi, Elohi, lama sabachthani?« (das heißt übersetzt: Mein Gott, mein Gott, warum hast du mich verlassen?). [35]Und als es einige von denen hörten, die dabeistanden, sagten sie: Siehe, er ruft den Elia. [36]Einer aber lief, füllte einen Schwamm mit Essig, steckte ihn auf ein Rohr und gab ihm zu trinken, indem er sagte: Halt, lasset uns sehen, ob Elia kommt, um ihn herabzunehmen! [37]Da stieß Jesus einen lauten Schrei aus und verschied. [38]Und der Vorhang im Tempel zerriss in zwei Stücke von oben bis unten. [39]Als aber der Hauptmann, der ihm gegenüber in der Nähe stand, sah, dass er auf diese Weise verschieden war, sprach er: Dieser Mensch war in Wahrheit Gottes Sohn. [40]Es sahen aber auch Frauen von ferne zu, unter ihnen auch Maria aus Magdala und Maria, die	[45]Aber von der sechsten Stunde an kam eine Finsternis über die ganze Erde bis zur neunten Stunde. [51]Und siehe, der Vorhang im Tempel zerriss von oben bis unten in zwei Stücke, [46]Um die neunte Stunde aber schrie Jesus laut auf: »Eli, Eli, lema sabachthani? (das heißt: Mein Gott, mein Gott, warum hast du mich verlassen?) [47]Als das einige von den dort Stehenden hörten, sagten sie: Dieser ruft den Elia. [48]Und alsbald lief einer von ihnen, nahm einen Schwamm, füllte ihn mit Essig, steckte ihn auf ein Rohr und gab ihm zu trinken. [49]Die übrigen aber sagten: Halt, lasset uns sehen, ob Elia kommt, um ihn zu retten! [50]Da schrie Jesus abermals mit lauter Stimme und gab den Geist auf. [51]Und siehe, der Vorhang im Tempel zerriss von oben bis unten in zwei Stücke, und die Erde erbebte, und die Felsen zerrissen, [52]und die Grüfte öffneten sich und viele Leiber der entschlafenen Heiligen wurden auferweckt; [53]und sie kamen nach seiner Auferweckung aus den Grüften hervor, gingen in die heilige Stadt und erschienen vielen. [54]Als aber der Hauptmann und die, welche mit ihm Jesus bewach-	[44]Und es war schon ungefähr die sechste Stunde, da kam eine Finsternis über die ganze Erde bis zur neunten Stunde, [45]indem die Sonne ihren Schein verlor; der Vorhang im Tempel aber riß mitten entzwei. [36]Es verspotteten ihn aber auch die Soldaten, indem sie hinzutraten, ihm Essig brachten. [46]Und Jesus rief mit lauter Stimme und sprach: Vater, in deine Hände befehle ich meinen Geist! Und als er dies gesagt hatte, verschied er. [45]...der Vorhang im Tempel aber riß mitten entzwei. [47]Als aber der Hauptmann sah, was geschehen war, pries er Gott und sprach: Dieser Mensch war wirklich ein Gerechter. [48]Und die ganze Volksmenge, die zu diesem Schauspiel mitgekommen war, schlug sich beim Anblick dessen, was geschehen war, an die Brust und kehrte zurück. [49]Es standen aber alle seine Bekannten von ferne und die Frauen, die ihm von Galiläa her nachgefolgt waren, und sahen dies.	[29]Ein Gefäß voll Essig stand da. Sie steckten nun einen mit Essig gefüllten Schwamm auf einen Ysopstengel und hielten ihn ihm an den Mund. [30]Als Jesus nun den Essig genommen hatte, sprach er: Es ist vollbracht, und neigte das Haupt und gab den Geist auf. [31]Weil es nun Rüsttag war, richteten die Juden, damit die Leiber nicht über den Sabbat am Kreuze blieben – jener Sabbattag war nämlich ein großer – an Pilatus die Bitte, dass ihnen die Schenkel zerschlagen und sie herabgenommen würden. [32]So kamen denn die Soldaten und dem ersten zerschlugen sie die Schenkel und (ebenso) dem anderen, der mit ihm gekreuzigt worden war. [33]Als sie aber an Jesus kamen, zerschlugen sie ihm die Schenkel nicht, da sie sahen, dass er schon gestorben war, [34]sondern einer der Soldaten stach ihn mit einer Lanze in die Seite und alsbald kam Blut und Wasser heraus. [35]Und der es gesehen hat, der hat es bezeugt, und sein Zeugnis ist wahr; und jener weiß, dass er Wahres sagt, damit auch ihr glaubt. [36]Denn dies ist geschehen, damit das Schriftwort erfüllt würde: Kein Knochen an ihm soll zerbrochen werden.

1. Vergleichen Sie die Fassungen miteinander! Sie können sich vor allem an folgenden Fragen orientieren:
   – Wie stirbt Jesus?
   – Wie verhalten sich die Anwesenden?
   – Welche Ereignisse werden mit dem Tod in Verbindung gebracht?
   – Was sind die letzten Worte Jesu am Kreuz?
2. Um die Evangelien recht zu verstehen, ist es erforderlich Parallelen aus der Hebräischen Bibel zu berücksichtigen, auf die angespielt wird. Untersuchen Sie die in der Abbildung genannten Schriftstellen.
   Zum Verständnis der letzten Worte Jesu ist es u. a. wichtig den Psalm 22 zu kennen. Untersuchen Sie diesen Psalm und analysieren Sie dessen Aufbau und Gestaltung!

Mk

Mutter von Jakobus dem Jüngern und von Joses, und Salome, ⁴¹die ihm, als er in Galiläa war, folgten und dienten, und viele andere, die mit ihm nach Jerusalem hinaufgezogen waren.

Mt

ten, das Erdbeben sahen und was da geschah, fürchteten sie sich sehr und sagten: Dieser war in Wahrheit Gottes Sohn. ⁵⁵Es sahen aber dort viele Frauen von ferne zu, die Jesus von Galiläa her gefolgt waren, um ihm zu dienen; ⁵⁶und unter diesen waren Maria aus Magdala und Maria, die Mutter des Jakobus und Joses, und die Mutter der Söhne des Zebedäus.

Joh

³⁷Und wieder ein anderes Schriftwort sagt: Sie werden hinschauen auf den, welchen sie durchbohrt haben. ²⁵Beim Kreuze Jesu aber standen seine Mutter und die Schwester seiner Mutter, Maria (, die Frau) des Klopas, und Maria aus Magdala. ²⁶Als nun Jesus die Mutter sah und neben ihr den Jünger stehen, den er liebhatte, sagt er zur Mutter: Frau, siehe, dein Sohn! ²⁷Hierauf sagte er zum Jünger: Siehe, deine Mutter! Und von jener Stunde an nahm sie der Jünger in sein Haus.

Psalm 22

²Mein Gott, mein Gott, warum hast du mich verlassen,
bist fern meinem Schreien, den Worten meiner Klage?
³Mein Gott, ich rufe bei Tag, doch du gibst keine Antwort;
ich rufe bei Nacht und finde doch keine Ruhe.
⁴Aber du bist heilig, du thronst über dem Lobpreis Israels.
⁵Dir haben unsere Väter vertraut, sie haben vertraut und du hast sie gerettet.
⁶Zu dir riefen sie und wurden befreit, dir vertrauten sie und wurden nicht zuschanden.
⁷Ich aber bin ein Wurm und kein Mensch, der Leute Spott, vom Volk verachtet.
⁸Alle, die mich sehen, verlachen mich, verziehen die Lippen, schütteln den Kopf:
⁹»Er wälze die Last auf den Herrn, der soll ihn befreien!
Der reiße ihn heraus, wenn er an ihm Gefallen hat.«
¹⁰Du bist es, der mich aus dem Schoß meiner Mutter zog,
mich barg an der Brust der Mutter.
¹¹Von Geburt an bin ich geworfen auf dich, vom Mutterleib an bist du mein Gott.
¹²Sei mir nicht fern, denn die Not ist nahe, und niemand ist da, der hilft.
¹³Viele Stiere umgeben mich, Büffel von Baschan umringen mich.
¹⁴Sie sperren gegen mich ihren Rachen auf, reißende, brüllende Löwen.
¹⁵Ich bin hingeschüttet wie Wasser, gelöst haben sich all meine Glieder.
Mein Herz ist in meinem Leib wie Wachs zerflossen.
¹⁶Meine Kehle ist trocken wie eine Scherbe, die Zunge klebt mir am Gaumen.
Du legst mich in den Staub des Todes.
¹⁷Viele Hunde umlagern mich, eine Rotte von Bösen umkreist mich.
Sie durchbohren mir Hände und Füße.
¹⁸Man kann all meine Knochen zählen; sie gaffen und weiden sich an mir.
¹⁹Sie verteilen unter sich meine Kleider und werfen das Los um mein Gewand.
²⁰Du aber, Herr, halte dich nicht fern! Du, meine Stärke, eil mir zu Hilfe!
²¹Entreiße mein Leben dem Schwert, mein einziges Gut aus der Gewalt der Hunde!
²²Rette mich vor dem Rachen des Löwen, vor den Hörnern der Büffel rette mich Armen!
²³Ich will deinen Namen meinen Brüdern verkünden, inmitten der Gemeinde dich preisen.
²⁴Die ihr den Herrn fürchtet, preist ihn, ihr alle vom Stamm Jakobs, rühmt ihn;
erschauert alle vor ihm, ihr Nachkommen Israels!
²⁵Denn er hat nicht verachtet, nicht verabscheut das Elend des Armen.
Er verbirgt sein Gesicht nicht vor ihm; er hat auf sein Schreien gehört.
²⁶Deine Treue preise ich in großer Gemeinde; ich erfülle mein Gelübde vor denen, die Gott fürchten.
²⁷Die Armen sollen essen und sich sättigen; den Herrn sollen preisen, die ihn suchen.
Aufleben soll euer Herz für immer.
²⁸Alle Enden der Erde sollen daran denken und werden umkehren zum Herrn:
Vor ihm werfen sich alle Stämme der Völker nieder.
²⁹Denn der Herr regiert als König; er herrscht über die Völker.
³⁰Vor ihm allein sollen niederfallen die Mächtigen der Erde,
vor ihm sich alle niederwerfen, die in der Erde ruhen.
³¹Vom Herrn wird man dem künftigen Geschlecht erzählen,
³²seine Heilstat verkündet man dem kommenden Volk; denn er hat das Werk getan.

3. Vergleichen Sie den von Ihnen gefundenen Aufbau mit dem folgenden Vorschlag!

Aufbau und Gestaltung von Psalm 22

I. Klage in drei Phasen

A. *Klage* (2f) – Vertrauensäußerung (4-6)
B. *Klage* (7-9) – Vertrauensäußerung (10f) – Bitte (12)
C. *Klage* (13-19) – Bitte (20-22) – Vertrauensäußerung (22c)

II. Lob in drei Phasen

A. *Lobgelübde* (23) – Aufforderung zum Loben (24) – Begründung des Lobs (25)
B. *Lobgelübde* (26) – Aufforderung zum Loben (27f) – Begründung des Lobs (29)
C. Aufforderung zum Loben (30-32) – Begründung des Lobs (32c)

4. Bietet die Kenntnis von Aufbau und Gestaltung des Psalm 22 eine Hilfe zur Lösung des synoptischen Problems im Blick auf die letzten Worte Jesu am Kreuz?
5. Darf man Gott im Gebet sein Leid klagen? – Setzen Sie sich zur Beantwortung dieser Frage mit den Gedanken von Ottmar Fuchs auseinander!

1. Die klagende Frage Jesu am Kreuz: »Mein Gott, mein Gott, warum hast du mich verlassen?« ist der Beginn eines Klageliedes aus Israel. Es ist schon lange vor Jesus, aber auch gerade zu seiner Zeit ein bekanntes Gebet aus dem Gebetbuch des Volkes [...]. Im Unterschied zum [...] Buch der Psalmen freilich, wo 40 % der Texte Klagelieder sind, begegnen [...] uns [...] kaum solche Gebete! Dies ist ein Symptom dafür, dass die Klage eine verdrängte Gebetsgattung geworden ist. Und wenn einer mal klagt, wird er nicht selten [...] bedrängt: mit Gott darf man doch nicht hadern! [...]
Dies aber ist falsch! Auch wir dürfen, ja wir sollen so zu Gott beten, wenn wir uns und ihn ernst nehmen wollen: einmal uns in den Situationen der Not und der Sorge, zum anderen Gott, von dem wir glauben, dass wir ihm gerade in der Not wichtig sind und bleiben. Vor Gott braucht, und das gilt auch für unsere Gebetsbeziehungen mit ihm, nichts verdrängt zu werden, auch nicht unser Aufbäumen gegen das, was wir erleben müssen. So gilt auch in diesem Sinne die Nachfolge Jesu: nämlich ihm nicht nur nachzufolgen in seinen die Menschen befreienden Worten und Taten, sondern auch in seiner Gottesbeziehung [...]. Schauen wir auf ein paar wichtige Momente des Klagebetens [...].
2. Das gänzlich Überraschende an diesem Psalm 22 ist, dass mitten in der heftigsten Notschilderung die Hoffnung aufbricht. Hierin konzentriert sich das »Unglaubliche«, was überhaupt den biblischen Glauben an Gott charakterisiert: in der Situation der Not und Bedrängung entsteht die feste Hoffnung, die Glaubensgewissheit, dass Gott hört und in irgendeiner Form den Beter nicht zugrunde gehen lässt. Das wohl Stärkste, was es unter Menschen gibt, kommt hier zur Wirkung und zum Ausdruck, und mancher von uns hat dies tatsächlich schon am Grund einer tiefgehenden Noterfahrung erlebt: in der Not, wo der Mensch keinen Ausweg mehr zu sehen glaubt, bricht gerade an dem Punkt, wo sie am tiefsten ausgelotet wird, eine paradoxe »Hoffnung wider alle Hoffnung« auf [...].
In Israel geschieht dies dadurch, dass der Beter sich an die alten und erzählten Geschichten erinnert, in denen Gott bereits die Väter nicht im Stich gelassen hat. So wird in Psalm 22 an das Vertrauen und an die Rettung der Väter gedacht, die Jahwe aus dem Sklavenhaus von Ägypten herausgeführt hat, und zwar gegen die Macht der Stärkeren und die Unmöglichkeitsbehauptungen des Mose. Dies ist das erste: der Gott, der in der Noterfahrung so fern gerückt scheint, wird im Klagegebet eingeklagt als der, der doch der Gott

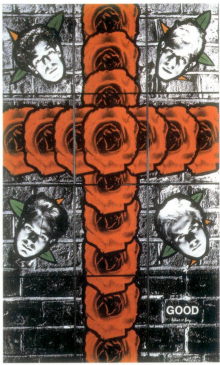

Gilbert & George, Good, 1983

Arnulf Rainer, Weinkruzifix, 1957 – 1978

der Väter ist, der die Väter aus ihrer Not gerettet hat. Indem der Beter diesem Gott aus der Erinnerung in seine Gegenwart holt und ihn zugleich in seiner Klage anspricht, rettet er Jahwe vor der Vergessenheit und glaubt ihn nach wie vor als seinen Gott. So mobilisieren die erinnerten Hoffnungsgeschichten einen Vorschuss an Vertrauen. Die Erinne-
5 rung wird zum Lesegerät der Not, nämlich insofern der Gläubige immer mehr inne wird, dass gerade die Not der Ort ist, wo Gott sich einstellt; dass der Notleidende derjenige ist mit dem Gott vorzugsweise zu tun haben will [...].
3. Das Gebet beginnt mit einem heftigen Warum; der Beter möchte es wissen, warum Gott dies zulassen kann; es ist ihm unbegreiflich! Er stellt die uralte Frage nach dem Tun-
10 Ergehen-Zusammenhang, nach dem Verhältnis von Gottesglauben und Wohlergehen. Sollte es denn nicht auch denen, die bereits hier an Gott, den Schöpfer und Vollender der Welt, glauben und ihm gehorchen, tatsächlich viel besser ergehen? Das Klagegebet Israels freilich ist ein Lernprozess, der beides gründlich trennt: das Tun des Menschen und sein Ergebnis (sein »Schicksal«), den Glauben an Gott und das Wohlergehen. Gott ist
15 nicht verfügbar im Sinne von: wenn ich das und das tue oder glaube, dann geht es mir in dieser und der anderen Hinsicht gut! Biblischer Glaube dagegen behauptet sich, entsteht und wird geprüft im Ernstfall: wo der Beter an Gott glaubt und ihm vertraut, obwohl es ihm nicht gut geht, obwohl er den guten Gott also nicht unmittelbar als Wohlergehen erfährt.

Damit scheidet sich der Glaube vom Aberglauben, der biblische Gott vom Talisman, den man hat, damit einem nichts passiert. Der Aberglaube weicht hier einem radikalen Glauben als einem Sich-Festmachen in Gott, gleichgültig, was geschieht! Die Klage ist keine Beschwörung, sondern ein Gebet zu Gott, der anders, der unbegreiflicher sein darf, als die Menschen ihn kalkulieren. Im Gebetsverlauf des Psalms zeigt sich dies dadurch, dass auf die Frage nirgendwo eine Antwort erfolgt, jedenfalls keine, die in irgendeiner Art erklären wollte, warum es dieses Leid gibt. Im Gegenteil: Im Verlauf des Gebets wird dieses Warum immer unwichtiger, in dem Maß nämlich, wie das Gebet in der Beziehungsaufnahme zum nahe geglaubten Gott weiterschreitet [...].

4. Äußerlich passiert in diesem Gebet nichts: weder ein Wunder, das die Not wegzauberte, noch eine Erscheinung, die Gott außerordentlicherweise erfahren ließe. Was aber passiert ist: dass die Gebetsbegegnungen mit dem Gott der Väter in der Not ein neues und nunmehr unbedingtes Vertrauen entstehen lässt, nämlich dass Gott in der Not nahe ist; dass die Rechnung nicht stimmt: Wohlergehen ist ein Zeichen für Gottes Nähe und die Noterfahrung ist ein Zeichen für Gottes Ferne, mag diese Kalkulation noch so verbreitet sein! Diese (trotz der oder besser in der noch ausstehenden Rettung) im Gebet errungene neue Gewissheit, dass Gott nicht verlässt, besonders den Leidenden nicht, bricht sich [...] im Psalmverlauf die Bahn: nämlich als der Beter plötzlich anfängt Gott und seine Nähe zu loben!
[...] Leid und Not sind nicht Zeichen der Gottesferne; Wohlergehen muss kein Zeichen und Beweis der Gottesnähe sein. Solche abergläubischen Zugriffe auf Gott werden im Klagegebet zerbrochen. Die Frage nach dem Warum, nach dem Wissen-Wollen als Herrschaftswissen über Gott, ist nicht mehr wichtig. Einzig wichtig bleibt am Ende nur der Glaube daran, dass Gott nahe ist und den Beter auf Dauer nicht fallen lässt. Darin allein liegt der Keim der Hoffnung in der Not, noch bevor die Situation gerettet ist.

Ottmar Fuchs

1. Geben Sie den Gedankengang des Textes mit eigenen Worten wieder!
2. Überlegen und diskutieren Sie, ob der Text Anregungen zum eigenen Gebetsverständnis liefern kann!

4. Der Kaiserkult der römischen Religion und der Glaube an Jesus als »Sohn Gottes« im Römischen Reich – Zum Bekenntnis des römischen Hauptmanns unter dem Kreuz (Mk 15,39) und zur Entwicklung der ersten christologischen Dogmen

Als Rom seine Herrschaft ausbaute, wurde ein neuer Kult in die griechische Welt eingeführt: die Göttin Roma, der diese Stadt geweiht war. Diese Göttin fand ihren Repräsentanten bald in dem konkreten Kaiser, der auf Lebenszeit gewählt und der erste Bürger (*princeps*) war. Doch in Griechenland und auch bei den orientalischen Völkern verehrte man die Regenten als Heroen, als Erwählte, die ihre Herrschaft von Gott erhalten haben. Der Aufstieg Alexanders, sein Siegeszug wurde als Zeichen seiner Göttlichkeit verstanden. Die Beinamen der Götter wurden auf Herrscher übertragen. Man nennt bald auch römische Kaiser »Soter«, »Erlöser«, »Gott« und »Herr« (*Kyrios*). Der Kaiserkult setzte sich in Rom durch. Julius Cäsar etwa wurde nach seinem Tod (44 v. Chr.) durch Senatsbeschluss unter die Schutzgötter des Staates aufgenommen.
Oktavian Augustus, geboren 63 v. Chr., gestorben 14 n. Chr., war ein Großneffe von Julius Cäsar, der ihn erzogen, testamentarisch als Sohn angenommen und als Erben eingesetzt hatte. Zunächst bildete er mit Marcus Antonius und Lepidus das zweite Triumvirat; dann

kam es zu Spannungen; schließlich siegte Oktavian in der Schlacht bei Actium (31 v. Chr.) über Mark Anton und wurde Alleinherrscher. Von nun an trug er seinen Frieden (*pax Augusta*) nach Rom und in die Provinzen.

»Mit welchem Zulauf, mit welcher Begeisterung von Menschen aller Altersstufen und aller Klassen der Kaiser bei seiner Rückkehr nach Italien und Rom (29 v. Chr.) begrüßt wurde, wie prächtig seine Triumphe und seine Geschenke waren, das lässt sich nicht einmal in einem Werk von größerem Wurf, geschweige denn in diesem Abriss angemessen darstellen. Nichts können die Menschen von den Göttern erbitten, nichts die Götter den Menschen gewähren, nichts kann in ein Gebet gefasst, nichts von glücklichem Gelingen gekrönt werden, was nicht Augustus nach seiner Rückkehr in die Hauptstadt dem römischen Staat und Volk und dem ganzen Erdkreis gegeben hätte. Nach zwanzig Jahren waren die Bürgerkriege beendet, die auswärtigen begraben, der Friede wieder ins Land gerufen ... Sobald die altehrwürdige Staatsform erneuert war, wurden die Felder wieder bearbeitet, die Heiligtümer wieder geehrt, die Menschen gewannen ihre Sicherheit zurück, jeder konnte seines Besitzes sicher sein.« (Velleius Paterculus, Römische Geschichte II, 89)

Statue des Augustus

Die griechischen Städte der Provinz Asia beschlossen vermutlich im Jahr 9 v. Chr. den Julianischen Kalender und mit ihm eine neue Zeitrechnung einzuführen. » ... darum scheint es mir richtig, dass alle Gemeinden ein und denselben Neujahrstag haben, eben den Geburtstag des göttlichen Kaisers, und dass an ihm alle Beamten ihr Amt antreten, das ist am 9. Tag vor den Kalenden des Oktober.« Damit ist der Neujahrstag auf den 23. Oktober festgelegt.

In vier kleinasiatischen Städten fand man Fragmente dieses Erlasses, der vermutlich auf den Marktplätzen bekannt gemacht wurde. Darunter auch die 1890 entdeckte »Inschrift von Priene«:

»Dieser Tag, der Geburtstag des Kaisers, hat der Welt ein anderes Gesicht gegeben. Sie wäre dem Untergang verfallen, wenn nicht in dem heute Geborenen für alle Menschen ein gemeinsames Heil ausgestrahlt wäre ... Wer richtig urteilt, wird in diesem Geburtstag den Anfang des Lebens und der Lebenskräfte für sich erkennen. Es ist unmöglich in gebührender Weise für so große Wohltaten zu danken, die dieser Tag uns gebracht hat. Die Vorsehung, die über allem Leben waltet, hat diesen Mann zum Heile der Menschen mit solchen Gaben erfüllt, dass er uns und den kommenden Geschlechtern als Heiland gesandt ist. Jedem Krieg wird er ein Ende setzen und alles herrlich machen. In seiner Erscheinung sind die Hoffnungen der Vorfahren erfüllt. Er hat nicht nur die früheren Wohltäter der Menschheit allesamt übertroffen, es ist unmöglich, dass je ein größerer käme. Mit dem Geburtstag des Gottes beginnt für die Welt das Evangelium, das sich mit seinem Namen verbindet.«

Eleonore Beck

1. Was sagt Eleonore Beck über den Kaiserkult?
2. Was bedeutet es aus der Sicht römischer Religion, wenn der Hauptmann im Blick auf den verächtlich am Kreuze sterbenden Jesus bekennt: »Dieser Mensch war in Wahrheit Gottes Sohn!« (Mk 15,39)
3. Überlegen Sie, ob bzw. inwiefern dem Bekenntnis des römischen Hauptmanns auch eine politische Dimension zukommt!

4. Informieren Sie sich im folgenden Abschnitt darüber, wie es zu den ersten christologischen Dogmen kam. Vergleichen Sie diese mit dem Bekenntnis des römischen Hauptmanns unter dem Kreuz!

Die dogmengeschichtlich wohl folgenreichsten Lehrdefinitionen aus frühkirchlicher Zeit wurden erstellt auf den Konzilien von Nicäa (325) und Chalcedon (451).
Während die christologischen Hoheitstitel noch in den kerygmatischen bzw. konfessionalistischen Tendenzen der frühen Gemeinden verwurzelt waren, hatte sich inzwischen die Kirche nicht nur als religiöse Institution, sondern auch zunehmend als politischer Faktor auf breiter Basis etabliert. Die auf beiden Konzilien getroffenen Lehrentscheidungen sind somit nicht als isolierte Dogmen, sondern in engem Zusammenhang mit (hier nicht näher zu erörternden) politischen und kirchenpolitischen Fragen jener Zeit zu sehen. Gleichzeitig sind die formulierten Glaubenssätze auch eine theologische Antwort auf die gewachsene Vielfalt religiöser Strukturen und die Forderungen praktischer Frömmigkeit. [...]
In Nicäa ging es um die begriffliche Bestimmung des Verhältnisses Jesu zu Gott. Vorausgegangen war der sog. »arianische Streit« (s.u.). An der Durchführung des Konzils hatte Kaiser Konstantin selbst maßgeblichen Anteil.
– Der alexandrinische Presbyter Arius und seine Anhänger hatten gelehrt, dass die Wesenseinheit Christi mit Gottvater in Gegensatz zum Glauben an *einen* Gott stehe und deswegen abgelehnt werden müsse. Denn der »gewordene« Sohn könne der wesenhaft »ungewordenen« Gottheit des Vaters nicht wesensgleich sein. Aufgrund seiner sittlichen Bewährung habe Gott ihm aber die Sohneswürde verliehen. Jesus ist Gott *wesensähnlich*.
– Einer solchen Auffassung widersetzte sich die Volksfrömmigkeit. Auch bestand die Gefahr einer die Einheit des Reiches in Frage stellenden politisch-theologischen Zersplitterung. Um also den arianischen Streit zu beenden, berief Kaiser Konstantin für den Sommer des Jahres 325 das erste ökumenische Konzil nach Nicäa ein.
Die Streitsituation forderte zu einer klaren Stellungnahme heraus. Die Synode beschloss die Annahme eines Glaubensbekenntnisses, des sog. »Nicänums«.
Man einigte sich auf folgende theologische Lehrmeinungen:
1. Gott und Jesus sind *wesenseins*. (Damit war die Christologie des Arius verworfen).
2. Gott kann als göttliches Seinsprinzip in sich vielfältig sein und sich in drei verschiedenen Erscheinungsformen – als Vater, Sohn und Heiliger Geist – der Welt mitteilen. Ihrem Wesen, ihrer göttlichen Natur nach bilden diese drei »Personen« dennoch einen einzigen Gott.
In der Sache und auch in der kirchenpolitischen Frontenstellung war der arianische Streit allerdings keineswegs beendet. Erst das Konzil von Konstantinopel (381) brachte mit der Bestätigung des Nicänums und der Errichtung der orthodoxen katholischen Staatskirche einen gewissen Abschluss. [...]
Um das Verhältnis zwischen der göttlichen und der menschlichen Natur in der Person Jesu ging es auf der vierten allgemeinen Synode, die von der oströmischen Kaiserin Pulcheria (450-457) und ihrem Gemahl Marcian im Jahr 451 nach Chalcedon einberufen wurde.
Das sog. »Chalcedonense« bekennt den einen Christus, vollkommenen Gott und vollkommenen Menschen, *in* (nicht nur *aus*) zwei Naturen. Jesus ist wahrer Mensch und wahrer Gott zugleich. Beide Naturen bleiben »unvermischt« und »unveränderlich«, aber auch »ungetrennt« und »unzerteilt«.

Uwe Stamer

Biblische Anmerkungen zum Sohn-Gottes-Titel Jesu

Wie beim Messiasbegriff, so wurde auch beim Gottessohntitel in christologischer Sinngebung eine alte Form übernommen und mit neuen, teilweise gänzlich unkonventionellen Vorstellungen belegt.
- Die Bezeichnung eines Königs als »Gottessohn« war im Alten Orient nichts Ungewöhnliches. Im Hellenismus wurde vielen Halbgöttern und Heroen diese Auszeichnung zuerkannt. Desgleichen war in der Tradition Israels der Begriff nicht unbekannt. Somit wäre die bloße Übertragung der Bezeichnung auch auf Jesus nichts, was Wesen und Werk des Mannes aus Nazaret besonders bestimmt und erklärt hätte;
- im Neuen Testament findet sich der Begriff »Sohn Gottes« – bzw. das Bekenntnis zu Jesus als dem Sohn Gottes – an vielen Stellen: oft bei Paulus, sehr häufig im Johannesevangelium. Die synoptischen Belegstellen (z.B. Mk 3 [Rufe der Dämonen]; 12,6 [»Von den bösen Weingärtnern«]; 14,61 [Verhör vor dem Hohen Rat] u.a.) dürften sämtlich Formulierungen der Gemeinde sein.
- Unterschiedlich ist die Annahme einer göttlichen Präexistenz des Sohnes im Vater-Sohn-Verhältnis: Während bei der adoptianisch verstandenen Gottessohnschaft des Taufgeschehens, bei dem im Augenblick der Taufe Jesus Gottes Sohn *wird*, die Vorstellung der Präexistenz des Sohnes unbekannt ist, wird sie an anderer Stelle offenbar vorausgesetzt;
- zweifellos war Jesu Selbstbewusstsein mitbestimmt durch ein besonders inniges Verhältnis zu seinem Vater. Dies äußert sich nicht nur darin, dass Jesus ausdrücklich von »seinem Vater« spricht (Mt 7,21), sondern auch in dem Gebrauch des aramäischen Begriffs »abba« (»Väterchen«), der kindlichen Anrede inniger Vertrautheit: »Abba, mein Vater, alles ist dir möglich; nimm diesen Kelch von mir; doch nicht, was ich will, sondern was du willst!« (Mk 14,36);
- völlig entgegengesetzt zu der bisher geläufigen, heroisch-hoheitlich ausgerichteten Gottessohntitulatur aber ist die Tatsache, dass Jesus, der Sohn Gottes, am Kreuz für uns gestorben ist.

Uwe Stamer

Ich weiß nicht, wann Jesu Person oder Botschaft mich zum ersten Mal beeindruckt haben. Daran aber erinnere ich mich genau, dass von Anfang an rings um mich her Streit um Jesus herrschte. Ob jemand als Christ galt, sollte sich daran entscheiden, ob er Jesus aus Nazaret für den Messias bzw. den Sohn Gottes hielt. Die Wahrheit der christlichen Botschaft beruhte auf der göttlichen Qualität des Boten. Darum bildete Jesu Gottessohnschaft die Messlatte kirchlicher Rechtgläubigkeit. Ich höre meine fromme Mutter noch leise fragen, als ich ihr frech meine frischen historisch-kritischen Kenntnisse servierte: »Aber war er nicht Gottes Sohn?« Andere polterten laut: »Wenn er nicht Gottes Sohn war, können wir einpacken!« Dabei genügte zur Begründung einer Glaubensaussage oft schon die bloße Zitation eines Hoheitstitels. [...]
Die Christen glauben nicht an die Botschaft Jesu von Gott, weil er der Sohn Gottes oder der Christus ist, sondern weil sie seiner Botschaft von Gott glauben, bekennen sie ihn als den Christus oder den Sohn Gottes. Nicht der Titel entscheidet über die Botschaft, sondern die Botschaft über den Titel. Den richtigen Titel kennen und über Jesus Bescheid zu wissen meinen, ist ein Trugschluss.

Heinz Zahrnt

> Vergleichen Sie die beiden Zugänge und bestimmen Sie Ihre eigene Position!

5. Erlösung durch den Kreuzestod Jesu? – Akzente neutestamentlicher und heutiger Erlösungstheologie

Der Mensch von heute (wenn man so pauschal formulieren darf), auch der ehrlich um den Glauben Ringende, wird seine spontanen Sorgen kaum mehr in der Frage formulieren: Wie bekomme ich einen gnädigen Gott?, sondern eher in Fragen wie: Wie finde ich zu sinnvollem, gelingendem Leben? Wie bestehe ich meine Angst? Wie komme ich los vom narzisstischen Kreisen um mich selbst? Oder, statt auf das Ich stärker auf das Wir bezogen: Wie können wir die Menschheit vor der selbstgemachten Katastrophe retten? Werden wir je zu Frieden und Gerechtigkeit kommen? Als relevant gilt die Verkündigung nur, wenn sie diese Probleme berührt. – Auf dem Hintergrund solcher Anfragen soll im Folgenden erörtert werden, was – christlich verstanden – »Erlösung« meint.
Grob schematisiert lassen sich im Neuen Testament drei (innerhalb der einzelnen Schriften unterschiedlich vertretene) Akzente aufweisen.

1. Erlösung durch den Kreuzestod Jesu
Dieser Akzent findet sich vor allem, wenn auch nicht ausschließlich, bei Paulus: Wir sind erlöst *von* den knechtenden Mächten Gesetz, Sünde, Tod *zur* Freiheit der Kinder Gottes *durch* Kreuz und Auferstehung Jesu. In diesem Zusammenhang begegnet uns auch die Hingabe-Formel, wie z.B. Gal 1,3 f: »Jesus Christus, der sich für unsere Sünden hingegeben hat, um uns aus der gegenwärtigen bösen Welt zu befreien.« Diese Redeweise gibt schon einen Hinweis darauf, dass Paulus nicht etwa an einen mechanisch wirkenden Opfer-Ritus denkt, sondern einen personalen Akt oder richtiger: eine Gesamt-Willens-Richtung Jesu als das erlösende Geschehen vor Augen hat.

2. Erlösung durch die Menschwerdung des Sohnes (des Logos)
Dieser Gedanke ist besonders, aber nicht ausschließlich, im Johannes-Evangelium ausgeprägt: Der Sohn (bzw. der Logos) kommt aus dem Licht des Vaters in die Finsternis der Welt, bringt auf diese Weise Erleuchtung, Erkenntnis Gottes und schafft so Gemeinschaft mit ihm. Begrifflich zugespitzt: Erlösung geschieht demnach *von* dem Dunkel der Unwissenheit, Todesverfallenheit und Gottesferne *zu* Licht, Leben, Gemeinschaft mit Gott *durch* die Menschwerdung des göttlichen Logos.

3. Erlösung durch den Lebensweg Jesu
Wie die kurze Zusammenfassung eines ganzen Evangeliums wirkt die Petrus-Predigt in Apg 10,37-43. In diesem Text wird das lukanische Weg-Motiv deutlich: Heilsbedeutsam ist nicht die einfache Existenz Jesu, sondern der Weg, den er gegangen ist, »angefangen in Galiläa«, wie er »Gutes tuend und heilend umherzog«, bis er schließlich »an den Pfahl gehängt«, von Gott aber auferweckt wurde. Der Tod Jesu ist auf diesem Weg nicht ein positives, sondern ein negatives Datum. Das unterstreicht die Kontrastformel »Gott aber ...«: Die Jesus töteten, schienen seinen Lebensweg zu zerstören: Gott aber durchkreuzte ihr Handeln. Er blieb der Gott »mit ihm«. Durch diesen Weg (d.h. mit dieser Lebenspraxis und weil Gott mit ihm war) ist Jesus zum Wegführer, zum Richter aller Menschen geworden. Nochmals pointiert zusammengefasst: Wir sind erlöst *von* der Macht des Bösen (was für Lukas konkret bedeutet: von Krankheit und dämonischen Besessenheiten, von Isolation, Rollenfixierung und Sünde) *zur* Weggemeinschaft mit Christus *durch* die Eröffnung dieses Weges.

Franz-Josef Nocke

1. Zeichnen Sie das neutestamentliche Verständnis von »Erlösung« nach!
2. Welche Rolle spielt in diesem Zusammenhang der Tod Jesu am Kreuz?
3. Inwiefern sind die neutestamentlichen Akzente in heutiger Erlösungstheologie wiederzufinden? Beziehen Sie sich auf den folgenden Textauszug von Heinz Zahrnt!

F. K. Waechter

Ich bin in einem Christentum aufgewachsen, in dem das Leben Jesu im Vergleich zu seinem Sterben und Auferstehen nur eine geringe Rolle spielte – fast nur ein Vorspiel auf der Weltbühne des göttlichen Heilsdramas. Entsprechend sagte man von dem neutestamentlichen Evangelien gern, sie seien keine Biographien mit einem tragischen Schluss, sondern Passionsgeschichten mit ausführlichen Einleitungen. So wurden Jesu Tod und Auferstehung, losgelöst fast von seinem Leben, zu zwei in sich selbständigen und aus sich selbst verständlichen Heilstatsachen.

Dabei bereitete Jesu Tod mir stets die größere Beschwer.

Welche Deutungen seines Sterbens das Neue Testament auch bietet – ob als Sühneopfer, Passalamm, Stellvertretung, Genugtuung, Loskauf –, alle zielen zuletzt auf das Eine, dass Jesus am Kreuz auf Golgata stellvertretend für die Sünde der Menschheit gestorben sei – und dies nach Gottes ewigem Ratschluss! Aber gerade als ewige göttliche Heilstat wird Jesu Tod auch für Christen heute zum Ärgernis, und zwar nicht aus Unglauben, sondern eher aus Glauben. Ich höre noch Eugen Kogons oft wiederholten, empörten Protest: »Was ist das für ein Gott, der seinen Sohn als Opferlamm schlachten lässt, um den Menschen ihre Sünde vergeben zu können!«

Nun, der Gott, den Jesus als seinen »Vater« geglaubt und verkündigt hat, war es gewiss nicht. [...]

Von allen Deutungen des Todes Jesu im Neuen Testament erscheint mir der Gedanke der Stellvertretung noch als der plausibelste. »Stellvertretung« ist ein Lebensgesetz des menschlichen Daseins. Dass ein Menschenleben das andere nicht nur begrenzt und verdrängt, sondern auch für es eintreten und einstehen kann, davon ist eine Ahnung und Erfahrung unter den Menschen vorhanden. Indem ein anderer an unser Statt etwas tut, stellt er uns davon frei – sein Tun kommt uns zugute.

Im Falle Jesu aber darf die Stellvertretung nicht nur auf sein Leiden und Sterben bezogen sein, sondern muss sein ganzes Wirken – sein Glauben, Verkündigen und Verhalten – umgreifen. Leben und Sterben Jesu bedingen sich gegenseitig. Ohne sein Leben und Lehren wäre sein Tod nicht verständlich, ohne seinen Tod aber auch sein Leben und Lehren kaum zu solcher Bedeutung gelangt.

Jesu Tod ist weder ein göttlicher Einfall noch nur ein menschlicher Zufall gewesen, sondern die logische Konsequenz seines Lebens.

Nicht Gott hat Jesus ans Kreuz gebracht – das haben Menschen getan. Wer behauptet, dass Jesu Tod aufgrund einer innertrinitarischen Verabredung zustande gekommen, mithin von Ewigkeit her beschlossen gewesen sei, muss die Konsequenzen in Kauf nehmen, dass Gott die Juden hat bewusst ins Unheil laufen lassen. Solche Gotteslästerung kommt heraus, wenn man die Heilsgeschichte »übergeschichtlich« versteht und sie so zu einem toten Geschiebe macht.

Andererseits aber ist Jesu Tod auch kein reiner Zufall gewesen. War er auch nicht von Ewigkeit her vorgesehen, so war er doch von Anfang an abzusehen. Schließlich ist Jesus gekreuzigt worden und nicht im See Gennesaret beim Fischen ertrunken. Die Art seines Sterbens weist auf sein Leben zurück. Sein Glaube war es, der ihm seine »Freiheit zum Wort« gab, und seine Freiheit zum Wort war die Ursache seines Todes.

Wer so redet und handelt wie Jesus, ist für jedes religiöse und politische Establishment gleichermaßen ein Sicherheitsrisiko. Und so wird der Unruhestifter ausgeschaltet. Gewiss war die Kreuzigung Jesu ein Akt religiös-politischer Justiz – aber war es ein Fehlurteil? Was sich auf Golgata ereignet hat, war ebenso viel oder wenig ein »Justizmord« wie andere derartige Hinrichtungen in der blutigen Geschichte der Ideologien und Religionen. Auch in den Augen der christlichen Obrigkeiten galten Ketzer meistens zugleich als politische Aufrührer und die Zusammenarbeit zwischen dem »geistlichen« und dem »weltlichen« Amt hat hier gleichfalls reibungslos funktioniert.

Nicht um für die Sünden der Menschheit zu sterben, ist Jesus nach Jerusalem hinaufgezogen, sondern um im religiösen und nationalen Zentrum Israels die endgültige Entscheidung für oder wider seine Botschaft herauszufordern. Weil diese Botschaft von der Liebe Gottes handelt und Jesus sein Leben für sie hingegeben hat, kann ich mit gutem Grund sagen, dass er »für mich« gestorben ist. Unter den Bedingungen der menschlichen Existenz in der Welt hat Jesus die Liebe Gottes geglaubt und bis ans Ende »ausgelegt«. Zu Recht ist das Kreuz darum zum Symbol der Christenheit geworden.

Heinz Zahrnt

Vergleichen Sie den Ansatz zur Erlösungstheologie bei Heinz Zahrnt mit dem im folgenden Text von Jürgen Moltmann und kommen Sie zu einer eigenen Position!

Max Beckmann, Kreuzabnahme, 1917

Von früh an hat die christliche Gemeinde in der Passion Christi die stellvertretende göttliche Sühne für die Sünden der Welt gesehen. Nach dem Vorbild des »leidenden Gottesknechtes« aus Jesaja 53 sah man in Christus den durch stellvertretendes Leiden versöhnenden Sohn Gottes. Wie soll man das verstehen? Ist Sühne überhaupt notwendig? Ich glaube, sie ist es. Simon Wiesenthal berichtet in seinem Buch »Die Sonnenblume«, dass er als KZ-Häftling an das Bett eines sterbenden SS-Mannes gerufen wurde, der ihm, dem Juden, beichten wollte, dass er an Massenerschießungen von Juden teilgenommen habe, um ihn um Vergebung zu bitten. Wiesenthal konnte sich die Beichte des Mörders anhören, ihm aber nicht vergeben, denn im Namen der toten Opfer kann kein Mensch den Mördern vergeben. Aus dieser Geschichte wird klar, dass es der Sühne bedarf, um mit einer solchen Schuldlast leben zu können. Ohne Vergebung der Schuld kann der Schuldige nicht leben, denn er verliert jede Selbstachtung. Vergebung von Schuld gibt es jedoch nicht ohne Sühne. Sühne aber ist keine menschliche Möglichkeit, denn das geschehene Unrecht kann durch nichts Menschliches »wiedergutgemacht« werden. Ist Sühne für menschliche Schuld dann eine göttliche Möglichkeit?

In den Kulten vieler Völker wird Sühne durch das Opfern von Tieren gesucht, die den Zorn der Götter besänftigen sollen, der durch Unrecht von Menschen entstanden ist. Anders in Israel: Im Alten Testament gab es auch ein Sühneopfer. Das war der sog. »Sündenbock«, den Gott stiftet, damit die Sünden des Volkes durch Handauflegung auf ihn übertragen werden und er sie in die Wüste hinausträgt und so von dem Volk hinwegnimmt. Der »Sündenbock« wird nicht Gott angeboten, um seinen Zorn zu besänftigen sondern Gott stiftet den »Sündenbock«, um das Volk zu versöhnen. Es gab auch in Salomos Tempel solche Sühnopferrituale. Nach der Vision des Propheten Jesaja wird Got einen neuen »Gottesknecht« senden, der die Sünden des Volkes hinwegtragen wird. Immer ist es in der Bibel Gott selbst, der die Sünden des Volkes »trägt« und so Versöhnung schafft. Gott selbst ist der stellvertretend »für uns« und »für viele« Leidende. Gott selbst ist der sühnende Gott.

5 Wie geschieht das? Es geschieht so, dass Gott die menschliche Schuld in sein Leiden verwandelt, indem er die menschliche Schuld »trägt«. Nach dem Neuen Testament wird Christus nicht nur zum Bruder der Opfer, sondern auch zum Sühnenden für die Täter. »Der du trägst das Leid der Welt«: Das gilt für die Opfer. »Der du trägst die Sünd der Welt«: Das gilt für die Täter. Solange diese Welt steht, erträgt Gott nicht nur die Leidens-
10 geschichte der Welt, sondern auch die Unrechtsgeschichte der Menschen. In dem gekreuzigten Christus ist Gott selbst das Opfer unter den Opfern. Darum wird die Versöhnung der Täter durch die Opfer bezeugt. Opfer haben ein langes Gedächtnis, denn die Spuren der Leiden sind tief in ihre Seelen und oft auch ihre Leiber eingegraben. Täter haben meistens ein kurzes Gedächtnis. Sie wissen nicht und wollen nicht wissen, was sie getan
15 haben. Darum sind die Täter auf die Opfer angewiesen, wenn sie aus dem Tod ins Leben kommen wollen. Der gekreuzigte Christus ist »um unserer Sünden willen dahingegeben« (Röm 4,25). Früher hat man sich das als Opfer oder als Lösegeld vorgestellt, das Christus bringt, um die Menschen zu erlösen. Wir stellen uns das heute personal vor: Nicht für einzelne Sünden, sondern für uns Sünder ist Christus gestorben. Er trägt uns mit unseren
20 Sünden, indem er uns erduldet und erträgt. Zuletzt: Darin, dass Christus »für uns« ist, wird offenbar, dass »Gott für uns« ist (Röm 8,31).

Jürgen Moltmann

José Clemente Orozco, Jesus zerstört sein Kreuz, 1943
Welche Erlösungsvorstellung(en) kritisiert das Bild?

6. Jesus ganz ohne Kreuz? – Zum Jesusverständnis im Islam

Geistig waren sozusagen Abraham und Jesus Vorfahren des Propheten. Das ist nicht die Ansicht von Außenseitern, sondern im Koran selber festgeschrieben, es ist Bestandteil der islamischen Lehre. In anderen Kulturen ist die Frage nach historischen Vorläufern nicht so entscheidend, im semitischen Kulturkreis jedoch haben sie sich als fundamental
5 erwiesen. Juden, Christen und Moslems sehen sich alle in einem bestimmten Rhythmus der Geschichte, die gleichzeitig die Geschichte des göttlichen Handelns ist. [...]
Abraham ist im Koran nicht einfach ein Jude oder auch nur ein Prototyp des Juden. Er ist *muslim*, was treu, (Gott) ergeben heißt. Er ist der Prototyp des späteren Moslem. Wir wollen hier betonen, dass man das Wort *muslim* oft besser als Eigenschaftswort denn als
10 Hauptwort verwenden sollte. In religiösen Angelegenheiten ist eigentlich nicht so entscheidend, ob einer als Christ oder Moslem auftritt, sondern ob er wirklich christlich oder *muslim* ist, d.h. ob er sich wie ein Christ oder ein Frommer verhält. Jedenfalls wurde Abraham als die große Gestalt der Frühzeit der Menschheit gesehen, die wahrhaft *muslim* war. [...]
15 Auch Jesus wird im Koran und in der islamischen Überlieferung hoch geachtet. Er hat zwar nicht den Status von Mohammed, aber er ist nichtsdestoweniger ein großer Prophet. In einigen Fällen gibt der Koran Aussagen des Neuen Testamentes eine andere Betonung. Aber von Göttlichkeit bei Jesus (oder irgendeinem Menschen) kann keine Rede sein – das wäre Blasphemie. Und eine etwas dunkle Passage im Koran scheint zu besagen, dass
20 Jesus nicht am Kreuze starb. Darin spiegelt sich vielleicht der Sinn des Islams für den Erfolg, für die Gunst Gottes. Wie könnte ein so großer Prophet ein so schimpfliches Ende nehmen?
Ein großer Teil des im ersten Jahrzehnt der islamischen Eroberungen in Nordarabien überrannten Gebietes war christlich. Die positive Bewertung von Jesus seitens des Islam
25 – der jedoch alle Ansprüche hinter dem unwürdigen theologischen Streit um die Natur Christi ablehnte, der dazu beigetragen hatte, das Christentum im Osten zu schwächen – hatte u. a. zur Folge, dass viele dieser Christen den Islam als eine saubere neue Religion empfinden konnten. Eine Religion, die sowohl soziale Reformen wie eine neue Einfachheit des Glaubens bringen würde.

Ninian Smart

1. Inwiefern sehen sich Muslime in der Tradition Abrahams und Jesu?
2. Diskutieren Sie das Zitat von Dorothee Sölle:
   »Nach dem Koran ließ Gott Jesus nicht ans Kreuz kommen, weil er ›viel zu milde‹ dazu war; er gab einen anderen Übeltäter an Christi Statt dahin und nur die ahnungslosen Christen wurden betrogen ... Aber ›wer den bitteren Christus nicht haben will, wird sich am Honig totfressen‹ (Thomas Müntzer). Der bittere Christus wird erfahren in der Leidensnachfolge. Leiden, nicht nur Glauben, ist der Weg zu Gott.«
3. Überlegen Sie, ob der Zugang zum Kreuz – wie er im Folgenden aus einer bestimmten muslimischen Richtung (Sufismus) erfolgt – mit den Überlegungen von Dorothee Sölle vereinbar ist!

»Das Kreuz und die Christen nahm ich von allen Seiten in Augenschein. Er war nicht am Kreuz. Ich ging zum Hindu-Tempel, zu der alten Pagode. An beiden Orten fand ich keine Spur von ihm. Ich ging zu den Höhen von Herat und nach Kandahar, schaute mich um. Er war nicht auf den Höhe und nicht in der Niederung. Entschlossen stieg ich zur Spitze des Kaf-Berges. Dort wohnte nur der Anqa-Vogel. Ich ging zur Kaaba und traf ihn dort nicht. Ich fragte Ibn Sina nach seinem Wesen: er war jenseits der Definitionen des Philosophen Avicenna ... Ich schaute in mein eigenes Herz. An diesem Orte sah ich ihn. Er ist an keinem anderen Ort.« (Rumi)

7. Der Tod Jesu und Buddhas im Vergleich – Eine buddhistische Annäherung

Im Buddhismus wird nur die Erleuchtung gebraucht, keine Kreuzigung, keine Auferstehung. [...] In der Erleuchtung finden wir Glückseligkeit und echte Transzendenz. Die irdischen Dinge erfahren ihre Erneuerung, eine Verwandlung, die sie wieder unverbraucht macht. Eine neue Sonne geht über dem Horizont auf und das ganze Universum offenbart sich.

Durch diese Erleuchtungserfahrung erlangt jedes Wesen individuell und kollektiv Buddhaschaft. Es ist nicht nur ein einzelnes, historisch bestimmbares Wesen, das dabei zum Zustand der Erleuchtung erwacht, es ist der ganze Kosmos, jedes Staubteilchen in ihm, der teilhat an der Erleuchtung. Ich hebe meinen Finger und die tausendmal dreitausend Welten leuchten auf und ein *asamkheyya* (= Gruppe) von Buddhas und Bodhisattvas grüßt mich einschließlich aller menschlichen Wesen.

Ohne nachfolgende Auferstehung hat die Kreuzigung keinerlei Sinn. [...]

Die Symbolik des Christentums hat viel mit dem menschlichen Leiden zu tun. Die Kreuzigung ist in ihr der Gipfel des Leidens. Auch Buddhisten sprechen oft vom Leiden, aber für sie sitzt Buddha heiter lächelnd unter dem Bodhi-Baum am Fluss Niranjana. Christus trägt sein Leiden bis ans Ende seines irdischen Lebens, Buddha dagegen beendet es lebend und fährt danach fort das Evangelium der Erleuchtung zu predigen, bis er unter dem Sala-Zwillingsbaum sacht verschied. Die Bäume stehen aufrecht und der Buddha, im Nirvana, liegt, waagerecht wie die Ewigkeit selbst.

Christus hängt hilflos, voller Traurigkeit, an dem senkrecht aufragenden Kreuz. Für das östliche Empfinden ist der Anblick fast unerträglich. Buddhisten sind an den Anblick des Jizo Bosatsu (*Kshitigarbha-Bodhisattva*) an den Straßen gewöhnt. Die Figur ist ein Sinnbild der Zärtlichkeit. Sie steht aufrecht, aber welch ein Kontrast zu dem christlichen Leidenssymbol!

Lassen Sie mich einen gleichsam geometrischen Vergleich anstellen zwischen einer Statue, die mit gekreuzten Beinen in Meditation sitzt, und einem Kruzifix. Zunächst einmal erweckt die Vertikale (des Kruzifixes) den Eindruck von Aktion, Bewegung und Drang nach oben. Die Horizontale – wie im Falle des liegenden Buddha – lässt uns an Frieden und Erfülltheit denken. Eine sitzende Figur vermittelt uns die Vorstellung von Zuverlässigkeit, fester Überzeugung und Unerschütterlichkeit. Der Körper sitzt mit Hüften und gekreuzten Beinen sicher auf dem Boden. Der Schwerpunkt liegt in den Lenden. Das ist die sicherste Stellung, die ein zweifüßiges Wesen im Leben einnehmen kann. Sie ist zugleich ein Sinnbild von Frieden, Ruhe und Selbstvertrauen. Aufrechte Haltung erweckt im Allgemeinen den Eindruck eines kämpferischen Geistes, in Verteidigung oder Angriff. Sie gibt einem zudem das Gefühl der eigenen Bedeutung, ein Gefühl, das aus Individualität und Kraft geboren wird. [...]

Als Buddha seine höchste Erleuchtung erlangte, befand er sich in sitzender Haltung. Er war weder an die Erde gefesselt, noch von ihr gelöst. Er war eins mit ihr, wuchs aus ihr hervor und war ihr doch nicht untertan. Als Neugeborener [...] erklärte er, aufrecht stehend, die eine Hand zum Himmel empor-, die andere zur Erde hinabweisend: »Über mir Himmel, unter mir Himmel, ich allein bin der Gepriesene!«

Der Buddhismus hat drei Hauptsymbole, die 1. Geburt, 2. Erleuchtung und 3. das Nirvana versinnbildlichen. Das sind die drei Grundstellungen, die der Mensch einnehmen kann: Stehen, Sitzen und Liegen. Daraus ersehen wir, dass der Buddhismus tief mit dem menschlichen Leben in seinen verschiedenen Formen friedlicher Tätigkeit verbunden ist – dass er dagegen nicht mit irgendwelcher Art kriegerischer Aktivität zu tun hat.

Der Tod des Buddha und sein Eintritt ins Nirvana, Rollbild, Japan, 1392

Andererseits bietet das Christentum einige Dinge, die schwer zu begreifen sind, namentlich das Symbol der Kreuzigung. Der gekreuzigte Christus ist ein schrecklicher Anblick und ich kann nicht anders, in meiner Vorstellung verbindet er sich mit dem sadistischen Impuls einer seelisch überreizten Phantasie. [...] Welch ein Gegensatz zwischen der Vorstellung des gekreuzigten Christus und dem Bild Buddhas, wie er auf einem Bett liegt, von Jüngern und anderen Wesen, menschlichen und nicht-menschlichen umgeben! Ist es nicht interessant und erhellend zu sehen, wie alle möglichen Tiere zusammenströmen, um den Tod Buddhas zu betrauern?

Dass Christus aufrecht am Kreuz starb, während Buddha liegend verschied – symbolisiert das nicht den fundamentalen Unterschied in mehr als einer Hinsicht zwischen Buddhismus und Christentum?

»Aufrecht« bedeutet Aktion, Streitbarkeit, Ausschließlichkeit, indes »waagerecht« Frieden, Duldsamkeit und Weitherzigkeit meint. In seiner Aktivität hat das Christentum etwas, das aufreizt, erregt und beunruhigt. In seiner Streitbarkeit und Ausschließlichkeit neigt es dazu eine selbstherrliche und manchmal herrische Gewalt über andere auszuüben – trotz des erklärten Zieles der Christenheit von Demokratie und allgemeiner Verbrüderung.

Matthias Grünewald, Die Kreuzigung. Isenheimer Altar, um 1512 – 1515.

In dieser Hinsicht erweist der Buddhismus sich als das gerade Gegenteil des Christentums. Die horizontale Lage des Nirvana-Buddha mag manchmal den Eindruck von Indolenz, Indifferenz und Tatenlosigkeit erwecken, obwohl der Buddhismus in Wirklichkeit die Religion der Tapferkeit und einer unendlichen Geduld ist – eine Religion des Frie-
5 dens, der Heiterkeit, des Gleichmuts und des Gleichgewichts. Er weigert sich, streitbar und exklusiv, ausschließlich sein zu wollen. Er tritt im Gegenteil ein für Weitherzigkeit, allumfassende Toleranz und Sichfernhalten von weltlichen Streitigkeiten. [...]

Daisetz Taitaro Suzuki

1. Worin sieht der Autor entscheidende Unterschiede zwischen dem Tod Jesu und des Buddha?
2. »Nein, das Kreuz ist kein Zeichen der Ehre und kein Zeichen der Verehrung. Es ist die Zusammenballung alles Gegenmenschlichen, alles Gegengöttlichen, und wenn es in der Stunde des Karfreitags irgendetwas zu bedenken und zu überlegen gibt, so einzig, wie man das Kreuz in aller Zukunft vermeiden, abschaffen, beseitigen, unnötig machen kann in jeder Form« (Eugen Drewermann). Diskutieren Sie dieses Zitat und vergleichen Sie Drewermanns und Suzukis Einstellung zum Kreuz Jesu!
3. Der gekreuzigte Jesus – wirklich nur ein schrecklicher Anblick? Wie wird im Christuslied des Philipperbriefes (s. S. 7) das Kreuz gedeutet?

4. Diskutieren Sie den folgenden Textauszug aus dem Evangelischen Erwachsenenkatechismus!

»Es gehört zu den tiefsten Erfahrungen des christlichen Glaubens, dass der *Blick auf den gekreuzigten Christus* Kräfte des Glaubens, der Liebe, der Hoffnung gerade dann entbindet, wenn sich der Mensch in gleicher Situation vorfindet. So kann die Ohnmacht Jesu gerade für den Menschen, der sich in der gleichen Anfechtung wie er befindet, bedeutsam werden.
›Wir haben das Ärgernis des Kreuzes mit Rosen umkränzt, wir haben eine Heilstheorie daraus gemacht. Aber das ist nicht das Kreuz. Das ist nicht die in ihm wohnende, die von Gott in es hineingelegte Härte. Hegel hat das Kreuz definiert: ›Gott ist tot‹ – und er hat wahrscheinlich darin richtig gesehen, dass hier die Macht der wirklichen, der letzten und undeutbaren Gottesferne vor uns steht ... Unser Glaube beginnt in jener Härte und Macht, die die Macht des Kreuzes, der Verlassenheit, der Anfechtung und des Zweifels an allem ist, was es gibt! Wirklich, was es gibt! Unser Glaube muss dort geboren werden, wo alle Gegebenheiten ihn verlassen; er muss geboren werden aus dem Nichts, er muss dieses Nichts schmecken und zu schmecken bekommen [...]‹ (Iwand).«

8. *Zusammenfassender Überblick:* Die Außenseite und die Innenseite des Passion Jesu

Obwohl der Kern der Passionsgeschichte zu den ältesten Bestandteilen der Evangelienüberlieferung gehört, sind für uns nicht alle Umstände, die schließlich zur Verhaftung und zur Hinrichtung führten, eindeutig erfassbar. Im *Prozess vor dem Obersten Gericht* des Volkes gaben – so nimmt ein Teil der heutigen Forschung an – religiöse Gründe den Ausschlag. Es ist in der Tat denkbar, dass Jesus zwar nicht wegen einer speziellen Gotteslästerung, aber im Endeffekt wegen der Lästerung des Hohen Rates schuldig gesprochen wurde. Markus berichtet von der Ankündigung Jesu: »... ihr werdet sehen des Menschen Sohn sitzen zur rechten Hand der Kraft und kommen mit des Himmels Wolken« (Mk 14,62).
Damit beansprucht Jesus der Menschensohn-Richter über dieses Gericht zu sein. Bei einer solchen Aussage, zu der Jesus möglicherweise vom Hohenpriester Kaiphas herausgefordert war, stand einer sofortigen Urteilssprechung nichts im Wege; denn Jesus war längst verdächtig ein Verführer des Volkes zu sein (vgl. Dtn 13). Weil das Recht auf Leben und Tod bei den Römern lag, musste man bei *Pilatus*, dem Rechtsvertreter des Kaisers, die Hinrichtung beantragen oder notfalls sogar erzwingen. Da der Ausdruck Verführer in den Evangelien (Mt 27,63; Joh 7,12.47) bereits auf Jesus angewandt ist, hat diese Schau der Zusammenhänge viel für sich. Außerdem war es Gewohnheit den Verführer »am Fest« zu Tode zu bringen, »auf dass ganz Israel höre und fürchte sich« (Dtn 13,12). Andere Forschungen bezweifeln das Recht der Darstellung des Markus und gehen nur davon aus, dass Jesus vom Standpunkt der Römer aus als Landfriedensbrecher erscheinen konnte, weshalb diese an seiner Beseitigung interessiert sein mussten. Tatsächlich ist die Kreuzigung eine römische Hinrichtungsart.
Wenn Jesus unschuldig verurteilt wurde, dann ist dies ein Justizirrtum. Wenn der Prozess aber juristisch korrekt gewesen sein sollte, dann hat man also genügend Gründe gefunden, um Jesus selbst als Boten Gottes zur Strecke zu bringen. Wie immer es gewesen sein

mag – für den Tod Jesu waren nicht nur jüdische, sondern auch andere Menschen verantwortlich. Daher kann man die Schuld am Tode Jesu keineswegs zu einem Argument für den Antisemitismus machen [...]. Selbst die Jünger wurden zu Verrätern, Verleugnern und Abtrünnigen. [...]

Alle vier Evangelisten stimmen darin überein: Jesus blieb bis zum Tode derjenige, als der er allzeit gewirkt hat: der »Knecht Gottes«, der »Sohn des Vaters«. Indem er allzeit Verantwortung für die Menschen vor Gott trug und auch im Tode noch seiner Berufung treu blieb, handelte er stellvertretend für die Menschen. Daher kann sein Tod auch als Opfer [...] begriffen werden. Auf den Gedanken des Opfers deutet auch der Zeitpunkt seines Todes hin: Jesus starb am Passafest, mit dem die tiefsten Verheißungen des jüdischen Volkes verbunden waren. Die erste christliche Gemeinde verstand Jesus deshalb als das wahre Passalamm (1 Kor 5,7), das »Lamm Gottes, das der Welt Sünde trägt« (Joh 1,29). [...]

In der Beschreibung des Geschehens auf Golgata weichen die Evangelisten zwar zum Teil voneinander ab, die Tatsache des *Todes Jesu* jedoch bezeugen sie einstimmig. Historisch steht fest, dass Jesus an einem Passafest, wahrscheinlich am Rüsttag (= Vortag) desselben, nach dem jüdischen Kalender der 14. Nisan, hingerichtet wurde. Versucht man das Jahr zu bestimmen, so bietet sich am ehesten das Jahr 30 an. Der überlieferte Wochentag, ein Freitag, steht außer Zweifel.

Der älteste Evangelist *Markus* berichtet, dass Jesus mit lautem Schrei gestorben sei. Als letztes Wort Jesu überliefert er (und mit ihm Matthäus) den Ruf: »Mein Gott, mein Gott, warum hast du mich verlassen?« (Mk 15,34). Eine atheistische Auslegung hat daraus den Schluss gezogen, Jesus sei als gescheiterte religiöse Existenz oder im Protest gegen Gott gestorben.

»›Warum hast du mich verlassen?‹ das war ein aufrührerischer Schrei, nicht wahr? ... Und er war kein Übermensch, das dürfen Sie mir glauben. Er hat seine Todesangst herausgeschrien und darum liebe ich ihn, meinen Freund, der da starb mit der Frage auf den Lippen. Das Unglück besteht darin, dass er uns allein gelassen hat, auf dass wir weitermachen, was auch geschehe, selbst wenn wir im Ungemach hausen« (Camus).

Ist Jesu Ruf »Mein Gott, mein Gott, warum hast du mich verlassen« eine Absage an Gott? In diesem Ruf zeigt sich die Anfechtung, der Aufruhr und die Verzweiflung Jesu. Jesus ist nicht in seelischem Gleichmut allen Schmerzen entrückt, sondern unter körperlichen und seelischen Qualen gestorben. Gerade diese menschliche Seite des Sterbens Jesu spricht viele Menschen, auch Nichtchristen, an, weil sie darin eine Solidarität Jesu mit sich spüren. Dennoch trifft die atheistische Auslegung nicht zu. Das Kreuzeswort Jesu drückt gewiss die ganze Härte des Sterbens aus, aber eben nicht als Protest gegen Gott, sondern als ein Gebet. Mit einem Wort aus den Psalmen, dem Gebetbuch des Volkes Israel: »Mein Gott, mein Gott, warum hast du mich verlassen?« (Ps 22,1) bringt Jesus seine ausweglose Situation vor den Gott, von dem er sich verlassen fühlt.

Evangelischer Erwachsenenkatechismus

VI. Vom Tod zum Leben – Dem Auferstandenen begegnen

René Magritte, Das Jenseits, 1938

Der Glaube an die Auferstehung/Auferweckung Jesu besagt, dass sein Tod nicht als Scheitern, sondern als Durchbruch zu einem neuen Anfang gesehen wurde. Mit dem Tod Jesu hat sich für alle, die an ihn glauben, etwas verändert. Es gibt Hoffnung auf neues Leben über menschliche Grenzen hinaus. Das älteste Zeugnis von der Auferweckung Jesu spricht nur mit einer kurzen Formel davon, dass Jesus gemäß der Schrift am dritten Tag nach seinem Tode auferweckt wurde und dem Petrus erschienen ist, danach auch anderen und dem Paulus selbst (1 Kor 15,3-5). Die erzählenden Darstellungen der Evangelisten sind später entstanden.

Im Blick auf Vorstellungen eines »Lebens nach dem Tod« scheint die Auferstehungshoffnung ihre Anziehungskraft heute weniger zur Geltung zu bringen als in früheren Jahrhunderten. Der Gedanke der Wiedergeburt aus östlichen Religionen oder aus Naturreligionen gewinnt an Attraktivität. Der Vergleich von Judentum, Christentum, Islam mit dem Buddhismus oder der Religion der Indianer zeigt die Verschiedenheit im Denken und Fühlen.

Eine Episode von Wolfdietrich Schnurre (1.) führt zur Problematik eines besseren Verstehens der Auferstehungszeugnisse hin. Es folgen die neutestamentlichen Zeugnisse von der Auferweckung/Auferstehung Jesu (2.) Dabei werden ergänzend auch Hindernisse auf dem Weg zum ursprünglichen Osterglauben und eine mögliche Deutung der Auferweckungserzählungen nach Peter Fiedler vorgestellt. Der weite Gang des Kapitels zentriert sich um die Alternative »Auferstehung oder Wiedergeburt?« (3.). Die unterschiedlichsten Vorstellungen vom »Leben nach dem Tod« werden zur Diskussion gestellt: Meinungen von Oberstufenschülerinnen und Oberstufenschülern, der buddhistische Glaube an die Wiedergeburt, die Erzählung eines indianischen Schamanen, der christliche Auferstehungsglaube, ein jüdisches Bekenntnis sowie Vorstellungen von Auferstehung und Gericht nach islamischer Lehre. Aus dem Vergleich der verschiedenen religiösen Richtungen kann das Proprium christlicher Auferstehungshoffnung deutlich werden, das im abschließenden Überblick (4.) erneut aufgegriffen und zusammenfassend dargestellt wird.

1. *Hinführung:* »Und das mit der Auferstehung?« – Eine Episode

Ob ich mir Jesus schon mal vorgestellt hätte. »Ja«, sagte ich. »Er ist barfuß und hat ein endloses Hemd an. Schmale Hüfte, traurige Augen. Geht immer ein bisschen vornübergebeugt, so, als suchte er was.«
»Eben nicht«, sagte Vater. »Jesus war ein ganz gewöhnlicher junger Mann.«
»Beschreib ihn.« Gespannt ruckelte ich mich zurecht.
Vater zuckte die Schultern. »Wir haben ihn allein auf dem Arbeitsamt bestimmt schon Dutzende von Malen gesehen.«
»Dann wundert's mich«, sagte ich, »dass es nur den einen Jesus gibt und nicht zweitausenddreihundert.«
»Es *gibt* zweitausenddreihundert«, sagte Vater. »Es gibt nur nicht den einen.«
»Und das mit der Auferstehung?«
»Jeder kann auferstehen«, sagte Vater. »Man muss nur genügend Leute zurücklassen, die das forcieren.«
Ich war ziemlich enttäuscht. Ich hatte nicht direkt an ihn geglaubt. Aber irgendwie hatte er mir doch imponiert.
»Und was ist mit den Wundern?«

Vater lief erst ein paarmal im Nachthemd im Zimmer herum und rieb sich fröstelnd die Oberarme dabei. Dann blieb er dicht vor mir stehen.
»Liebst du die Menschen?« Er schien die Luft anzuhalten; man hörte auf einmal seinen Atem nicht mehr.
»Hör mal«, sagte ich, »wo wir so viel nette kennen.«
»Also.« Vater atmete aus und stieg wieder ins Bett.
»Was heißt ›also‹?«, fragte ich.
»›Also‹ heißt, dann kannst du auch Wunder vollbringen.«
Ich hatte auf einmal Herzklopfen bekommen. »Du meinst, Wunder kriegt jeder fertig?«
»Jeder, der liebt«, verbesserte Vater und boxte sich sein Kissen zurecht.

Wolfdietrich Schnurre

1. Was versteht der Erzähler unter »Auferstehung«, was der Vater?
2. Wie deuten Sie selber »Auferstehung«?

2. Die neutestamentlichen Zeugnisse von der Auferweckung/ Auferstehung Jesu

2.1 Ein synoptischer Vergleich

Mk 16,1-8	*Mt 28,1-10*	*Lk 24,1-12*	*Joh 20,1-10*
¹Und als der Sabbat vorüber war, kauften Maria aus Magdala und die Maria des Jakobus und Salome Balsam, um hinzugehen und ihn zu salben. ²Und sehr früh am ersten Tag der Woche kamen sie zur Gruft, als die Sonne aufgegangen war. ³Und sie sagten zueinander: Wer wird uns den Stein von der Türe der Gruft wegwälzen? ⁴Und wie sie aufblickten, sahen sie, dass der Stein fortgewälzt war. Er war nämlich sehr groß. ⁵Und sie gingen in die Gruft hinein und sahen einen Jüngling zur Rechten sitzen, bekleidet mit einem langen weißen Gewand; und sie erschraken. ⁶Er aber sagte zu ihnen: Erschrecket nicht! Ihr sucht Jesus von Nazaret, den Gekreuzigten; er ist auferweckt worden, er ist nicht hier;	¹Nach dem Sabbat aber, als es zum ersten Tag der Woche aufleuchtete, kamen Maria aus Magdala und die andre Maria, um das Grab zu besehen. ²Und siehe, es geschah ein großes Erdbeben; denn ein Engel des Herrn kam aus dem Himmel herab, trat hinzu, wälzte den Stein weg und setzte sich darauf. ³Sein Aussehen aber war wie der Blitz und sein Kleid weiß wie der Schnee. ⁴Aus Furcht vor ihm aber erbebten die Wächter und wurden wie tot. ⁵Der Engel jedoch begann und sprach zu den Frauen: Ihr sollt euch nicht fürchten; denn ich weiß, dass ihr Jesus, den Gekreuzigten, sucht. ⁶Er ist nicht hier; denn er ist auferweckt worden, wie er gesagt hat.	¹Am ersten Tage der Woche aber kamen sie am frühen Morgen zur Gruft und brachten den Balsam, den sie bereitet hatten. ²Da fanden sie den Stein von der Gruft weggewälzt. ³Als sie aber hineingingen, fanden sie den Leib des Herrn Jesus nicht. ⁴Und es begab sich, während sie darüber ratlos waren, siehe, da traten zwei Männer in blitzendem Gewand zu ihnen. ⁵Als sie aber in Furcht gerieten und das Angesicht zur Erde neigten, sprachen sie zu ihnen: Was sucht ihr den Lebendigen bei den Toten? ⁶Er ist nicht hier, sondern er ist auferweckt worden.	¹Am ersten Tage der Woche aber kommt Maria aus Magdala früh, als es noch dunkel war, zur Gruft und sieht den Stein von der Gruft hinweggenommen. ²Sie läuft nun und kommt zu Simon Petrus und zu dem andern Jünger, dem, den Jesus lieb hatte, und sagt zu ihnen: Sie haben den Herrn aus der Gruft hinweggenommen und wir wissen nicht, wo sie ihn hingelegt haben. ³Da gingen Petrus und der andere Jünger hinaus und machten sich auf den Weg zur Gruft. ⁴Die beiden liefen aber miteinander. Und der andere Jünger lief voraus schneller als Petrus, und kam zuerst an die Gruft ⁵Und wie er sich hineinbeugt, sieht er die leinenen Binden daliegen; doch ging er nicht hinein. ⁶Nun kam auch Simon Petrus, der ihm folgte, und ging in die Gruft hinein. Und er sieht die Binden daliegen ⁷und das Schweißtuch, da

148

siehe da den Ort, wo sie ihn hingelegt haben.	Kommet her, sehet den Ort, wo er gelegen hat;		auf seinem Haupte gewesen war, nicht bei den Binden liegen, sondern an einem Ort für sich zusammengewickelt.
		Erinnert euch, wie er zu euch geredet hat, als er noch in Galiläa war, ⁷indem er sagte: Der Sohn des Menschen muss ausgeliefert werden in die Hände sündiger Menschen und gekreuzigt werden und am dritten Tage auferstehen. ⁸Und sie erinnerten sich seiner Worte.	⁸Da nun ging auch der andere Jünger hinein, der zuerst an die Gruft gekommen war, und sah und glaubte. ⁹Denn sie verstanden die Schrift noch nicht, dass er nämlich von den Toten auferstehen müsse. ¹⁰Da gingen die Jünger wieder heim.
⁷Aber gehet hin, sagt seinen Jüngern und dem Petrus: Er geht euch voran nach Galiläa; dort werdet ihr ihn sehen, wie er euch gesagt hat.	⁷und gehet eilends hin und saget seinen Jüngern, dass er von den Toten auferweckt worden ist! Und siehe, er geht euch voran nach Galiläa, dort werdet ihr ihn sehen. Siehe, ich habe es euch gesagt.	⁹Und sie kehrten von der Gruft zurück und verkündigten dies alles den Elfen und allen übrigen. ¹⁰Maria aus Magdala und Johanna und Maria des Jakobus und die übrigen mit ihnen sagten dies zu den Aposteln. ¹¹Und diese Worte kamen ihnen vor wie leeres Gerede und sie glaubten ihnen nicht.	
⁸Und sie gingen hinaus und flohen von der Gruft, denn Zittern und Entsetzen hatte sie ergriffen. Und sie sagten niemanden etwas, denn sie fürchteten sich.	⁸Und sie gingen eilends von der Gruft hinweg mit Furcht und großer Freude und liefen, um es seinen Jüngern zu verkündigen. ⁹Und siehe, Jesus kam ihnen entgegen und sprach: Seid gegrüßt! Sie aber traten hinzu, ergriffen seine Füße und warfen sich vor ihm nieder. ¹⁰Da sagt Jesus zu ihnen: Fürchtet euch nicht; gehet hin, verkündigt meinen Brüdern, dass sie nach Galiläa gehen sollen, und dort werden sie mich sehen.		

1. Nennen Sie Gemeinsamkeiten und Unterschiede der Auferstehungserzählungen! Sie können sich beim synoptischen Vergleich an folgenden Leitfragen orientieren:
   – Wer kommt als erster zum Grab Jesu?
   – Wie viele Personen werden genannt?
   – Warum kommen die Frauen zum Grab?
   – Was war mit dem Verschlussstein des Grabes?
   – Wer ist Augenzeuge der Auferstehung?
   – Wen sehen die Frauen am Grab?
   – Wo befinden sich die Engel/jungen Männer?
   – Welche Gegenstände finden sich im Grab?
   – Welche Aussagen machen die Engel/jungen Männer?
2. Versuchen Sie zu erklären, wie es zu den verschiedenen Fassungen kommen kann!
3. Vergleichen Sie die Evangelienerzählungen formal und inhaltlich mit dem wohl ältesten Auferstehungszeugnis aus dem 1. Korintherbrief: »Christus starb für unsere Sünden, den Schriften gemäß; er wurde begraben und auferweckt am dritten Tage, den Schriften gemäß. Er erschien dem Kephas (Petrus) und danach den Zwölfen. Hierauf erschien er mehr als fünfhundert Brüdern zugleich; von ihnen sind die meisten bis jetzt noch am Leben; einige aber sind entschlafen. Danach erschien er dem Jakobus, dann allen Aposteln« (1 Kor 15,3b-7).
4. Überlegen Sie, welche Schwierigkeiten beim Verständnis der Osterbotschaft entstehen, und bedenken Sie, wie diese Schwierigkeiten überwunden werden können! Berücksichtigen Sie dazu auch die Gedanken von Peter Fiedler!

2.2 Hindernisse auf dem Weg zum ursprünglichen Osterglauben

Die Vorstellungen, die [...] bei vielen Menschen über Ostern hervorgerufen werden, sind bekannt: Felsengrab und Erdbeben; die ängstlichen Frauen und die Engelserscheinung; der Auferstandene, der durch verschlossene Türen kommt; der aus seiner Verborgenheit hervortreten und wieder verschwinden kann; der am Ende seiner vierzigtägigen Wirksamkeit unter seinen Jüngern vor ihren Augen gen Himmel fährt.

Solche Vorstellungen lassen begreifen, weshalb das Thema Ostern außerhalb der kirchlichen Liturgie bei uns als etwas Exotisches gilt – ebenso wie Weihnachten. Denn welcher moderne Mensch will so etwas noch ernst nehmen? Die Einwände liegen parat:

»Engel und so, nichts für mich! Da glauben heute höchstens noch kleine Kinder und alte Leute dran.«

»Vielleicht haben die Jünger doch nachgeholfen? Die Leiche Jesu heimlich weggeschafft?«

»Er war halt nur scheintot ... soll doch später bis Pakistan oder Indien gekommen sein! Man liest doch immer wieder solche Dinge.«

»Vermutlich haben seine Leute Gespenster gesehen. Das stell ich mir vor – nach dem Schock mit der Kreuzigung! Die wollten das einfach nicht wahrhaben, dass mit Jesus jetzt Schluss sein sollte.«

So oder ähnlich denken viele Menschen bei uns über die Auferstehung Jesu. Haben sie nicht Recht? Gehört der Glaube an die Auferstehung Jesu nicht wirklich zu den Überbleibseln einer Vergangenheit, die außer einigen vertrauten Gefühlen uns heutigen Menschen nichts mehr bringen? In der Tat – wenn diese Vorstellungen, die wir gewöhnlich mit der Auferstehung Jesu verbinden, den Inhalt des Osterglaubens ausmachten, dann könnte ich ihn auch nicht mehr ernst nehmen. [...]

Nun steht das, was unsere Maler gemalt haben, was unsere Kirchenlieder besingen und was deshalb unsere Vorstellungen von Ostern bestimmt, mehr oder weniger so in den Ostererzählungen des Neuen Testaments. Die Frage nach dem Inhalt des Osterglaubens ist deswegen nicht so leicht zu beantworten. Zwei Vorbemerkungen dazu:

Erste Vorbemerkung: Wie bei vielen Texten der Bibel, so ist ganz besonders bei den Aussagen des Neuen Testaments über die Auferstehung Jesu zu unterscheiden zwischen den Sätzen und Begriffen, die verwendet werden, und dem Inhalt, der damit ausge-

*Alexej Jawlensky
Stilles Leuchten, 192*

sagt werden soll. Beim Ostergeschehen geht es ja um eine Wirklichkeit jenseits unserer erfahrbaren raum-zeitlichen Welt; unsere Sprache kann aber über diese andere Wirklichkeit, die Welt Gottes, den »Himmel« im landläufigen Sinn, nur in Begriffen und Bildern reden, die unserer erfahrbaren Welt entstammen.

Das trifft bereits auf »Auferstehung« selbst zu: Von der alltäglichen Erfahrung, dass wir vom Schlaf aufstehen, wird die Vorstellung auf das Lebendig-Werden nach dem Tod angewendet, der als Schlaf, als Todes-Schlaf, bildhaft gesehen wird. Dieses und andere Bilder sind uns geläufig. Vermutlich sind sich aber nur die wenigsten Christen des Bildcharakters bewusst, wenn sie im Glaubensbekenntnis sprechen: »Auferstanden von den Toten, aufgefahren in den Himmel, sitzt er zur Rechten Gottes«.

Eine zweite Vorbemerkung zum Verständnis der Osteraussagen des Neuen Testaments: Viele Begriffe und Sätze sind uns heute fremd, weil sich Sprache und Vorstellung zu sehr gewandelt haben. Wir müssen also immer zuerst danach fragen, was Christen damals, als die Osteraussagen entstanden, darunter verstanden haben – oder jedenfalls was sie darunter verstehen konnten. Nur so können wir erwarten den ursprünglichen Sinn des Osterglaubens zu erfassen.

Peter Fiedler

1. Welchen Weg weist Peter Fiedler zu einem besseren Verstehen der Auferstehungsbotschaft?
2. Versuchen Sie einen Zugang zu den künstlerischen Darstellungen!

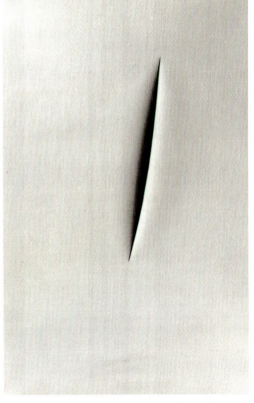

Matthias Grünewald, Auferstehung Christi. Isenheimer Altar, um 1512 – 1515

Lucio Fontana, Concetto Spaziale – Attesa, 1959

2.3 Eine mögliche Deutung der Auferweckungserzählungen

Im Zentrum dieser Erzählung steht nicht die Entdeckung des leeren Grabes. Das Zentrum der Erzählung bildet vielmehr das offenbarende Wort des Gottesboten: »Ihr sucht Jesus von Nazaret, den Gekreuzigten. Er wurde auferweckt; er ist nicht hier.« Das sagt der Engel den Frauen in der ältesten Fassung, im 16. Kapitel des Markus-Evangeliums, bevor er auf den leeren Platz hinweist, auf dem der Leichnam des Gekreuzigten lag.

Die meisten von uns heute werden mit der Gestalt des Engels nicht mehr viel anzufangen wissen; doch sein Auftreten ist nicht nur stilgemäß, sondern auch für die Sache entscheidend, um die es geht. Mit dem Auftreten des Gottesboten und mit seinen Worten macht der Evangelist nämlich klar: Die Osterbotschaft – hier in der ganz ursprünglichen Gestalt »Jesus wurde auferweckt« – ist den Frauen nicht von allein in den Sinn gekommen, von ihnen nicht aus der Entdeckung des wunderbar geöffneten und leeren Grabes gefolgert worden. Vielmehr wurde sie ihnen durch eine göttliche Offenbarung mitgeteilt. In Anbetracht dieser göttlichen Offenbarung kann das leere Grab nur eine zusätzlich bestätigende, aber keine eigenständige Bedeutung haben.

Wir dürfen auch nicht übersehen, dass das leere Grab mehrdeutig ist. Wir wissen nämlich aus dem Matthäus-Evangelium, dass es von jüdischer Seite den Vorwurf gab, die Jünger hätten durch Diebstahl des Leichnams nachgeholfen. Der Verfasser des Matthäus-Evangeliums zahlt dann mit der Geschichte von den bestochenen Grabwächtern mit gleicher Münze zurück:

»Einige von den Wächtern kamen in die Stadt und berichteten den Hohenpriestern alles, was geschehen war. Diese fassten gemeinsam mit den Ältesten den Beschluss die Soldaten zu bestechen. Sie gaben ihnen viel Geld und sagten: Erzählt den Leuten: Seine Jünger sind bei Nacht gekommen und haben ihn gestohlen, während wir schliefen. Falls der Statthalter davon hört, werden wir ihn beschwichtigen und dafür sorgen, dass wir nichts zu befürchten haben. Die Soldaten nahmen das Geld und machten alles so, wie man es ihnen gesagt hatte« (Mt 28,11-15).

Aber auch ein Irrtum wäre ja nicht auszuschließen: So erklärt Maria von Magdala ihre Trauer am leeren Grab mit diesen Worten:

»Man hat meinen Herrn weggenommen und ich weiß nicht, wohin man ihn gelegt hat« (Joh 20,13).

Wenn man also mit der Entdeckung eines wunderbarerweise geöffneten, leeren Grabes rechnet, dann kann es auch für uns heute nur die Bedeutung haben, dass es den Osterglauben zusätzlich bestätigt. Aber einen eigenständigen Beweis stellt das leere Grab nicht dar. Als Christen sind und bleiben wir auf das Zeugnis der Urzeugen angewiesen.

Dies bestätigt auch die Grabeserzählung, genauer jetzt: die Erzählung von der Offenbarung der Osterbotschaft im Grab. Denn Markus erwähnt in Vers 7 neben den Jüngern ausdrücklich den Petrus. Darüber hinaus findet sich hier ein Satz, der in dieselbe Richtung weist wie die Hoheitstitel in den Bekenntnis-Aussagen. Der Engel befiehlt nämlich, den Jüngern, vor allem dem Petrus, zu sagen:

»Er geht euch voraus nach Galiläa« (Mk 16,7).

Im Konzept des Markus-Evangeliums verbindet sich aber nun mit dem Stichwort Galiläa die erste Etappe des Wirkens Jesu, wo er in der Öffentlichkeit seine Botschaft, seine Lehre, kundtut. Die Jünger werden also an die Botschaft des irdischen Jesus zurückverwiesen. Diese Verkündigung Jesu und der damit verbundene Anspruch sind durch die Auferweckung endgültig geworden – ebenso behaupten es die alten Bekenntnisse, die wir eingangs erörtert haben.

Ob wir also die Erzählungen des österlichen Geschehens wie herrliche Osterbilder auf uns wirken lassen oder ob uns die Vorstellungen und Motive nur noch wenig sagen können – der Anspruch des Auferstandenen ist davon nicht berührt. Es geht eben wirklich nicht um felsenerschütternde Erdbeben und blitzende Engelsauftritte, ja eben auch nicht um ein leeres Grab, auf dessen Suche wir uns so gern begeben, und um diese oder jene Begegnung mit dem Auferstandenen, die in den Evangelien vermeintlich so konkret, in Wirklichkeit freilich unvorstellbar erzählt wird. Einem Mann wie dem Verfasser des Lukas-Evangeliums und der Apostelgeschichte war das deutlich bewusst. Obwohl er in seinen Ostererzählungen bis an die Grenzen des Darstellbaren geht, lässt er seine beiden Engel im Grab die Frauen ausdrücklich davor warnen, den Lebenden, also den Auferstandenen, bei den Toten zu suchen, d.h. im Grab. Ebenso wenig wird in der Apostelgeschichte den Jüngern gestattet dem zu Gott erhöhten Jesus in den Himmel nachzuschauen. Vielmehr sollen sie darangehen seine Weisungen auszuführen. Auf andere Weise sagt das Johannes-Evangelium, wie unergiebig, ja hemmend für das christliche Leben ein Spekulieren um die Auferstehungswirklichkeit Jesu ist. Das Verlangen des ungläubigen Thomas nach handfesten Beweisen wird zwar vom Auferstandenen erfüllt, aber die Geschichte, die die Macht Jesu demonstriert, läuft eindeutig auf die Aufforderung an die Leser oder Hörer des Evangeliums zu: Selig sind, die nicht sehen und doch glauben. Und dieser Glauben zielt auf nichts anderes, als mit dem Auferstandenen im täglichen Leben Ernst zu machen.

So können wir für die verschiedenen Osterzeugnisse des Neuen Testaments festhalten: Der Glaube muss sich zwar in Bildern und Begriffen aus unserer Welt ausdrücken. Aber wir dürfen nicht an den Bildern und Begriffen hängen bleiben.

Peter Fiedler

1. Fassen Sie die Gedanken mit eigenen Worten zusammen!
2. Helfen die Überlegungen weiter?
3. Was ist darunter zu verstehen »mit dem Auferstandenen im täglichen Leben Ernst zu machen«?

3. Auferstehung oder Wiedergeburt? – Vorstellungen vom »Leben nach dem Tod«

3.1 Ergebnisse einer Befragung von Oberstufenschülern

1. »Ich habe keine bestimmte Vorstellung, aber ich glaube, dass wir noch ein Leben haben und von Gott aufgenommen werden ...«
2. »Ich glaube, dass das Leben nach dem Tod wie ein langer Schlaf ist, die Vollendung des Lebens, nicht das Ende des Lebens. Wahrscheinlich finde ich auch die Wiedergeburt als eine andere Person ...«
3. »In meiner Religion weiß ich, dass man wieder als Mensch geboren wird, wenn man ein guter Mensch war, als man gelebt hat; sonst wird man als Tier wiedergeboren ...«
4. »Ich glaube nicht, dass es ein Leben nach dem Tod gibt. Ein Leben nach dem Tod übersteigt meine Vorstellungskraft ...«
5. »... ich glaube daran, dass die Seele nach dem Tod entweicht. Wohin die Seele sich dann begibt, ist natürlich eine interessante Frage ...«
6. »Das Paradies ist hier ...«
7. »Ich glaube an die Wiedergeburt.«
8. »... glaube definitiv nicht daran!«

1. Mit welcher der Stellungnahmen können Sie sich identifizieren?

*François Barraud,
Selbstporträt, 1931*

2. Was ist Ihre Meinung zur Frage: »Was kommt nach dem Tod?«
3. Ist der Glaube an Wiedergeburt Ihrer Meinung nach mit dem Christentum vereinbar?

3.2 Der Glaube an die Wiedergeburt – Was Buddhisten nach ihrem Tod erwarten

Der griechisch-stämmige Fürst Milindo (Melandros), der – zum Buddhismus übergetreten – im Indus-Gebiet 180 – 160 v. Chr. ein großes Reich regierte, unterhält sich mit dem buddhistischen Mönch Nagaseno:

Der König sprach: »Derjenige, ehrwürdiger Nagaseno, der wiedergeboren wird, ist das wohl derselbe (wie derjenige, der stirbt) oder ein anderer?«
»Weder derselbe noch ein anderer.«
»Gib mir ein Beispiel!«
5 »Was meinst du wohl, o König, bist du wohl jetzt als Erwachsener noch derselbe, der du damals als kleiner, junger, unmündiger Säugling warst?«
»Das nicht, o Herr! Denn eine andere Person war ja jener kleine, junge, unmündige Säugling, und eine ganz andere Person bin ich jetzt als Erwachsener.«
»Wenn dies wirklich so wäre, o König, so hättest du (der Erwachsene) ja weder Vater
10 noch Mutter noch Lehrer, und somit könnte es niemanden geben, der Wissen, Sittlichkeit und Einsicht besitzt. Dann hätte wohl auch jeder der fünf embryonalen Zustände eine andere Mutter und das Kind eine andere Mutter als der Erwachsene? Und derjenige, der eine Wissenschaft erlernt, sollte wohl gar eine andere Person sein als derjenige, der die Wissenschaft ausgelernt hat, und der Übeltäter eine andere Person als derjenige, dem zu
15 Strafe dafür Hände und Füße abgehauen werden?«
»Nicht doch, o Herr! Wie würdest du aber die Sache erklären?«
»Ich, o König, war damals der kleine, junge, unmündige Säugling und ich bin jetzt der Erwachsene. Denn aufgrund eben dieses Körpers werden (in unserem Denken) alle diese Zustände zu einer Einheit zusammengefasst.«
20 »Gib mir ein Gleichnis!«

Das Lebensrad, Tibet, 19. Jh.

Das Bild veranschaulicht symbolisch die Vorstellung vom Wirken des Karma (der Summe der Folgen menschlichen Tuns). Im äußeren Kreis sind die das menschliche Leben bestimmenden Daseinsfaktoren dargestellt. Das erste Glied dieser Kette ist die Unwissenheit. Zwischen den Speichen des Rades erscheinen die Daseinsbereiche, in denen Wiedergeburt sich vollziehen kann. Die Aufenthaltsorte drehen sich um ein Zentrum: die ineinander verbissenen Tiere Hahn, Schwein, Schlange sind Symbole für die Grundübel Gier, Verblendung und Hass. Sie lassen dem nackten Menschen nur zwei Möglichkeiten: sich freizumachen von den dunklen Kräften, dem Schatten, der ihm folgt, oder zurückzufallen in den dumpfen Zustand eines Tieres. Der Weg, der zur Befreiung von den Grundübeln führt, ist durch den Buddha (»der Erwachte«) vorgelebt und verkündet worden.

»Sagen wir, o König, ein Mann zünde eine Lampe an. Möchte wohl diese Lampe die ganze Nacht hindurch brennen?«
»Gewiss, o Herr!«
»Wie aber, o König, ist die Flamme in der ersten Nachtwache dieselbe wie die Flamme in der mittleren und die Flamme in der mittleren Nachtwache dieselbe wie die Flamme in der letzten?«
»Gewiss nicht, o Herr.«
»Dann brennt wohl, o König, eine Lampe in der ersten Nachtwache, eine andere in der mittleren und wieder eine andere in der letzten Nachtwache?«
»Das nicht, o Herr! Denn das Licht war während der ganzen Nacht abhängig von ein und derselben Lampe.«
»Genau in derselben Weise, o König, schließt sich die Kette der Erscheinungen aneinander. Eine Erscheinung entsteht, eine andere schwindet, doch reihen sie sich alle ohne Unterbrechung aneinander. Auf diese Weise gelangt man weder als dieselbe Person noch als eine andere bei der letzten Bewusstseinsverfassung an.«
»Gib mir noch ein weiteres Gleichnis!«
»Es ist genau derselbe Vorgang, o König, wenn die frische Milch nach einiger Zeit zu Dickmilch wird, die Dickmilch zu Butter und die Butter zu Butteröl. Wenn da nun einer sagen sollte, dass Milch und Dickmilch oder Butter und Butteröl ein und dasselbe seien, spräche der wohl die Wahrheit?«
»Gewiss nicht, o Herr! Denn erst durch die Abhängigkeit von dem einen Zustand ist der andere ins Dasein getreten.«
»Genau in derselben Weise, o König, schließt sich die Kette der Erscheinungen aneinander. Eine Erscheinung entsteht, eine andere schwindet, doch reihen sie sich alle ohne Unterbrechung aneinander. Auf diese Weise gelangt man weder als dieselbe Person noch als eine andere bei der letzten Bewusstseinsverfassung an.«
»Weise bist du, ehrwürdiger Nagaseno!«

1. Erläutern Sie anhand der »Fragen des Königs Milindo« die buddhistische Vorstellung von der Wiedergeburt! Berücksichtigen Sie die Begriffe »Karma« (Vergeltung der Taten in diesem Leben durch eine spätere Existenzform) und »Samsara« (Kreislauf der Geburt und Wiedergeburt)!
2. Was wird unter »Nirvana« verstanden? Beziehen Sie sich auf Buddhas Lehrrede über das Nirvana, wie sie im Hinayana-Buddhismus gängig ist:

Buddha hat ebenso wenig wie Sokrates und Jesus etwas Schriftliches hinterlassen. Seine Reden sind auch nicht mitgeschrieben worden. Alle Kenntnisse über Buddhas Lehre beruhen deshalb auf der späteren mündlichen Überlieferung seiner Schüler.
Die nachstehenden Textauszüge gehören zur Tradition des Hinayana-Buddhismus (Kleines Fahrzeug). Für das Hinayana bedeutet Nirvana das absolute Gegenteil zum Samsara, dem Kreislauf der Wiedergeburten: Nirvana ist ein Zustand ewiger Ruhe, ohne jegliche Aktivität und ohne Beziehung zur Leidenswelt.

»Es gibt, ihr Mönche, eine Stätte, wo es weder Erde noch Wasser noch Feuer noch Luft gibt. Es ist nicht die Stätte der Raumunendlichkeit noch die der Bewusstseinsunendlichkeit noch die des Nichtseins noch auch die Stätte, wo es weder ein Vorstellen noch ein Nichtvorstellen gibt. Es ist nicht diese Welt noch jene Welt, sei es der Mond oder die Sonne. Ich nenne es, ihr Mönche, weder ein Kommen noch ein Gehen noch ein Stehen, weder ein Vergehen noch ein Entstehen. Es ist ohne Stütze, ohne Anfang, ohne Grundlage – das eben ist das Ende des Leidens …«

Odilon
Redon,
Buddha,
1905–1910

»Schwer einzusehen ist die Lehre vom Nicht-Ich, denn die Wahrheit ist nicht leicht zu begreifen. Besiegt ist die Gier in dem Wissenden. Für den Schauenden aber gibt es nichts ...«

»Es gibt, ihr Mönche, ein Nichtgeborenes, ein Nichtgewordenes, ein Nichtgemachtes, ein Nichtverursachtes. Wenn es, ihr Mönche, dieses Nichtgeborene, Nichtgewordene, Nichtgemachte, Nichtverursachte nicht gäbe, so ließe sich für das Geborene, das Gewordene, das Gemachte, das Verursachte kein Ausweg finden. Weil es aber, ihr Mönche, ein Nichtgeborenes, ein Nichtgewordenes, ein Nichtgemachtes, ein Nichtverursachtes gibt, darum findet sich auch ein Ausweg für das Geborene, das Gewordene, das Gemachte, das Verursachte ...«

»Bei dem, was von anderem abhängig ist, gibt es Bewegung, bei dem, was von nichts anderem abhängig ist, gibt es keine Bewegung, wo keine Bewegung ist, da ist Ruhe, wo Ruhe ist, da ist kein Verlangen, wo kein Verlangen ist, da gibt es kein Kommen und Gehen und wo es kein Kommen und Gehen gibt, da gibt es kein Sterben und Wiederentstehen, wo es kein Sterben und Wiederentstehen gibt, da gibt es weder ein Diesseits noch ein Jenseits noch ein Dazwischen – das eben ist das Ende des Leidens.«

3.3 Ein indianischer Schamane erzählt von seinen Wiedergeburten – Der Ansatz einer Naturreligion

Aus dem Berichtsjahr 1915/1916 wird die Geschichte eines Winnebago-Indianers von Paul Radin überliefert, die von einer zweifachen Wiedergeburt erzählt. Die Winnebago, ein Sioux-Stamm am Westufer des Michigan-Sees, glauben an die Wiedergeburt jener, die ein gutes Leben geführt haben oder im Krieg gefallen sind.

Ich lebte einst in einer Horde, die etwa 20 Lager zählte. Als ich zu einem Jüngling herangewachsen war, ohne doch schon groß genug zu sein, um eine Flinte zu handhaben, griff uns eine Abteilung an, die sich auf dem Kriegspfade befand, und tötete uns alle. Doch wusste ich nicht, dass ich getötet worden war. Ich glaubte wie gewöhnlich umherzulaufen,
5 bis ich auf dem Boden einen Haufen Leichen sah und meine darunter. Niemand war da uns zu beerdigen. So lagen wir da und verwesten.
Ich (d.h. mein Geist) wurde nach dem Ort gebracht, wo die Sonne untergeht. Dort lebte ich mit einem altem Ehepaar. Dieser Ort ist ausgezeichnet und die Leute haben es sehr gut. Wenn man irgendwohin gehen will, so ist alles, was man zu tun hat, sich dorthin zu
10 wünschen, und dann ist man da. Während ich dort weilte, dachte ich daran, dass ich wieder auf die Erde zurück möchte, und der alte Mann, bei dem ich war, sagte zu mir: »Sprachst du nicht davon, dass du wieder auf die Erde zurückzukehren wünschst?« Ich hatte tatsächlich nur daran gedacht, doch kannte er meinen Wunsch. Dann sprach er zu mir: »Du kannst gehen, aber du musst zuerst den Häuptling fragen.«
15 Darauf ging ich dem Häuptling des Dorfes mein Verlangen mitzuteilen und er sprach zu mir: »Du magst gehen und dich (an den Leuten, die deine Verwandten und dich töteten) rächen.«
Nun wurde ich auf die Erde herabgebracht. Ich ging nicht in den Leib einer Frau ein, sondern wurde in ein Zimmer gebracht. Eines Tages hörte ich das Lärmen von kleinen
20 Kindern und andere Töne von draußen und ich dachte deshalb daran herauszugehen. Darauf schien es mir, als ob ich durch eine Tür gehe, doch in Wirklichkeit wurde ich aus dem Leibe einer Frau wiedergeboren. Beim Herausgehen wurde ich plötzlich von einem kalten Luftzug getroffen und begann zu schreien.
Dort wurde ich aufgezogen und gelehrt viel zu fasten. Nachher tat ich nichts anderes als
25 in den Krieg zu ziehen und sicherlich nahm ich für meinen und meiner Verwandten Tod Rache, da dieses der Zweck meines Kommens auf die Erde war.
Dort lebte ich, bis ich vor Alter starb. Sogleich lösten sich meine Knochen in den Gelenken, meine Rippen fielen ein und ich starb zum zweiten Mal. Ich fühlte beim Tode nicht mehr Schmerzen als beim ersten Mal.
30 Dieses Mal wurde ich in der damals üblichen Art begraben. Ich wurde in eine Decke gehüllt und ins Grab gelegt. Zuerst wurden Stöcke ins Grab gelegt. Dort verweste ich. Ich beobachtete die Leute, die mich beerdigten.
Während ich dort lag, sagte jemand zu mir: »Komm, lass uns fortgehen.« So gingen wir zum Sonnenuntergang. Dort kamen wir zu einem Dorf, wo wir alle Toten trafen. Mir
35 wurde mitgeteilt, dass ich hier 4 Nächte zu verweilen hätte, aber in Wirklichkeit blieb ich dort 4 Jahre. Die Leute vergnügten sich dort. Die ganze Zeit über führten sie muntere Tänze aller Art aus. Von dort kamen wir zu dem Ort, wo »Erdmacher« lebte, und dort sah ich ihn und sprach mit ihm von Angesicht zu Angesicht, gerade so, wie ich mit dir spreche. Ich sah auch die Geister und ich war wirklich wie einer von ihnen.
45 Von dort kam ich zum dritten Mal auf die Erde und hier bin ich. Ich mache dasselbe durch, was ich schon vorher kannte.

Robert Redbird, Kiowa-Paar, 1983

1. Charakterisieren Sie die Vorstellung von der Wiedergeburt nach der Erzählung des Schamanen! Vergleichen Sie diese mit folgender indianischen Weisheit: »Es ist indianischer Glaube, dass nach dem Tod eines Menschen sein Geist irgendwo auf der Erde oder im Himmel weiterlebt, wir wissen nicht genau wo, aber wir sind sicher, dass sein Geist noch lebt ...«
2. Erläutern Sie anhand des folgenden Wortes von Schwarzer Hirsch (1863 – 1950), einem Schamanen der Sioux, wie sich die Vorstellung der Wiedergeburt im Kontext indianischer Weltanschauung darstellt: »Alles, was ein Indianer vollbringt, ist kreisförmig, weil die Kraft der Erde sich immer in Kreisen vollzieht und alles rund sein will ...
Ich habe gehört, daß die Erde so rund wie ein Ball sein soll, genauso die Sterne. Der Wind wirbelt im Kreise, die Nester der Vögel sind rund, denn sie haben dieselbe Religion wie wir ...
Selbst die Jahreszeiten wechseln im Kreis, kommen immer wieder dorthin zurück, wo sie bereits einmal waren. Das Leben eines Menschen verläuft von einer Kindheit zur anderen und so ist es bei allem, in dem Kraft wirkt ...«
3. »Es gibt keinen Tod. Nur einen Wechsel von Welten« (Häuptling Seattle, 1786 – 1866). Welches Lebensgefühl ergibt sich aus dieser Auffassung?

3.4 Der christliche Auferstehungsglaube

Aus dem 15. Kapitel des 1. Korintherbriefes:

[35]Es könnte aber jemand fragen: Wie werden die Toten auferstehen und mit was für einem Leib werden sie kommen?
[36]Du Narr: Was du säst, wird nicht lebendig, wenn es nicht stirbt.
[37]Und was du säst, ist ja nicht der Leib, der werden soll, sondern ein bloßes Korn, sei es von Weizen oder von etwas anderem.
[38]Gott aber gibt ihm einen Leib, wie er will, einem jeden Samen seinen eigenen Leib.
[39]Nicht alles Fleisch ist das gleiche Fleisch, sondern ein anderes Fleisch haben die Menschen, ein anderes das Vieh, ein anderes die Vögel, ein anderes die Fische.
[40]Und es gibt himmlische Körper und irdische Körper; aber eine andere Herrlichkeit haben die himmlischen und eine andere die irdischen.

⁴¹Einen anderen Glanz hat die Sonne, einen anderen Glanz hat der Mond, einen anderen Glanz haben die Sterne; denn ein Stern unterscheidet sich vom andern durch seinen Glanz.
⁴²So auch die Auferstehung der Toten. Es wird gesät verweslich und wird auferstehen unverweslich.
⁴³Es wird gesät in Niedrigkeit und wird auferstehen in Herrlichkeit. Es wird gesät in Armseligkeit und wird auferstehen in Kraft.
⁴⁴Es wird gesät ein natürlicher Leib und wird auferstehen ein geistlicher Leib. Gibt es einen natürlichen Leib, so gibt es auch einen geistlichen Leib.

1 Kor 15,35-44

1. Interpretieren Sie den Text unter inhaltlichen und formalen Gesichtspunkten!
2. Überlegen Sie, wodurch sich »Auferstehung« von »Wiedergeburt« unterscheidet!
3. »Auferstehung des Leibes« – Wie ist das zu verstehen?
   Hinweis: Eine mögliche Interpretationshilfe finden Sie gegebenenfalls im 4. Abschnitt dieses Kapitels »Zusammenfassender Überblick: Die christliche Auferstehungshoffnung«!
4. Wie wird in den folgenden beiden Gedichten von »Auferstehung« geredet?

Leichenreden

ihr fragt
wie ist
die auferstehung der toten?
   ich weiß es nicht

ihr fragt
wann ist
die auferstehung der toten?
   ich weiß es nicht

ihr fragt
gibts
eine auferstehung der toten?
   ich weiß es nicht

ihr fragt
gibts
keine auferstehung der toten?
   ich weiß es nicht

ich weiß
nur
wonach ihr nicht fragt:
   die auferstehung derer die leben

ich weiß
nur
wozu Er uns ruft:
   zur auferstehung heute und jetzt

Kurt Marti

Auferstehung

Manchmal stehen wir auf
Stehen wir zur Auferstehung auf
Mitten am Tage
Mit unserem lebendigen Haar
Mit unserer atmenden Haut.

Nur das Gewohnte ist um uns
Keine Fata Morgana von Palmen
Mit weidenden Löwen
Und sanften Wölfen.

Die Weckuhren hören nicht auf zu ticken
Ihre Leuchtzeiger löschen nicht aus.

Und dennoch leicht
Und dennoch unverwundbar
Geordnet in geheimnisvolle Ordnung
Vorweggenommen in ein Haus aus Licht

Marie Luise Kaschnitz

3.5 Ein jüdischer Theologe zum Auferstehungsglauben

Sicher ist vor allem, dass das Weizenkornwort Jesu zur historischen Wirklichkeit geworden ist: »Wenn das Weizenkorn nicht in die Erde fällt und erstirbt, so bleibt's allein. Wenn es aber erstirbt, so bringt es viele Frucht« (Joh 12,24). Mit den Worten Rabbi Chijas, des Sohnes Josephs:
»Wenn ein Weizenkorn, das nachts begraben wird, mit so vielen prächtigen Kleidern aufersteht, so und noch viel mehr die Gerechten« (Ketubot 111a).
Man fragte Rabbi Pinchas von Koretz: »Warum soll, wie uns überliefert ist, der Messias am Jahrestag der Zerstörung Jerusalems geboren werden?«
Rabbi Pinchas antwortete: »Das Korn, das in die Erde gesät ist, muss zerfallen, damit die neue Ähre sprießt. Die Kraft kann nicht *auferstehen*, wenn sie nicht in die große Verborgenheit eingeht« (M. Buber).
Wie viele solcher »Weizenkörner« wurden in Israel nicht zu Grabe getragen und starben dahin – ohne irdische Frucht zu bringen! Nur dieses Weizenkorn, so scheint es, fiel in fruchtbare Glaubenserde, so dass sein Tod unzähligen Menschen in aller Welt zu einem besseren Leben und einer unsterblichen Hoffnung verhalf.
Alle ehrliche Theologie ist zutiefst gesehen Katastrophen-Theologie, die ihren Antrieb aus dem Elend und dem Adel unseres Menschentums erhält:
Aus der Todesangst, dem Lebenswillen und der großen Hoffnung, dass mit dem Tod nicht alles zu Ende geht;
einer Hoffnung, die einer Vorahnung jener unfassbaren Unendlichkeit und letzten Wirklichkeit entspringt, die wir Gott benennen;
einer Hoffnung, die sich nicht damit begnügen kann, dass unser Dasein mit Geburtswehen beginnt und in einem letzten Röcheln ausklingt;
einer Hoffnung, dass Tränen, Tod und Trauer nicht das letzte Wort behalten;
einer Hoffnung, die aus dem Vertrauen »nach oben« den Mut »nach vorne« schöpft; Mut über das Sterben hinaus auf ein Weitersein, das dem Tod seinen Stachel nimmt, um unserem Leben einen Sinn zu geben, der nicht vergehen noch verwesen kann;
einer Hoffnung, die die Kraft verleiht, sich fraglos auszuliefern an den Gott, »der tötet und lebendig macht« (Dtn 32,39) und Seiner Gerechten nicht vergisst (Ps 37,25).
Das ist die Quintessenz des biblischen Auferstehungsglaubens von Juden und Christen. Und sonst nichts.
Wenn man Einblick in die Volksseele des heutigen Rest-Israels gewinnen könnte, um seinem Selbstverständnis auf den Grund zu kommen, käme man höchstwahrscheinlich zur Schlussfolgerung, dass Auschwitz und die Staatsgründung in demselben geistigen Verhältnis zueinander stehen wie Karfreitag und Ostersonntag im Herzen gläubiger Christen.
Derselbe Abgrund gähnt zwischen dem Kreuz und der Auferstehung wie zwischen dem Massen-Golgota der Hitlerjahre und der nationalen Auferstehung im Jahre 1948.
Ohne die Auferstehung Jesu, nach Golgota, hätte es kein Christentum gegeben, so wie Auschwitz ohne die darauf folgende Neugründung Israels das Ende des Judenvolkes hätte sein können. Denn wer von euch Christen weiß, wieviel unbegründeter Zuversicht und Zukunftsglaubens es bedarf, um nach 1945 jüdische Kinder in die Welt zu setzen?
So ist die Sache Jesu im Grunde die Sache Israels. Sowohl die Lehre als die Leiden, das gläubige Erleben Gottes, das Überleben des Martertodes und das ewige Leben, das wir erhoffen. Hier sehe ich das eigentliche und den Ursinn jenes Heilsgeschehens am Pascha-Ostersonntag in Jerusalem.
Eine Auferstehung unserer Lebenshoffnung, die Juden und Christen gemeinsam bejahen:

»Aber seine Toten werden leben,
Deine Leichname werden auferstehen.
Wachet auf und jubelt, die ihr liegt unter der Erde!
Denn ein Tau der Lichter ist dein Tau,
Und die Erde wird die Toten herausgeben.« (*Jes 26,19*)

Eine letzte Frage: Muss die Auferstehung der Toten ein Wunder sein?
Die Werke unseres Schöpfers sind allesamt wunderbar – aber nicht mirakulös. Sie überspringen nicht willkürlich die natürliche Ursachenreihe wie die Werke des Zauberers im Märchen. Da ist z.B. das Wunder einer menschlichen Eizelle. Nichts als Materie ist zunächst konstatierbar. Zwanzig Jahre später ist daraus ein Wesen geworden, das die Grenze pflanzlichen und tierischen Lebens durchbrochen hat, »Ich« sagen kann und gegen den Trend seiner Triebe imstande ist selbstlos zu lieben. Im größeren Rahmen gesehen heißt das: Am Anfang war die tote Materie. In einer jahrmillionenlangen »Entwicklung« wurde daraus Leben, aus dem Leben langsam Bewusstsein, und aus dem Bewusstsein mühsam und langwierig: Liebe und Selbsterkenntnis – mit einem Wort: eine globale, allumfassende Auferstehung aus dem Toten.

Dieses Wunderwerk wird dadurch, dass wir immer mehr Zwischenstufen dieser »Evolution« in den Blick bekommen, wahrhaftig nicht weniger grandios. Ist denn nicht jeder Baum, jede Blume und jedes Kind ein Wunder Gottes? Wir aber sind derart abgestumpft durch den Rost und Grünspan der Alltäglichkeit, dass wir einen Shakespeare, einen Johann Sebastian Bach und einen großen van Gogh benötigen, um das Staunen neu zu erlernen. Warum soll das Wiedererwachen eines personalen Ich nach dem Todesdurchgang mirakulöser vor sich gehen als das allmähliche Erwachen eines Menschen aus der leblosen Materie einer befruchteten Eizelle. Und wenn die Physiker behaupten, dass in diesem unerschöpflich großen Universum kein einziges Gramm von Substanz verloren geht, sondern lediglich seine Gestalt verwandelt, warum soll dann ausgerechnet das Kostbarste, das Gott uns schenken wollte: ein Funke von Seinem Feuer, der Hauch Seines Geistes, nach unserem irdischen Ableben spurlos verschwinden? Solch eine Annahme straft doch nicht nur alle Zuversicht auf das Heil Lügen, sondern widerspricht auch der elementaren Logik der Naturwissenschaft.

So ist also die Hoffnung auf die Auferstehung ein vernünftiger Glaube, der für ein sinnvolles, erfüllbares Leben auf Erden genügen sollte.

Pinchas Lapide

1. Wie sieht Pinchas Lapide »Auferstehung«?
2. Können seine Überlegungen von christlicher Seite aus geteilt werden?
3. Inwiefern basiert die christliche Auferstehungshoffnung auf dem Judentum? Beziehen Sie sich auf die Überlegungen von Rudolf Hoppe!

Auferstehung ist *die* Zentralaussage des christlichen Glaubens über das Heilshandeln Gottes am gekreuzigten Jesus von Nazaret. Begriffe und Gedanke wurden aber nicht erst in neutestamentlicher Zeit entworfen, sondern gehen auf das vorchristliche Judentum zurück.

Das Judentum nach dem Exil spricht oft von der Erwartung der endzeitlichen Aufrichtung der Herrschaft Gottes (Jes 43,15; 44,6; Sach 14,9.16f., Jes 24,1-23): Jahwe wird sich gegen alle kosmischen Mächte und irdischen Herrscher durchsetzen und über alle Völker herrschen. Und auch den Tod wird er für immer vernichten (vgl. Jes 25, 8). Die Gewissheit, dass Gott aus der Gewalt des Todes herausführt, bezeugt u.a. Ps 49. Israel hatte ja über Jahrhunderte die geschichtliche Glaubenserfahrung mit Jahwe gemacht und seinen unbedingten Heilswillen durch alle Krisen hindurch kennen gelernt. Im Anschluss an den Glauben an den aus dem Tod errettenden Jahwe ist die Hoffnung auf die Auferstehung der Toten in sich konsequent. Letztlich will also der Glaube des Judentums die Herrschaft Gottes in der Geschichte bezeugen.

Ein wichtiger jüdischer Test ist 2 Makk 7, das Martyrium der 7 Brüder um der Gesetzestreue willen. Dort sprechen die Brüder ihre im Glauben an Jahwe gründende Hoffnung aus »Der König der Welt wird uns zu einem neuen, ewigen Leben auferwecken...«. Ähnliches sagt das Buch der Weisheit aus dem 1. Jh. v. Chr., das den Frommen in der todüberwindenden Gemeinschaft mit Gott sieht: »In den Augen der Menschen werden sie (die Gerechten) bestraft, doch ihre Hoffnung ist voll Unsterblichkeit« (Weish 3,4). – An solche Vorstellungen des Judentums konnte das frühe Christentum mit seinem Auferstehungszeugnis anknüpfen. Für den Glauben an Gott im christlichen Sinne bildete der jüdische Auferstehungsglaube das wichtigste Vor-verständnis. Dennoch ist der Osterglaube nicht identisch mit der jüdischen Überlieferung. Das NT bezeugt den Osterglauben sehr vielfältig und das hat sich auch literarisch unterschiedlich niedergeschlagen. Wir kennen kurze Bekenntnissätze wie »Gott hat Jesus auferweckt« o.ä., sodann die bekannten Grabes- und Erscheinungserzählungen der Evangelien. Diese bezeugen zwar dasselbe Geschehen, aber in erzählerischer Form.

Was hat die Christen dazu gebracht davon zu sprechen, Jesus sei nicht im Tode geblieben? Man kann das nicht einfach mit den Mitteln der Gegenständlichkeit ausdrücken, denn nicht nur das, was wir mit unseren Augen sehen oder mit den Händen greifen, ist »wirklich« und »wahr«. Die Jünger kamen – das lässt sich auch historisch sicher sagen – nach dem Karfreitag wieder zusammen und bezeugten den gekreuzigten Jesus als bei Gott Lebenden. Aber sie hatten den von Gott eingesetzten Heilsbringer auch als lebendig erfahren. Erscheinungen hatten ihnen den toten Jesus lebendig vor Augen geführt und damit ihren Glauben neu begründet. Dies ist umso erstaunlicher, als für den frommen Juden der Gekreuzigte nicht nur ein politisch, sondern auch ein von Gott Verurteilter war. Im Buch Deuteronomium (Dtn 21,23) steht der Satz: »Ein Gehenkter ist ein von Gott Verfluchter«, ein Satz, der es dem frommen Juden eigentlich unmöglich machte an jemand festzuhalten, der diesen Verbrechertod gestorben war. Umso glaubhafter erscheint deshalb das Zeugnis derjenigen, die die Erscheinungen hatten.

Diese Erfahrung, die die Jünger mit dem Gekreuzigten gemacht hatten, konnten sie dann sprachlich mit Begriffen deuten, die ihnen das Judentum vorgegeben hatte, z.B. mit dem Begriff »Auferstehung«. Wenn Gott also am toten Jesus gehandelt hat, so der Osterglaube, dann wird er auch an uns lebenstiftend handeln, ja er wird die Welt umwandeln, um in allem und über alles der Herr zu sein (vgl. 1Kor 15,28).

Rudolf Hoppe

3.6 Auferstehung und Gericht nach islamischer Lehre

Aus dem Koran:

Meint der Mensch, wir würden (dereinst) seine Knochen nicht zusammensetzen (und ihn wieder zum Leben erwecken)? Aber ja! Wir sind (sogar) imstande seinen Finger (wieder zurecht) zu formen. *Sure 75, genannt: Die Auferstehung, 3-4*

Das ist ihr Lohn dafür (nämlich die Hölle mit ihrem Feuer), dass sie an unsere Zeichen nicht geglaubt und gesagt haben: »Sollen wir etwa, wenn wir vermoderte Knochen sind, in einer neuen Schöpfung auferweckt werden?« Haben sie denn nicht gesehen, dass Gott, der Himmel und Erde geschaffen hat, die Macht hat ihresgleichen zu schaffen? Er hat ihnen eine Frist gesetzt, an der nicht zu zweifeln ist. Aber die Frevler wollten nichts anderes als ungläubig sein. *Sure 17, 98 f.*

Einer hat nach einer Strafe gefragt, die hereinbrechen wird. Für die Ungläubigen kann sie niemand abwehren, (denn sie kommt) von Gott, zu dem die Leiter emporführt. Die Engel und der Geist steigen zu ihm auf in einem Tag, dessen Ausmaß fünfzigtausend Jahre sind. Sei nun schön geduldig (und lass dich durch das vorläufige Ausbleiben der Strafe nicht beirren)! Sie (d.h. die Ungläubigen) sehen sie in der Ferne, wir aber in der Nähe. (Die Strafe wird hereinbrechen) am Tag, da der Himmel wie flüssiges Metall und die Berge wie Wolle sein werden und niemand nach seinem Freund fragen wird. *Sure 70,1-10*

Und macht euch darauf gefasst einen Tag zu erleben, an dem ihr zu Gott zurückgebracht werdet, worauf jedem voll heimgezahlt wird, was er begangen hat! Und ihnen wird (dabei) nicht Unrecht getan. *Sure 2,281*

Doch wir werden die Ungläubigen bestimmt eine strenge Strafe spüren lassen und ihnen ihre schlechten Taten vergelten. Das ist der Lohn der Feinde Gottes, das Höllenfeuer, in dem sie eine Behausung für die Ewigkeit finden, zum Lohn dafür, dass sie unsere Zeichen geleugnet haben ...
Auf diejenigen, die sagen: »Unser Herr ist Gott« und hierauf geraden Kurs halten, kommen die Engel herab: »Ihr braucht keine Angst zu haben und nicht traurig zu sein. Freut euch darüber ins Paradies zu kommen, das euch versprochen worden ist! Wir sind im diesseitigen Leben und Jenseits eure Freunde. Und ihr werdet im Paradies haben, was euer Herz begehrt und wonach ihr verlangt, – ein Quartier von einem, der barmherzig ist und bereit zu vergeben.« *Sure 41,27-28; 30-32*

Die Propheten und auch Jesus werden als Zeugen im Gericht auftreten und je nach ihren Taten die Menschen aus ihren Völkern anklagen, zu denen sie gesandt wurden. Wenn Gott es zulässt, können Propheten und Engel für einzelne Fürsprache einlegen, so dass Gnade vor Recht ergeht.
Das Ende bricht jedoch weder unvorbereitet noch unerwartet über die Menschen herein.
Das Wissen um den Tod bereitet auf das letzte Urteil im jüngsten Gericht vor. Wenn der Todesengel abberuft, nimmt er die Seele mit. Vor Gott erfolgt dann eine Art Abrechnung, man könne auch sagen, ein vorläufiges Gericht. Ein Zurück in das Leben gibt es nicht mehr. Diejenigen, die in ihrem Leben Unrecht getan haben, sind von der Wahrheit zu spät überzeugt. Für die Ungläubigen gibt es nur den Weg in die Hölle, den Gläubigen steht der Weg ins Paradies offen.

1. Nennen Sie die Hauptaussagen zum Thema »Auferstehung« aus islamischer Sicht!
2. Vergleichen Sie diese mit der christlichen Sicht!

4. Zusammenfassender Überblick: Die christliche Auferstehungshoffnung

Zum ganzen Menschen gehört auch sein Bezug zur Welt und zu den Mitmenschen, der sich im Leib vollzieht. Die Hoffnung auf die leibhafte Auferweckung der Toten ist daher kein später und fremder Zusatz zum Gottesglauben, sondern dessen innere Konsequenz. In den *biblischen Zeugnissen* wird die Tatsache der künftigen Auferstehung mit festem
5 Glauben bekannt, aber die Art und Weise, wie sie geschieht, nicht beschrieben. Die Gewissheit dieses Glaubens erwächst aus dem Gottesgedanken in bedrückenden menschlichen Erfahrungen [...].

Wenn [...] davon die Rede ist, dass alle, die in den Gräbern sind, »herauskommen« werden, die das Gute getan haben, um zum Leben aufzuerstehen, die das Böse getan haben,
10 zum Gericht (vgl. Joh 5,29), erheben sich für den heutigen naturwissenschaftlich denkenden Menschen *Verständnisschwierigkeiten*. Aber wie sollte die Bibel das Geheimnis der künftigen Welt und der mit ihr verbundenen Totenauferstehung anders als in der Sprache und Vorstellung ihrer Zeit ausdrücken? Es ist auch nicht so, dass erst wir heute Schwierigkeiten mit der Botschaft von der leiblichen Auferstehung haben. Die Schwierigkeiten
15 in der damaligen außerjüdischen, vor allem hellenistischen Welt waren noch wesentlich größer. Auf die leibliche Auferstehung zu hoffen, galt geradezu als töricht und skandalös. Als Paulus darüber vor den Weisen des Areopag in Athen sprach, »spotteten die einen, andere aber sagten: Darüber wollen wir dich ein andermal hören« (Apg 17,32). Die Frage ist damals wie heute: Wie sollen wir uns das denken, wie soll das geschehen? Schon Pau-
20 lus weiß um diese Frage: »Nun könnte einer fragen: Wie werden die Toten auferweckt. Was für einen Leib werden sie haben?« (1 Kor 15,35). Es ist offenkundig, dass diese Fragen innerhalb unseres modernen, von den Naturwissenschaften geprägten Weltbilds nochmals eine ganz neue Dringlichkeit erhalten [...].

Versteht man unter dem Leib im Sinn der Heiligen Schrift den für die menschliche Per-
25 son wesentlichen und ihr eigenen Bezug zur Mitwelt und Umwelt, dann meint die leibliche Auferstehung, dass der Bezug zu den anderen und zur Welt in einer neuen und vollen Weise wiederhergestellt wird. Es geht bei der Auferstehung der Toten also nicht bloß um die Vollendung des einzelnen, sondern um die *Vollendung aller Wirklichkeit*. [...]

Alles, was aus Liebe getan wurde, wird bleibend eingestiftet sein in den Bestand der
30 Wirklichkeit. »Die Liebe wird bleiben wie das, was sie einst getan hat.«

Katholischer Erwachsenenkatechismus

VII. Zurück zu den Wurzeln – Zur Neubesinnung auf das Judentum als Ursprung des Christentums

Polnische Volkskunst

In der Vergangenheit haben Christen vor allem die Unterschiede ihres Glaubens zum jüdischen Glauben betont. Das Judentum war ihnen zumeist fremd. Heute sind immer stärker die Gemeinsamkeiten von Judentum und von Christentum im Blick. Beide stehen auf dem Boden der Hebräischen Bibel, beide glauben an den einen Gott. Es gibt viele Übereinstimmungen in ihrem gottesdienstlichen Leben, in ihren ethischen Anschauungen, in der Sicht der Geschichte. Wie ist es zu der Entfremdung früher gekommen? Wie könnte das Verhältnis von Christen und Juden heute beschrieben werden?

Die Geschichte »Was Christus von den Juden sagte« aus der Zeit des Nationalsozialismus (1.) führt den Entfremdungszustand vor Augen und motiviert zur Frage, wie es zum Bruch von Kirche und Synagoge kam. Anmerkungen zur frühen Zeit des Christentums von Hubertus Halbfas (2.) bieten Hilfen zum geschichtlichen Verständnis. Es schließen sich Überlegungen an, wie Christen ihre Haltung gegenüber Juden und Judentum nach den Vorschlägen der Lutherischen Europäischen Kommission Kirche und Judentum (3.) revidieren sollten, um zu Fortschritten auf dem Weg zum interreligiösen Gespräch von Christen und Juden – im Sinne Ulrich Schwemers (4.) – zu kommen.

1. *Hinführung:* »Was Christus von den Juden sagte« – Eine Geschichte aus der Zeit des Nationalsozialismus

Die Mutter war mit ihren drei Kindern auf dem Felde gewesen. Sie hatte für die Ziegen, die daheim im Stalle auf Futter warteten, frisches Gras gemäht. Ihr Töchterchen Gertrud hatte auf ihren kleinen Bruder im Kinderwagen aufgepasst, während Georg im nahen Wäldchen Beeren suchte. Nun sind sie fertig. Langsam gehen sie wieder nach Hause.
⁵ Georg wendet sich an die Mutter.
»Du, Mutter, du hast uns vorhin etwas vom Juden erzählt. Und du hast gesagt, dass es nicht nur heute viele Leute gibt, die die Juden hassen, sondern es hätte auch schon vor mehreren tausend Jahren Judengegner gegeben.«
»Ja, mein Kind«, sagt die Mutter, »Judengegner gibt es schon so lange, als es Juden gibt.
¹⁰ Die Juden waren zu allen Zeiten Gauner und Verbrecher. Sie haben früher genauso gelogen, betrogen und gestohlen, wie sie es heute tun. Kein Wunder also, wenn die Juden immer Feinde gehabt haben. Und in Zukunft wird das auch nicht anders sein.«
»Das verstehe ich«, sagte die Gertrud, »aber eines will mir nicht in den Kopf, Mutter, das musst du mir erklären. Ich hab da in einem Buch gelesen, dass man früher die Juden oft
¹⁵ arg verfolgt hat. Man hat sie fortgetrieben oder eingesperrt oder gar umgebracht. Das hätte man doch nicht tun sollen ...«
Georg fällt seiner Schwester ins Wort.
»Natürlich musste man das tun. Du weißt ja gar nicht, welche Verbrechen die Juden begangen haben. Sie haben oft ganze Dörfer und Städte ausgeraubt. Sie haben sogar un-
²⁰ schuldige Kinder abgeschlachtet. Wer aber ein Mörder ist, der gehört selbst umgebracht!«
Die Mutter nickt.
»Der Georg hat ganz Recht. Man hätte sogar noch strenger zu den Juden sein müssen, dann wäre uns viel Unglück erspart geblieben.«
Plötzlich hält die Mutter inne. Sie zeigt auf ein Kreuz, das rechts am Wege steht.
²⁵ »Kinder, schaut einmal da hin! Der Mann, der am Kreuze hängt, war einer der größten

»Wenn ihr ein Kreuz seht, dann denkt an den grauenhaften Mord der Juden auf Golgata...«
NS-Zeichnung

Judengegner aller Zeiten. Er kannte die Juden in ihrer Verborgenheit und Niedertracht. Mit der Peitsche trieb er einst die Juden hinaus, weil sie in der Kirche Geldgeschäfte gemacht hatten. Er nannte die Juden ›Menschenmörder von Anfang an‹. Damit wollte er sagen, dass die Juden schon zu allen Zeiten Mörder gewesen sind. Er sagte weiter zu den
5 Juden: ›Euer Vater ist der Teufel!‹ Wisst Ihr, Kinder, was das bedeutet? Das bedeutet, dass die Juden vom Teufel abstammen. Und weil sie vom Teufel abstammen, darum können sie auch nur wie Teufel leben. Und darum begehen sie Verbrechen über Verbrechen.«
Nachdenklich blicken die Kinder auf das Kreuz. Die Mutter spricht weiter.
»Weil dieser Mann die Juden kannte, weil er der Welt die Wahrheit kündete, deshalb
10 musste er sterben. Deshalb ermordeten ihn die Juden. Deshalb kreuzigten sie ihn. Sie schlugen ihm Nägel durch Hände und Füße und ließen ihn langsam verbluten. In so grausamer Weise rächten sich die Juden an ihm. Und in grausamer Weise haben sie auch später viele jener Männer umgebracht, die den Mut hatten die Wahrheit über den Juden zu sagen. Und daran, Kinder, müsst ihr immer denken. Wenn ihr ein Kreuz seht, dann denkt
15 an den grauenhaften Mord der Juden auf Golgata. Denkt daran, dass die Juden Kinder des Teufels und Menschenmörder sind. Und denkt an den Spruch:

Solang auf Erden Juden leben
es Judengegner hat gegeben.
Sie warnten vor der Judenbrut
20 und opferten sogar ihr Blut,

auf dass die Welt den Teufel kenne
und nicht in ihr Verderben renne,
auf dass die Welt sich bald befrei'
aus dieser Judensklaverei.«

Der Giftpilz – NS-Publikation

1. Interpretieren Sie die Geschichte auf dem Hintergrund Ihrer historischen Kenntnisse über den Tod Jesu!
2. Bedenken Sie die wirkungsgeschichtlichen Folgen von Geschichten wie dieser!

2. Wie es zum Bruch von Kirche und Synagoge kam – Geschichtliche Anmerkungen zur frühen Zeit des Christentums

In die Ansätze einer christlichen Gemeindebildung und der Evangelienschreibung ist in einer tragischen Weise die feindschaftliche Entfremdung zwischen Christen und Juden mit hineinverwoben. Nach allem, was die historisch-kritische Forschung uns heute über Jesus erkennen lässt, war er ein Jude, der den jüdischen Glauben lebte, der sich seinem Volk zugehörig wusste und auch mit seiner prophetischen Botschaft im Überlieferungsrahmen Israels seinen Ort hat. Die früheste Jesus-Gemeinde, also die urchristliche Keimzelle, war zunächst eine jüdische Gruppierung, die nicht nur trotz, sondern auch wegen ihrer Jesus-Nachfolge im jüdischen Glaubenskontext beheimatet war und ihr christologisches Proprium nicht als Distanzierung vom eigenen Volk verstand. Die antijüdischen Akzente und Polemiken, die in den später entstehenden Evangelien begegnen, und zwar umso ausgeprägter, je größer der Abstand zu Jesus wird, sind der vorösterlichen Jüngerschaft unbekannt und auch frühesten Quellen der Jesusüberlieferung noch fremd. Sie wurden dem ursprünglichen Material erst in späteren Jahrzehnten eingearbeitet, und zwar mit einer gewissen soziologischen Gesetzlichkeit im Prozess der eigenen christlichen Identitätsausbildung. Insofern stützen sich Gemeindeentwicklung und Evangelienbildung wechselseitig.

Erster wesentlicher Anstoß zu dieser Entwicklung werden die von den judenchristlichen Gemeinden integrierten Nichtjuden, die sich von der Christusbotschaft angesprochen fühlen. Die auf dem sogenannten Apostelkonzil (etwa im Jahre 48/49) geführten Auseinandersetzungen (vgl. Apg 15,1-35; Gal 2,11-21) lassen erkennen, dass zunächst die Ansicht herrschte, dass ein zur Gemeinde hinzukommender »Heide« zu Israel konvertieren müsse, um als Zugehöriger zu Israel ein Mitglied der Jesus-Gemeinde sein zu können. Offenbar hatte der Glaube aber bereits liberale Einstellungen gegenüber der Tora-Frömmigkeit entstehen lassen, so dass Paulus dem Kephas sagen konnte: »Wenn du als Jude nach Art der Heiden und nicht nach Art der Juden lebst, wie kannst du dann die Heiden zwingen, wie Juden zu leben?« (Gal 2,14). Obwohl noch ganz in der jüdischen Tradition verwurzelt, war in der um den Namen Jesu versammelten Gemeinde also bereits eine unterscheidende Lebensform im Entstehen, die nunmehr von Jahr zu Jahr deutlicher das Bemühen um Distanzgewinn und Eigenprofil erkennen lässt. Ein sehr entscheidender Faktor für diesen Loslösungsprozess war dabei die Lehre des Paulus, dass der Mensch nicht aus den Werken des Gesetzes, sondern allein aus Glauben an Christus Jesus »gerechtfertigt« werde. Dadurch wurde nicht allein die Beschneidung relativiert, sondern das Leben nach dem Gesetz insgesamt herabgewertet und – späterhin – immer öfter, immer schärfer verächtlich gemacht. Zwar hielt man weiterhin an der »Schrift« Israels fest, aber die jüdischen Lehrautoritäten, die diese Schrift zur Geltung brachten, schied man aus, so dass schließlich allein die Berufung auf Jesus von Nazaret als »dem einzigen normativen Rabbi« übrig blieb.

In der Fortsetzung dieser Entwicklung steht ein wachsender Antijudaismus. Die Sammlung und Bearbeitung der mündlichen Jesusüberlieferung fällt zusammen mit dem Bemühen um deutliche Abgrenzungen, das seine wachsende Intensität in der von Jahrzehnt von Jahrzehnt zunehmenden Judenpolemik der Evangelien findet. Die Tendenz zu solcher Abgrenzung ist im ältesten Evangelium nach Markus erst verhalten spürbar, doch bricht sie bei Matthäus schon deutlich hervor, besonders in der verhängnisvollen Szene 27,24 f., die den späteren christlichen Volks-Antijudaismus immer wieder neu motiviert hat: »Als aber Pilatus sah, dass er nichts ausrichtete, sondern dass der Tumult nur noch größer wurde, nahm er Wasser und wusch sich die Hände, wobei er sprach: Ich bin unschuldig an diesem Blut. Seht ihr zu! Und es antwortete das ganze Volk und sagte: Sein Blut auf uns und unsere Kinder!«

Bei Lukas steigert sich die Tendenz die Römer aus ihrer Zuständigkeit für den Tod Jesu zu entlassen, indem dreimal betont wird, Pilatus habe Jesus freigeben wollen. Im vierten und letzten Evangelium aber erreicht der frühe christliche Antijudaismus seinen ersten Höhepunkt. Während Matthäus und Lukas mit einem pauschalen »die Juden« noch sehr zurückhaltend waren – je fünfmal –, begegnet der Terminus bei Johannes einundsiebzigmal, überwiegend negativ gerichtet und mit der Tendenz das jüdische Volk insgesamt als Feind Jesu abzustempeln. Franz Mußner resümiert: »Die Kirche hat sich zu der Zeit, da das Johannesevangelium geschrieben wurde, schon endgültig von den Juden getrennt ... (Sie) entwickelte im Zusammenhang dieser Loslösung von Israel ähnlich wie die Essener von Qumran ein oppositionelles Selbstverständnis, was Feindbilder entstehen ließ, wie ›die Pharisäer‹, ›die Juden‹.« Der in der weiteren Wirkungsgeschichte dogmatisch ausgebaute Vorwurf, also hätten die Juden den »Sohn Gottes« umgebracht und seien deshalb »Gottesmörder«, war im Fortgang der Geschichte und ihren Judenpogromen leicht mit der pseudotheologischen Rechtfertigung zu verbinden, Judenmord sei eine bereits im Neuen Testament vorgesehene Strafe. [...]

Mit dem Abkommen von Mailand gab Kaiser Konstantin im Jahre 313 dem bis dahin randständigen Christentum den Status einer religio licita, eine staatliche Anerkennung, die das Judentum schon vorher im Römischen Reich genoss. Mit dieser Wende beginnt eine Zeit der Demütigung und Verfolgung, die das Leben der Juden bis in unsere Zeit hinein mit unermeßlichem Leid überschüttete. Die verfolgte Kirche wurde ohne Übergänge zur verfolgenden Kirche.

Hubertus Halbfas

Besiegte Synagoga, Buchillustration, um 1180. Ecclesia steht, fürstlich gekleidet, auf dem Rücken der Synagoga und setzt ihr den Kreuzstab auf den Nacken. Synagoga aber, verbundenen Auges, hebt Kopf und Hand zum Zeichen der Aufgabe.
Die Darstellung der allegorischen Figuren zeigt das theologische Selbstverständnis der Kirche im Mittelalter. Diesem korrespondierten Judenfremdheit und Judenfeindschaft über die Jahrhunderte.

3. Die Aufgabe von Christen heute: Revision der Haltung gegenüber Juden und Judentum

Uns ist erneut bewusst geworden, wie sehr theologische Aussagen – damals wie heute – sich im Raum der Gesellschaft und der Politik auswirken und
5 wie groß die Verantwortung ist, die die Kirche hier trägt. Die Aufarbeitung der Geschichte, insbesondere der Theologiegeschichte, ist unerlässlich für die Gewinnung einer Glaubwür-
10 digkeit der Kirche und für die Neugestaltung des Zusammenlebens in Europa.
Wir wenden uns mit den folgenden Aussagen als evangelisch-lutherische
15 Christen an die Christen in- und außerhalb der unter uns vertretenen Kirchen und hoffen, dass sie zur Erneuerung des Verhältnisses zwischen Christen und Juden beitragen.

Pablo Picasso, Die Begegnung (Zwei Schwestern), 1902

20 *I. Grundlegendes*

1. Weil Jesus aus dem jüdischen Volk kommt und sich von ihm nicht losgesagt hat und weil das Alte Testament die Bibel Jesu und der Urkirche war, sind Christen durch ihr Bekenntnis zu Jesus Christus in ein einzigartiges Verhältnis zu Juden und ihrem Glauben gebracht, das sich vom Verhältnis zu anderen Religionen unterscheidet.
25 2. Dieses Verhältnis zwischen Christen und Juden wurzelt in dem Zeugnis von dem einen Gott und seiner Bundestreue, wie es in den Büchern der Heiligen Schrift des Alten Testaments, die wir gemeinsam haben, überliefert ist. In ihnen lesen wir dieselben Worte, wenngleich wir sie in unterschiedlicher Weise auslegen und weiterführen, im Judentum auf dem Weg des Talmuds, im Christentum auf dem Weg des Neuen Testaments.
30 3. Gott hat Israel zu seinem Volk erwählt. Diese Aussage ist nicht aufgehoben und wird in dem neutestamentlichen Bekenntnis zu Jesus als dem gekommenen Messias erneuert und bestätigt. Israel wird nicht durch die Kirche ersetzt.
4. Wir glauben, dass Gott in seiner Treue sein Volk Israel durch die Geschichte geführt und es durch die jüdische Glaubenstradition als Volk bewahrt hat. Wir sehen in der Heim-
35 kehr in das Land der Väter ein Zeichen der Bundestreue Gottes.

5. Die christliche Gemeinde ist im jüdischen Volk entstanden und bedarf daher zur Bestimmung ihrer Identität einer Beziehung zum Judentum. Seither gehören zur Kirche sowohl Menschen aus dem jüdischen Volk als auch solche, die aus den anderen Völkern kommen. Judenchristen können dazu beitragen, dass die Kirche sich ihrer jüdischen Wurzeln bewusst wird und bleibt. Sie können einen besonderen Beitrag zum Gespräch zwischen Juden und Christen leisten.

II. Die Schoa (Holocaust) und Folgen

1. Die Schoa (der Holocaust) und die Geschichte der Judenfeindschaft insgesamt stellen eine tiefgreifende Herausforderung an christliche Lehre und Praxis dar. Schon bei der Auslegung der Heiligen Schrift müssen antijüdische Motive und Interpretationsmuster aufgedeckt und in Unterricht und Verkündigung überwunden werden. Obwohl sich Christentum und Judentum historisch gesehen in gegenseitigen Konflikten entwickelt haben, gehört der Antijudaismus nicht zum Dogma zur Kirche und darf nicht Bestandteil kirchlicher Lehre und Praxis sein.

Marc Chagall, Die Gekreuzigten

2. Christlicher Triumphalismus, der das Verhältnis der Christen zu den Juden lange Zeit hindurch belastet hat, ist mit einer ernsthaften Begegnung und einem echten Zeugnis nicht vereinbar. Darum ist hier ein Umdenken der Kirchen in Theologie und Verhalten notwendig. Unter Triumphalismus verstehen wir ein Überlegenheitsbewusstsein, bei dem die Ideale der eigenen religiösen Tradition mit der historischen Wirklichkeit der anderen verglichen werden. Christlicher Triumphalismus – Ausdruck einer theologia gloriae, die vom Kreuz Christi absieht – verfälscht Aussagen über Jesus zu Aussagen über die Wirklichkeit der Kirche. Dabei wird das Judentum der Zeit Jesu als dunkle Folie gezeichnet, auf deren Hintergrund die Kirche damals wie heute umso heller erstrahlen kann. Diese Haltung hat oft zur Rechtfertigung von Unterdrückung und Verfolgung gedient.

3. Um ein neues Verhältnis zu den Juden zu gewinnen, müssen wir als Kirche lernen Buße zu tun.

4. Juden und Christen fragen nach Heil und Erlösung und finden unterschiedliche Antworten. Nach dem Neuen Testament ist das Heil in Jesus Christus eröffnet, der als der Heilsweg für Juden und Heiden verkündet wird. Umso mehr sollen wir Christen unseren

Salvador Dali, Ora, Hora – Licht, Freude

jüdischen Gesprächspartnern mit Demut, Liebe und Respekt begegnen und ihre Glaubensaussage über Versöhnung und Erlösung hören und ernst nehmen. Das letzte Urteil über die Menschen steht bei Gott und bleibt sein Geheimnis.

III. Formen der Begegnung

1. Das Verhältnis der Juden zu den Christen ist seit vielen Jahrhunderten dadurch belastet, dass die Juden sich als meist kleine Minderheit einer großen Mehrheit von Christen gegenübersahen. Unter dieser Situation haben Juden auf verschiedene Weise zu leiden gehabt. Sie sind daher mit Recht sehr empfindlich gegenüber jeder Art von Machtausübung durch Christen. Wir bekräftigen unsere Überzeugung, dass insbesondere in der Begegnung von Christen und Juden jegliche Art von Zwang oder Ausnützung von Notlagen zu unterbleiben hat und dass diese auch nicht durch das Ziel zu rechtfertigen sind, Menschen zum Glaubenswechsel zu bewegen. Organisationen, die sich solcher Methoden (Proselytismus) bedienen, darf es unter uns Christen nicht geben.

2. Unerlässliche Voraussetzung für unsere Begegnung ist die Bereitschaft der Christen auf das Zeugnis der Juden zu hören, von ihrer Glaubens- und Lebenserfahrung zu lernen und dadurch neue Seiten der biblischen Überlieferung wahrzunehmen. Juden und Christen haben sich in der Begegnung viel zu sagen und können miteinander Gottes Wirklichkeit neu entdecken.

3. Solche Begegnungen fordern aber auch das eigene christliche Zeugnis heraus. Dies wird jedoch nicht nur in Worten bestehen, sondern bewährt sich in der Praxis des Umgangs miteinander. Christen müssen sich dessen bewusst bleiben, dass ihre Geschichte der Judenfeindschaft oft genug gegen ihre Worte zeugt. Die Begegnung schließt für beide Partner die Möglichkeit ein, von dem Zeugnis des anderen überzeugt zu werden.

4. Jede Begegnung zwischen Christen und Juden erfordert die Einsicht, dass Gott selbst der Sendende/Missionierende ist. Diese Einsicht in die missio dei hilft zum Verständnis der eigenen Möglichkeiten und Aufgaben: Gott ermächtigt zum gegenseitigen Zeugen des Glaubens im Vertrauen auf das freie Wirken des Heiligen Geistes; denn er entscheidet über die Wirkung des Glaubenszeugnisses und über das ewige Heil aller Menschen. Er befreit von dem Zwang alles selbst bewirken zu müssen. Aus dieser Einsicht heraus sind Christen verpflichtet ihr Zeugnis und ihren Dienst in Achtung vor der Überzeugung und dem Glauben der jüdischen Gesprächspartner wahrzunehmen.

5. Kirchen und Organisationen, die einer Begegnung in dieser Weise aufgeschlossen sind, dienen einer Erneuerung des Verhältnisses zwischen Christen und Juden.

IV. Folgerungen

Wir dringen darauf, dass in den lutherischen Kirchen nicht nur die antijüdischen Ausfälle des späten Luther mit ihren verheerenden Folgen aufgearbeitet werden, sondern auch Grundschemata lutherischer Theologie und Lehre wie »Gesetz und Evangelium«, »Glaube und Werke«, »Verheißung und Erfüllung«, »Zwei Regimente/Zwei Reiche« im Blick auf ihre Auswirkung auf das christlich-jüdische Verhältnis neu überdacht werden. Dafür kann gemeinsame theologische Arbeit mit Juden besonders in der Bibelauslegung wichtig werden.

Wir fordern dazu auf Christen Kenntnisse vom Judentum zu vermitteln, um ihnen zu einer positiven, unverzerrten Einstellung zum heutigen Judentum zu verhelfen und dadurch den säkular begründeten Antisemitismus ebenso wie den in den Kirchen überkommenen Antijudaismus zu überwinden.

Lutherische Europäische Kommission Kirche und Judentum

4. *Zusammenfassender Überblick:* Auf dem Weg zum interreligiösen Gespräch von Christen und Juden

Trotz der vielen Erklärungen ist [...] noch nicht davon auszugehen, dass die Erkenntnisse des Dialoges zwischen Juden und Christen schon in die Breite der Kirche hineingewirkt hätten. Wohl haben inzwischen viele Christen zahlreiche Informationen über das Judentum erhalten. Die theologische Herausforderung aber, die eine Begegnung mit dem Judentum für Christen mit sich bringt, ist weithin noch nicht in den Blick gekommen. So kann man immer wieder neben einer Begeisterung für das Judentum sehr aggressive Reaktionen erleben, wenn christliche Glaubenstraditionen selber kritisch hinterfragt werden. Leicht fallen Gesprächspartner dann wieder zurück in schon überwunden geglaubte Vorurteile über das Judentum.

Das Feld der Einübung neuer theologischer Erkenntnisse aus dem jüdisch-christlichen Dialog lässt keinen kirchlichen Bereich aus. Es gilt in der Liturgie und der Verkündung darauf zu achten, dass Antijudaismen vermieden werden. Viele Gebete und auch manche Lieder nehmen antijüdische Schablonen auf, die ihnen aus der Theologie jahrhundertelang vorgegeben waren. Die Predigten sind ein besonders gefährdeter Bereich. Viele Predigttexte wenden sich gegen das Judentum, wenn ihre jüdischen Wurzeln oder ihr jüdisches Umfeld, in dem sie gesprochen wurden, nicht gründlich aufgedeckt werden.

Auch der Bereich von Religions- und Konfirmandenunterricht muss nach wie vor bedacht werden. Gerade für die Klasse vereinfachte Erzählungen der Evangelien sind in der Unterrichtssituation eine Ursache für antijüdische Einstellungen schon in der Grundschule. Dies gilt besonders für Erzählungen der Passionsgeschichten.

Selbst das kirchliche Verfassungs- und Gesetzeswesen muss unter dem Blickwinkel eines besonderen Verhältnisses von Juden und Christen durchforstet werden. Die Grundordnungen enthalten Aussagen über den missionarischen Auftrag der Kirche. In der Regel sind diese Aussagen pauschal formuliert und differenzieren nicht zwischen dem Zeugnis gegenüber den Juden und dem gegenüber der übrigen Welt. Gerade in dieser Frage belegen aber viele Stellungnahme ein Umdenken in der Theologie.

Ulrich Schwemer

VIII. Zum Schluss: Kirche –
Die mittelbare Fortsetzung des Wirkens Jesu

Rhonald Blommestijn

Der evangelische Theologe Heinz Zahrnt:

Dass ich Christ bin, verdanke ich der Kirche – sie hat mir die Bibel erschlossen. Aber ich könnte nicht mit Martin Luther sagen: »Ich hab sie lieb, die werte Magd.« Es geht mir mit der Kirche wie (dem ehemaligen Bundespräsidenten) Gustav Heinemann mit dem Staat, der, auf sein Verhältnis zu ihm angesprochen, zu antworten pflegte, er liebe nicht den Staat, sondern seine Frau.

Für mich ist die Kirche [...] ein lebenslang ungelöstes Problem. Ich kann mein Verhältnis zur Kirche daher in den knappen Satz fassen: Ich lebe als Christ durch die Kirche, in der Kirche – und immer wieder – trotz der Kirche.

Dieses zwiespältige Verhältnis entspricht der Zweideutigkeit, die dem Faktum »Kirche« von seinem Ursprung her anhaftet. Die Tatsache, dass es *die* Kirche nur in *den* Kirch*en* gibt – dieses unauflösliche Ineinander von Singular und Plural – weist auf das Grundproblem aller »Kirchlichkeit« hin. Der katholische Theologe Alfred Loisy hat es in den berühmten Satz gefasst: »Jesus hat das Reich Gottes angekündigt und die Kirche ist gekommen.« [...]

Jesus aus Nazaret hat in der Tat keine Kirche gegründet, sondern eine endzeitliche Glaubens- und Sammlungsbewegung entfacht. Er hat selbst von sich gesagt: »Ich bin gekommen ein Feuer auf Erden anzuzünden« und hat voll Bangen hinzugefügt: »was wollte ich lieber, als es brennte schon« (Lk 12,49). Nicht irgendeine weitere religiöse Organisation sollte entstehen und auch wieder vergehen – das Reich Gottes sollte endgültig hereinbrechen! Für eine Kirche blieb da keine Zeit mehr.

Aber wenn die Kirche von Jesus auch nicht vorgesehen war, so war ihre Entstehung doch vorauszusehen. Denn es kam anders, als Jesus es erwartet und die Urgemeinde erhofft hatte. Das Reich Gottes brach nicht an, die Welt nahm weiter ihren Lauf. Sollte die von Jesus entfachte Glaubens- und Sammlungsbewegung sich nicht wieder verlaufen, so musste ihre »Vorläufigkeit«, um im Gang zu bleiben, institutionell stabilisiert werden. [...]

Dazu musste ein geschichtliches Gebilde entstehen, das, wie alle Gebilde in der Geschichte, seinen Bestand in der Welt mit den Mitteln der Welt behauptet. Und so ist fast von selbst »die Kirche gekommen« mit Schriften, Dogmen und Ämtern, mit Kultus, Macht und Recht, mit Hierarchie, Bürokratie und Finanzen – nicht anstelle des von Jesus angesagten Reiches Gottes, sondern infolge seiner Ansage des Reiches Gottes, mithin als mittelbare, nicht als unmittelbare Fortwirkung seines Glaubens und Verkündigens. [...] Jede kirchliche Institution, auch die vollkommenste, wird hoffnungslos hinter dem Reich Gottes zurückbleiben und jeder kirchliche Lehrsatz, auch der paradoxeste, die Fülle der göttlichen Offenbarung nur unzureichend fassen. [...]

Die Kirche ist die mittelbare Fortsetzung des Wirkens Jesu. Als Tradentin der »memoria Jesu« hat sie das Feuer seines Geistes in der Welt am Brennen zu halten.

1. Was versteht der evangelische Theologe Heinz Zahrnt unter »Kirche«?
   Wie sehen Sie selber »Kirche«?
2. Charakterisieren Sie die Beziehung von Jesus und der Kirche nach dem Text von Heinz Zahrnt! Stimmen Sie seiner Verhältnisbestimmung zu?
3. »Allen, die sich sorgen und fragen: ›Was wird aus der Kirche?‹ sei es gesagt: Vergesst die Kirche – denkt an das Reich Gottes, trachtet nach seiner Gerechtigkeit, dann wird euch die lebendige Kirche von selbst zufallen!« (Jürgen Moltmann).
   Was halten Sie von diesem Zitat?

GLOSSAR

Das Glossar enthält Fremdwörter und Fachbegriffe, soweit sie nicht aus dem Textzusammenhang erschließbar sind. Die Angaben beziehen sich auf die Bedeutung der Begriffe, wie sie im Text verwendet werden, und müssen gegebenenfalls durch Hinzuziehen von Lexika ergänzt werden.

adoptianisch wie ein eigenes Kind annehmend
Anthropozentrik Vorstellung, der Mensch sei Mittelpunkt im Kosmos
Antizipation Vorwegnahme
apokryph nicht zum Kanon der Heiligen Schrift gehörend, jedoch den anerkannten biblischen Schriften in Form und Inhalt recht nahe
Archetyp eine Komponente des kollektiven seelischen Unbewussten im Menschen, das die ererbte Grundlage der Persönlichkeitsstruktur bildet
Aura Ausstrahlung einer Person; Fluidum
Blasphemie Gotteslästerung
canvas Leinwand
D. (Ehren-)Doktor der evang. Theologie
Danaiden in der griechischen Sage Töchter des Königs Danaos, die gegen ihren Willen verheiratet wurden, ihre Männer in der Hochzeitsnacht ermordeten, dafür als Strafe in der Unterwelt Wasser in ein durchlöchertes Fass schöpfen müssen
Deus ex machina Gott aus der Maschine, als unerwarteter Helfer aus einer Notlage
dithyrambisch begeistert
Dogma kirchlicher Glaubenssatz mit dem Anspruch auf unbedingte Geltung
en bloc zusammenhängend
Eucharistie griechischer Ausdruck für Danksagung, gemeint ist das Abendmahl
evident offensichtlich
Exposition Darlegung, Erörterung; einführender Teil eines Dramas
Heroe Held
ideologiekritisch ein Verfahren beim Textverstehen anwenden, das auf die Kritik der weltanschaulichen, politischen, gesellschaftlichen Voraussetzungen abzielt
Intention Absicht
intrapsychisch innerhalb der Seele als Prozess ablaufend
kanonisch der Bibel zuzurechnen
katalysieren eine chemische Reaktion herbeiführen, beschleunigen oder verlangsamen
Katechese Religionsunterricht, der außerhalb der Schule erteilt wird und vor allem Glaubensverkündigung darstellt
Keryma Verkündigung
kerygmatisch die Verkündigung betreffend, auf Verkündigung abzielend
Kollaborateur Angehöriger eines von feindlichen Truppen besetzten Gebietes, der mit dem Feind zusammenarbeitet
Kombattant Mitkämpfer
kompilatorisch aus Teilen verschiedener Werke zusammengeschrieben
konfessionalistisch die eigene Konfession übermäßig betonend
Konzil Versammlung der Bischöfe der Weltkirche; die Beschlüsse eines Konzils sind für die gesamte Kirche verbindlich
Logos Wort, Rede, Sinn; im Johannesprolog mit Christus identifiziert
marginalisieren an den Rand, an die Grenze legen; ausgrenzen
memoria Gedächtnis, Erinnerung
Messias – im griechischen/lateinischen Vokabular »Christos«/«Christus« – bezeichnet den Gesalbten Gottes im kultischen und im übertragenen Sinn, z. B. den König, den Hohenpriester
Metaphysik philosophische Lehre von den letzten Gründen und Zusammenhängen des Seins
Mikrophysik Physik der Moleküle und Atome
Misanthrop Menschenverächter
Mischna Sammlung jüdischer Lehre aus dem 2. Jahrhundert n.Chr.; die Mischna bildet die Grundlage des Talmud
narzisstisch eitel, selbstbezogen
Nomenklatur Zusammenstellung von Fachbegriffen eines Wissensgebietes
numinos Gott als unbegreifliche, zugleich Schauder wie Vertrauen erweckende Macht

KLEINE SEHSCHULE

Mit Bildern kann man sehr unterschiedlich umgehen. Man kann mit ihnen z. B. Räume schmücken, seine soziale Stellung betonen, protestieren, werben, beeinflussen und sich einfach ihrer Wirkung aussetzen; man kann Bilder auch verehren. Systematische methodische Bilderschließung schärft den Blick, stärkt die Sehgeduld und vertieft das Verständnis für die Aussagekraft von Bildern.

Die folgenden *Schritte* werden dem Kunstwerk gerecht und geben zugleich dem subjektiven Erleben Raum:

Spontane Wahrnehmung: Was sehe ich?

Spontane Eindrücke zulassen – geduldig und konzentriert hinsehen – sich mit anderen austauschen

Bildbestand und Bildordnung: Wie ist das Bild aufgebaut?

Einteilung in oben und unten, links und rechts, Vordergrund und Hintergrund – Farben und Farbzusammenstellung – Licht und Dunkel – Formen (wie Kreis, Quadrat, Kugel, Würfel) – Elemente der Natur (wie Sonne und Mond, Pflanzen und Tiere, Gestein und Wasser) – Architektur (wie Häuser, Brücken) – Möbel und Gebrauchsgegenstände – Kleidung und Körpersprache (wie Mimik, Gestik, Haltung, Größe, Alter, Geschlecht, soziale Stellung) – Verbindungslinien – Entsprechungen und Gegensätze – Kompositionen (wie kreisförmiger, diagonaler, symmetrischer oder dreieckiger Aufbau)

Innenkonzentration: Was ruft das Bild wach?

Erinnerungen und Einfälle – Gefühle und Stimmungen – Neugier – Ablehnung, Widerspruch, Widerstand – Zustimmung, Begeisterung, Ergriffenheit – Fragen

Analyse des Bildgehalts: Was hat das Bild zu bedeuten?

Bezug zu individuellen Lebenssituationen und geschichtlichen Ereignissen – zu biblischen Texten, kirchlichen Dokumenten, Legenden und anderen Quellen – zu Liturgie und Brauchtum – Verwendung von Symbolen und kunstgeschichtlichen »Zitaten« – Zuordnung zur (religiösen) Mentalität und Vorstellungswelt einer Epoche – künstlerische Verarbeitung überlieferter Motive (z. B. Wiederholung, Zusammenstellung, Veränderung, Verfremdung).

Identifizierung: Wie stehe ich zu diesem Bild?

Hinterlässt es einen nachhaltigen Eindruck? Erkenne ich meine eigene oder eine mir vertraute Situation wieder? Was halte ich von den ins Bild gesetzten Ängsten und Hoffnungen, Konflikten und Träumen? Kann ich sie teilen oder wenigstens nachempfinden?
Könnte das Bild meine Wahrnehmung anderer Menschen, früherer Zeiten, ja überhaupt menschlicher Möglichkeiten und Grenzen erweitern? Macht es mich auf meine Vorentscheidungen aufmerksam? Hilft es Einstellungen zu korrigieren? Bestärkt es mich in meiner Sicht? Spricht es mein Mitgefühl an? Halte ich den Grenzsituationen, die das Bild zum Ausdruck bringt, stand?

Ilsetraud Ix / Rüdiger Kaldewey

orthodox rechtgläubig, strenggläubig; die »orthodoxen Kirchen« sind die seit 1054 von Rom getrennten morgenländischen oder auch Ostkirchen
Perikope Bibelabschnitt
Peripetie Umschwung; entscheidender Wendepunkt
perpetuieren verewigen, immer weiter fortsetzen
philologisch auf die Sprach- und Literaturwissenschaft bezogen
pneumatisch auf den Geist Gottes bezogen
Präexistenz Vorstellung von einem Leben vor dem Leben
prayer Gebet, Beter
Prophet Mann, der von Gott gerufen, den Willen Gottes verkündet und zur Umkehr aufruft
Proprium Eigenes; Identität; Selbstgefühl
Psychoanalyse Richtung der Tiefenpsychologie, von S. Freud begründet
psychologisch die Lehre von den seelischen Vorgängen und vom menschlichen Verhalten betreffend
Psychotherapie Behandlung psychischer und körperlicher Erkrankungen durch systematische Beeinflussung
Quantentheorie die auf Planck zurückzuführende Physik der elementaren Gebilde, die sich mit der Wechselbeziehung zwischen den Elementarmengen und der Materie befasst
Rekonstitution Wiedereinsetzung
reziprok wechselseitig aufeinander bezogen
Ritus religiöser Brauch, Vorgehen nach festgelegter Ordnung
Sadduzäer altjüdische Partei des Priesteradels; die Sadduzäer schrieben nur der Thora, nicht aber dem von den Schriftgelehrten aufgestellten mündlichen Gesetzen Autorität zu; neuere Vorstellungen wie den Glauben an die Auferstehung, an Lohn und Strafe nach dem Tod, an Dämonen und Engel sowie endzeitliche Spekulationen wiesen sie zurück; es ging den Sadduzäern vor allem um die Thora und den Tempelkult; sie traten engagiert für das politische Gleichgewicht ein; deshalb hielten sie Jesus auch als Unruhestifter für gefährlich
Sakrament eine zeichenhafte Handlung, die göttliche Gnade vermitteln soll
Satisfaktionstheorie eine Vorstellung mittelalterlicher Theologie, die besagt, Jesus habe sterben müssen, um die Beleidigung Gottes durch die Sünden der Menschen zu sühnen
Schamane Zauberpriester, der mit Geistern und Verstorbenen Kontakt aufnehmen kann
Sisyphus König von Korinth, der wegen seines schlimmen Lebenswandels in der Unterwelt einen stets zurückrollenden Stein auf einen Gipfel wälzen muss
Spiritualität Geistigkeit, Geistlichkeit
symptomatisch auf das äußere Erscheinungsbild, nicht auf die Ursachen z. B. einer Krankheit bezogen
Synopse vergleichende Übersicht der Evangelien des Matthäus, Markus, Lukas
Synoptiker Die Evangelisten Matthäus, Markus, Lukas
Talmud riesiges Sammelwerk zu Fragen der jüdischen Glaubensauslegung, aus dem ersichtlich wird, wie unter gewandelten Verhältnissen die Weisungen der Bibel und der jüdischen Tradition befolgt werden können
Titanen in der griechischen Mythologie Söhne und Töchter der göttlichen Urahnen Uranos (»Himmel«) und Gäa (»Erde«); im »Kampf der Titanen« unterliegen sie Zeus
Travestie komisch-satirische Umformung ernster Dichtung
ubiquitär überall verbreitet
u. E. unseres Erachtens
wing Flügel

TEXTVERZEICHNIS

5 Dorothee Sölle, Meditationen und Gebrauchstexte, Wolfgang Fietkau Verlag, Berlin 1969, 13.
7 (c) Jorg Zink.
12 Zit. n. Kat. Bl. 110, 195, 310.
Henri Matisse, zit. n.: Richard Seewald, Die Zeit befühlts, wir sind ihr untertan, Herder Verlag, Freiburg i. Br. 1977, 108 f.
14 Werner Jentsch/Hartmut Jetter/Horst Echternach/Horst Reller/ Manfred Kießig (Hrsg.), Evangelischer Erwachsenenkatechismus, Gütersloher Verlagshaus Gerd Mohn, 5., neu bearbeitete und ergänzte Auflage, Gütersloh 1989, 382 – 384.
14/15 Rudolf Hoppe, Artikel »Abendmahl«, in: Georg Bubolz (Hrsg.), Religionslexikon, Cornelsen Verlag Scriptor, Frankfurt/Main ²1992, 12 f.
16/17 Heinrich Heine, Deutschland. Ein Wintermärchen, Caput XIII.
17/19 Hartmut Meesmann, Vom Recht, unvollkommen zu bleiben, in: Publik-Forum Nr. 6, 31.3.1994, 45.
19 Kurt A. Speidel, Das Urteil des Pilatus, Verlag Katholisches Bibelwerk, Stuttgart 1976, 8 f.
20 Eugen Drewermann, An ihren Früchten sollt ihr sie erkennen, Walter Verlag, Olten/Freiburg i. Br. 1988, 31.
21 Karl Jaspers, Die maßgebenden Menschen, Piper Verlag, München ⁶1980, 178.
Hans Schwarz, Kurs: Die christliche Kirche, Vandenhoeck & Ruprecht, Göttingen 1986, 25.
24/25/26 Heinz Zahrnt, Gott kann nicht sterben, Piper Verlag, München 1970, 191 f., 194 f.
26/27/28 Robin George Collingwood, Philosophie der Geschichte, Epilegomena, übersetzt von Gertrud Herding, Kohlhammer Verlag, Stuttgart 1955, 280 ff.
28/29/30/31 Zit. n.: Rudolf Laufen, Christus erkennen, Forum Religion, Bd. 3, Patmos Verlag, Düsseldorf 1985, 24 f.
32 Carl Heinz Peisker, Evangelien-Synopse der Einheitsübersetzung, Oncken Verlag Wuppertal/Kassel/ Verlag Katholisches Bibelwerk, Stuttgart 1983.
33/34 Uwe Stamer, Kurswissen Jesus Christus, Ernst Klett Verlag, Stuttgart/Dresden ²1994, 9 ff.
34/35/36 Herbert Braun, Jesus – der Mann aus Nazareth und seine Zeit. Um 12 Kapitel erweiterte Studienausgabe, Kreuz Verlag, Stuttgart 1984; zit. n.: Manfred Baumotte (Hrsg.), Die Frage nach dem historischen Jesus, Gütersloher Verlagshaus Gerd Mohn, Gütersloh 1984, 258 ff.
37 Fridolin Stier, Vielleicht ist irgendwo Tag, Herder Verlag, Freiburg i. Br. 1933, 32 f., (c) F. H. Kerle, Freiburg/Heidelberg 1981.
38/39 Günther Bornkamm, Jesus von Nazareth, Kohlhammer Verlag, Stuttgart/Berlin/Köln/Mainz ¹⁴1988, 20 ff.
39/40 Peter Biehl, Symbole geben zu lernen. Einführung in die Symboldidaktik anhand der Symbole Hand, Haus und Weg, WdL 6, Neukirchner Verlag, Neukirchen-Vluyn ²1991, 46 ff.
40/41/42/43 Eugen Drewermann, Wort des Heils – Wort der Heilung. Bd. 1, Patmos Verlag, Düsseldorf ²1988, 78 ff.
43/44 Rudolf Schnackenburg, Exegese und Tiefenpsychologie, in: Tiefenpsychologische Deutung des Glaubens? Anfragen an Eugen Drewermann, Herder Verlag, Freiburg i. Br. 1988, 38 ff.
44/45 Emma Brunner-Traut, Gelebte Mythen, Wissenschaftliche Buchgesellschaft, Darmstadt ³1988, 32 ff.
46/47 Hans Küng, Christsein, Piper Verlag, München/Zürich ⁵1975, 142 – 146; zit. n.: Rudolf Laufen, Christus erkennen, Forum Religion, Bd. 3, Patmos Verlag, Düsseldorf 1985, 26 f.
50/51/52/53 Jaap ter Haar, Behalt das Leben lieb, übersetzt von Hans Joachim Schädlich. Georg Bitter Verlag, Recklinghausen.
53 Lutherbibel. Bibeltext in der revidierten Fassung von 1984, hrsg. von der Evangelischen Kirche in Deutschland, (c) Deutsche Bibelgesellschaft, Stuttgart.
54 Anton Steiner/Volker Weymann (Hrsg.), Wunder Jesu (Bibelarbeit in der Gemeinde, Bd. 2), F. Reinhardt Verlag/Benziger Verlag, Basel/Zürich ³1984.
55 Julius Schniewind, Das Evangelium nach Markus, Siebenstern Taschenbuch Verlag, München und Hamburg 1968, 37/37; 105/ 106.
56/57 Alfons Weiser, Was die Bibel Wunder nennt, Verlag Katholisches Bibelwerk, Stuttgart 1975, 12 ff.
57/58 Horst Klaus Berg, Ein Wort wie Feuer. Wege lebendiger Bibelauslegung, Kösel/Calwer, München/ Stuttgart 1991, 456.
58/59 Helmut Kurz, Entdeckungen in der Bibel, Kösel-Verlag, München 1988, 79.
59/60/61/62 Eugen Drewermann, Wort des Heils – Wort der Heilung, Bd. 1, Patmos Verlag, Düsseldorf 21988, 196 ff.
62 Unter Aufnahme von Anregungen aus ru 1/1992.
63 s. S. 14, 389 ff.
64 Franz Kafka, Von den Gleichnissen, in: Die Erzählungen, hrsg. von Klaus Wagenbach, S. Fischer Verlag, Frankfurt 1961, 328.
65/66 Zit. n.: Werner Trutwin, Erinnerung und Hoffnung. Eine Einführung in die Welt der Bibel, Patmos Verlag, Düsseldorf 1970, 430/431.
67 Franz W. Niehl, Sämann und Variation, in: Kat. Bl. 117, 1992, 90.
67/68 Eugen Drewermann, Das Markusevangelium. Erster Teil, Walter-Verlag, Olten und Freiburg i. Br. 1987, 322 ff.
69 Jürgen Moltmann, Wer ist Christus für uns heute?, Chr. Kaiser/Gütersloher Verlagshaus Gerd Mohn, Gütersloh 1994, 11 ff.
70 s. S. 57/58, 459.
71 s. S. 53.
71/72 Ernst L. Ehrlich, Zur Geschichte der Pharisäer, Freiburger Rundbrief, Nr. 109/112, Freiburg 1977, 46 – 52.
73 s. S. 33/34, 57.
73 H. L. Gee, Wer einen dieser Geringsten ausschließt …, aus: Ders., Fivehundred Tales to tell again, Gee & Co. Ltd., London 1955 – 1957, in: Lore Graf/Ulrich Kabitz/ Martin Lienhard/Reinhard Pertsch (Hrsg.), Die

Blumen des Blinden, Chr. Kaiser Verlag, München 1983, 157.
74/75 Edward Schillebeckx, Das Evangelium erzählen, aus dem Niederländischen übertragen von Hugo Zulauf, Patmos Verlag, Düsseldorf 1983, 228 – 231.
76 s. S. 57/58, 461.
77 s. S. 53.
78/79 Walter Rupp, Erstaunliche Gleichnisse, Verlag Styria, Graz/Wien/Köln 1985, 44 f.
80/81 Hans Weder, Die Gleichnisse Jesu als Metaphern, Vandenhoeck & Ruprecht, Göttingen ^{3}1984, 257 ff.
81/82 s. S. 57/58, 458.
82 s. S. 53.
83/84 Heinrich A. Mertens, Handbuch der Bibelkunde, Patmos Verlag, Düsseldorf ^{2}1984, 682/83; 499.
84 Ernst Schnydrig, zit. n.: Helmut Kurz, Entdeckungen in der Bibel, Kösel Verlag, München 1988, 60; Fundort unbekannt.
85 Schalom Ben Chorin, Bruder Jesus, List Verlag, München 1967, 109.
85/86/88 Martin Petzoldt, Gleichnisse Jesu und christliche Dogmatik, Vandenhoeck & Ruprecht, Göttingen 1984, 80 ff. (c) Evangelische Verlagsanstalt, Leipzig.
88 s. S. 57/58, 467.
89 s. S. 69, 13 ff.
90/91/92 Horst Klaus Berg, Beten – Gedanken zu einem mehrdimensionalen Verständnis, in: ru 3/1991, 85 ff.
94 s. S. 53.
95 Christa Peikert-Flaspöhler, Heut singe ich ein anderes Lied. Frauen brechen ihr Schweigen, (Theologie konkret 3), Rex Verlag, Luzern 1992, 121 ff.
96 Ebd.
Annelott Weisbach-Zerning, in: Susanne Kahl-Passoth (Hrsg.), Was meinst du dazu, Gott? – Gebete von Frauen, Gütersloher Verlagshaus Gerd Mohn, Gütersloh 1984.
97 s. S. 57/58, 463.
98 Pinchas Lapide, Er wandelte nicht auf dem Meer, Gütersloher Verlagshaus Gerd Mohn, Gütersloh 1984, 54.
99 s. S. 14, 1263 f.
101/102/103 Uwe Pollmann, Tränen am gedeckten Tisch – Christen aus Brasilien zu Besuch, aus der Sendereihe »Lebenszeichen«, WDR 3, 23. 2. 1992, Übernahme vom NDR-Hannover.
103/104/105 s. S. 53.
105/106/107 Arnulf H. Baumann (Hrsg.), Was jeder vom Judentum wissen muß. Im Auftrag des Arbeitskreises »Kirche und Judentum« der Vereinigten Evangelisch-Lutherischen Kirche Deutschlands und des Deutschen Nationalkomitees des Lutherischen Weltbundes, Gütersloher Verlagshaus Gerd Mohn, Gütersloh ^{5}1990, 140 ff.
107/108/110/111/113 s. S. 53, 1115 – 1118; 1120 – 1122.
112 s. S. 57/58, 466.
113/114 s. S. 33/34, 112 f.
117/118 Antoinette Becker/Elisabeth Niggemeyer, Ich will etwas vom Tod wissen. Geschichten vom Tod und vom Leben. Erzählt von Antoinette Becker, Fotografiert von Elisabeth Niggemeyer, Otto Maier Verlag, Ravensburg ^{3}1980, 8 – 12.
119/121/122/123 s. S. 32
124/125 Peter Fiedler, Wer ist schuld an Jesu Tod? In: Werkstatt Bibelauslegung, Verlag Katholisches Bibelwerk, Stuttgart 1976, 98 – 100.
126/127 s. S. 32.
128 Einheitsübersetzung.
129/130/131 Ottmar Fuchs, Die Freude in der Klage! Zur Pointe des alttestamentlichen Klagegebets und Gottvertrauens, in: Kat. Bl. 109, 1984, 91 – 94.
131/132 Eleonore Beck, Gottes Sohn kam in die Welt, Verlag Katholisches Bibelwerk, Stuttgart 1977, 41 f.
133/134 s. S. 33/34, 167 ff; 163.
134 Heinz Zahrnt, Mutmaßungen über Gott, Piper Verlag, München 1994, 71, 76.
135 Franz-Josef Nocke, Was heißt »Erlösung durch Jesus Christus«? In: ru 1/1990, 4 ff.
136/137 s. S. 134/135, 84 f.; 86 f.
138/139 s. S. 69, 38 ff.
140 Ninian Smart, Die großen Religionen. Aus dem Englischen übertragen von Eva Gärtner, Universitas Verlag in F. A. Herbig Verlagsbuchhandlung, München 1988, 218; 237.
Dorothee Sölle, Leiden, Kreuz Verlag, Stuttgart 1973, 159 f.
141/142/143 Daisetz Taitaro Suzuki, Jesus, buddhistisch gesehen, in: Johannes Thiele (Hrsg.), Jesus, Econ Taschenbuch Verlag, Düsseldorf/Wien 1993, 308 ff.; zit. n.: Der westliche und der östliche Weg, Ullstein Verlag, Frankfurt/Berlin 1986.
144/145 s. S. 14, 397; 395; 397; 396.
147/148 Wolfdietrich Schnurre, Und was ist mit den Wundern? In: Franz W. Niehl (Hrsg.), Der Fremde aus Nazareth, Kösel-Verlag, München 1993, 11.
148/149 s. S. 32.
150/151 Peter Fiedler, Auferstehungsbotschaft und Christusbekenntnis, in: Peter Fiedler u. a. (Hrsg.), Funk-Kolleg Religion, Bd. 1, Gütersloher Verlagshaus Gerd Mohn, Gütersloh 1985, 288 ff.
152/153 s. S. 150/151, 304 ff.
154/156 Die Fragen des Milindo. Aus dem Pali vollständig ins Deutsche übersetzt von Bikkhu Nyanatiloka, Bd. 1, M. Altmann Verlag, Leipzig 1919.
156/157 Udana 8, 1 – 4: Religionsgeschichtliches Lesebuch, hrsg. von Alfred Bertholet, Bd. 11: M. Winternitz, Der ältere Buddhismus, J. C. B. Mohr, Tübingen ^{2}1929, 108 f.
158 Religionsgeschichtliches Lesebuch, hrsg. von Alfred Bertholet, Bd. 2: Konrad Theodor Preuss, Die Eingeborenen Amerikas, J. C. B. Mohr, Tübingen ^{2}1926, 1 f.
159 Schwarzer Hirsch, zit. n.: Native American Wisdom, Running Press Book Publishes, Philadelphia, Pensylvania 1993, 20 f.
159/160 s. S. 53.
160 Kurt Marti, Leichenreden, Luchterhand Literaturverlag, Darmstadt-Neuwied 1969.

Marie Luise Kaschnitz, Dein Schweigen – meine Stimme. Gedichte 1958 – 61, Claassen Verlag, Düsseldorf 1962.
161/162 Pinchas Lapide, Auferstehung. Ein jüdisches Glaubensbekenntnis, Calwer-Verlag/Kösel-Verlag, Stuttgart/München ⁴1993, 91 ff.
163 Rudolf Hoppe, Artikel »Auferstehung«, in: Georg Bubolz (Hrsg.), Religionslexikon, Cornelsen Verlag Scriptor, Frankfurt/M. ²1992.
164 Peter Freimark u. a., Große fremde Religionen, Schroedel Schulbuchverlag, Hanover 1986, 82 f.
165 Deutsche Bischofskonferenz (Hrsg.), Katholischer Erwachsenenkatechismus, Bonn 1985, 410 ff.
167/168 Der Giftpilz, Verlag »Der Stürmer«, Nürnberg. Original im Besitz der Herausgeber: Dieter Petri und Jörg Thierfelder (Hrsg.), Vorlesebuch Drittes Reich, Kaufmann Verlag/Butzon & Bercker Verlag, Lahr/Kevelaer 1993, 345 ff.
169/170 Hubertus Halbfas, Wurzelwerk, Patmos Verlag, Düsseldorf 1989, 85 ff.
171/172/173/174 Lutherische Europäische Kommission Kirche und Judentum, zit. n.: Ulrich Schwemer (Hrsg.), Christen und Juden, Dokumente der Annäherung, Gütersloher Verlagshaus Gerd Mohn, Gütersloh 1991, 181 ff.
175 Ebd., 45 ff.
177 s. S. 134/135, 163 ff.
179 Ilsetraud Ix/Rüdiger Kaldewey, Was in Religion Sache ist. Lern- und Lebenswissen, Patmos Verlag, Düsseldorf ⁵1995, 145.

ABBILDUNGSVERZEICHNIS

Umschlag Frank Stella, Sacramento mall proposal £ 4. (c) VG Bild-Kunst, Bonn 1996.
8 (o.) (c) Rolf Bauerdick. (l.) (c) Gerhard Mester, Wiesbaden.
8/9 The Estate of Keith Haring, New York.
9 (o.) Ewald Mataré, Pietà, 1924. (c) Succession Mataré. (u.) Günther Uecker, Chichicastenango, 1980. (c) beim Künstler.
10 Walter Gondolf, Schatten auf dem Kind. (c) beim Künstler.
13 Henri Matisse. (c) Succession Matisse/VG Bild-Kunst, Bonn 1996.
14/15 Borislav Sajtinac, Das Maß der Dinge. (c) beim Künstler.
16 (c) Georg Bubolz.
18 (o.) Kasimir Malewitsch, Schwarzer Kreis, um 1923. (u.) Kasimir Malewitsch, Schwarzes Kreuz, um 1923.
19 (c) Ullstein Bilderdienst, Berlin.
20 Herkunft unbekannt.
22 Arnulf Rainer, Übermalung, 1985. (c) beim Künstler.
24 (l.) Christus als Pantokrator, Herrscher über das All, Mosaik um 1100, Daphni, Griechenland. (r.) Rembrandt, Christuskopf, 17. Jh.
27 (l.) Stephan Lochner (um 1410 – 1451), Anbetung des Kindes. (r.) Max Ernst, Die Jungfrau züchtigt das Jesuskind vor drei Zeugen: André Breton, Paul Elouard und den Maler, 1926. (c) VG Bild-Kunst, Bonn 1996.
30 Rogier van der Weyden (1399 – 1464), Der heilige Lukas die Madonna zeichnend.
31 Marc Chagall, Selbstbildnis mit Wanduhr, 1946. (c) VG Bild-Kunst, Bonn 1996.
35 (c) Borislav Sajtinac.
37 Wolfgang und Anna Maria Kubach-Wilmsen, Steinbruchplastik, 1981. (c) bei den Künstlern.
41 René Magritte, Der falsche Spiegel, 1935. (c) VG Bild-Kunst, Bonn 1996.
42 Umbo, Träumen, 1928.
44 Salvo, Acht Bücher, 1983. (c) beim Künstler/Galerie Kaess-Weiss, Stuttgart.
45 Elieser Ben-Jehuda. Photogravure 1921, S. Marinsky.
48 Rembrandt, Heilung der Schwiegermutter des Petrus (Lk 4,38), um 1650.
51 Max Ernst, Zerstörtes Auge, 1922. (c) VG Bild-Kunst, Bonn 1996.
53 Max Ernst, Das Lichtrad, 1925/26. (c) VG Bild-Kunst, Bonn 1996.
57 Gary Taxali, Creative Doubt.
61 Steve Dinnino, Insight.
64 (c) Meisterstein/Voller Ernst.
66 Caspar David Friedrich, Die Jacobikirche in Greifswald als Ruine, um 1815.
75 Quelle unbekannt.
78 Rembrandt, Die Rückkehr des verlorenen Sohnes, 1636.
79 George Grosz, Schwimme, wer schwimmen kann, und wer zu plump ist, geh unter, 1922. (c) VG Bild-Kunst, Bonn 1996.
83 Jürgen Brodwolf, Aus dem Zyklus mit 8 Objektkästen »Verletzungen«, 1995. (c) beim Künstler. (c) Foto: Timm Gierig, Frankfurt a. M.
86 Johannes Schreiter, Kleine Passion VI, 1988. (c) beim Künstler.
87 Markus Lüpertz, Rote Kreuze – dithyrambisch, 1967. (c) beim Künstler. (c) Foto: Eva Beuys-Wurmbach.
90 Peter Howson, A Wing and a Prayer, 1987.
93 Gottfried Helnwein, Kindskopf, 1991. Installation in der Minoritenkirche Krems/Stein, Niederösterr. Landesmuseum. (c) VG Bild-Kunst, Bonn 1996.
98 Stanislaus Bender, Stilles Gebet. J. Kaufmann Verlag, Frankfurt 1919.
100 Klaus Staeck, Abendmahl, 1982. (c) VG Bild-Kunst, Bonn 1996.
104 Joseph Beuys, Fußwaschung, Aktion Celtic, 1971. (c) VG Bild-Kunst, Bonn 1996.
106 (c) Fred Mayer/Magnum.
109 Michael Sowa, Einladung, 1990. (c) VG Bild-Kunst, Bonn 1996.
111 Plakat von »Brot für die Welt«, Stuttgart.
115 Michael J. Deas, Ohne Titel. (c) beim Künstler.
120 Peter König, Verspottung Jesu, 1981. Foto: (c) beim Künstler.

123 Pablo Picasso, Kreuzigung, 1930. (c) Succession Picasso/VG Bild-Kunst, Bonn 1996.
125 (o.) Konrad Klapheck, Der Misanthrop, 1973. (c) beim Künstler. (u.) (c) Borislav Sajtinac.
127 (c) »Passionsgeschichten im Vergleich« (aus Passion und Auferstehung; F. Traudisch), Jünger Verlag, Offenbach/M.
130 (l.) Arnulf Rainer, Weinkruzifix, 1957 – 1978. (c) beim Künstler. (r.) Gilbert & George, Good, 1983.
132 Statue des Augustus, Marmor, Villa von Primaporta. Die Figur am rechten Bein stellt die Muse der Wissenschaft und Künste dar.
136 (c) F. K. Waechter.
138 Max Beckmann, Kreuzabnahme, 1917. (c) VG Bild-Kunst, Bonn 1996.
139 José Clemente Orozco, Jesus zerstört sein Kreuz, 1943.
142 Der Tod des Buddha und sein Eintritt ins Nirvana, Rollbild, Japan, 1392.
143 Matthias Grünewald, Die Kreuzigung, Isenheimer Altar, um 1512 – 1515.
146 René Magritte, Das Jenseits, 1938. (c) VG Bild-Kunst, Bonn 1996.
150 Alexej Jawlensky, Stilles Leuchten, 1921. (c) VG Bild-Kunst, Bonn 1996.
151 (l.) Matthias Grünewald, Auferstehung Christi, Isenheimer Altar, um 1512 – 1515. (r.) Lucio Fontana, Concetto Spaziale-Attesa, 1959. Städtisches Museum Abteiberg Mönchengladbach. (c) Foto: Ruth Kaiser, Viersen.
154 François Barraud, Selbstporträt, 1931.
155 Das Lebensrad, Tibet, 19. Jh.
157 Odilon Redon, Buddha, 1905 – 10. Künstler: frei.
159 Robert Redbird, Kiowa-Paar, 1983.
166 Polnische Volkskunst (E. Zielinski).
168 NS-Zeichnung.
170 Besiegte Synagoga, Homiliar des Beda von Verdun, um 1180.
171 Pablo Picasso, Die Begegnung (Die Schwestern), 1902. (c) Succession Picasso/VG Bild-Kunst, Bonn 1996.
172 Marc Chagall, Die Gekreuzigten, nicht datiert. (c) VG Bild-Kunst, Bonn 1996.
173 Salvador Dali, Ora, Hora – Licht, Freude, nicht datiert. (c) Demart pro arte B. V./VG Bild-Kunst, Bonn 1996.
175 (c) Georg Bubolz.
176 Rhonald Blommestijn.

© 2010 Bayerischer Schulbuchverlag, München
Alle Rechte vorbehalten

1. Auflage 1996
Druck 13 12 11 10

Printed in Germany
ISBN 978-3-7627-0225-2
www.oldenbourg-bsv.de